KB027403

세종혁신학교, 소담초가 건네는 소소한 기록

어쩌다 혁신학교

세종혁신산학교, 소망초기 전하는 소소한 기록

어쩌다
혁신학교

초판 1쇄 인쇄 2018년 3월 13일
초판 1쇄 발행 2018년 3월 23일

지은이 고은영, 김민이, 김윤희, 김현진, 박기찬, 유우석,
        윤자영, 이지현, 이지혜, 정유숙, 최홍준
펴낸이 김승희
펴낸곳 도서출판 살림터

기획 정광일
편집 조현주
북디자인 꼬리별

인쇄·제본 (주)현문
종이 월드페이퍼(주)

주소 서울시 양천구 목동동로 293, 22층 2215-1호
전화 02-3141-6553
팩스 02-3141-6555
출판등록 2008년 3월 18일 제313-1990-12호
이메일 gwang80@hanmail.net
블로그 http://blog.naver.com/dkffk1020

ISBN 979-11-5930-060-8 03370

이 도서의 국립중앙도서관 출판예정도서목록(CIP)은
서지정보유통지원시스템 홈페이지(http://seoji.nl.go.kr)와
국가자료공동목록시스템(http://www.nl.go.kr/kolisnet)에서 이용하실 수 있습니다.
(CIP제어번호: CIP2018007871)

세종혁신학교, 소담초가 건네는 소소한 기록

어쩌다
혁신학교

고은영
김민이
김윤희
김현진
박기찬
유우석
윤자영
이지현
이지혜
정유숙
최홍준

지음

그래서 혁신학교

유우석 선생이 소담초등학교 이야기를 엮어 책을 낸다고 들고 왔다. 혁신학교 된 지 1년밖에 안 됐는데 책 제목에 '혁신학교'를 넣어놓았다. 너무 섣부르다 생각했다. 심드렁하게 뜨문뜨문 읽다가 이내 글 속으로 빠져들었다.

'혁신학교'를 담은 다른 책들과 다르다. 이런 것 저런 것 잘했다고 뽐내는 이야기도 아니고 앞장선 이들의 무용담도 아니다. 이래라 저래라 하는 길라잡이도 아니다. 소담초를 이루고 있는 이들의 소소한 이야기들을 담담하게 풀어놓았을 뿐이다.

그런데 그 이야기들이 심장을 뜨겁게 한다. 끓어오르던 사춘기, 불덩이를 품었던 청년 시절로 되돌려놓는다. 스스로 껍데기를 깨고 알에서 나와 처음으로 하늘을 만나는 어린 새의 이야기이기 때문이다. 그 섣부른 도전과 좌절, 아픔과 치유가 마침내 한 발 한 발 세상을 향해 나아가는 어린아이의 걸음마처럼 마음을 울린다. 진솔한 이야기들은 새로운 생각으로 시작하는 사람들, 도전하는 사람들에게 틀림없이 큰 용기와 위안을 줄 것이다.

학교는 다 다른 학생, 교직원, 학부모들이 어우러져 배움과 성장을 도모하는 삶터다. 학교를 저마다 다른 아이들이 제 빛깔로 행복하게 살 수 있도록 도와주는 곳, 자기만 잘 사는 것이 아니라 더불어 잘 살 수 있도록 함께 사는 법을 배우는 곳으로 만들고 싶은 것이 '혁신학교'의 꿈이다.

'홀로서기와 함께하기로 삶을 가꾸는 교육', '배울 힘을 키우는 아이, 나눌 품을 넓히는 아이'라는 소담초등학교의 비전과 지표는 이를 잘 담고 있다. 그 꿈은 아이들을 위한 것이지만 정작 그 과정은 어른들의 몫이다. 어른들이 먼저 홀로서기와 함께하기로 삶을 가꾸고, 어른들이 먼저 배울 힘을 키우고 나눌 품을 넓히면 아이들은 저절로 배운다. 소담초의 어른들은 기꺼이 그 과정에 몸과 마음을 던졌다.

'따로 또 같이' 한 걸음 두 걸음 나아가게 하는 소담초가 늘 자신을 설레게 한다는 신규 교사. 교사들 사이에 의견이 갈린 사안을 여러 차례 토의로 마무리하며 자신이 생각하는 대로 되지 않았지만 적극적으로 참여하며 모두가 주인으로 목소리를 냈던 그 과정에서 공동체와 민주주의를 배웠다는 선생님의 이야기는 감동적인 한 편의 성장 드라마다.

주인공의 엄마이기에 이 세상 어떤 무대보다 멋진 무대 위에 학생을 주연으로 세우기 위해 눈에 띄지 않는 엑스트라 역할을 마다 않겠다는 학부모의 이야기, 아버지회 활동을 하면서 오직 가족을 위해 산업전선이란 전쟁터에서 살아남기 위해 달려온 경주마 같은 삶을 돌아보고 다른 길도 보게 되었다는 한 아버지의 고백은 가슴을 뭉클하게 한다.

한 졸업생은 소담초가 가고 싶다고 생각한 최초의 학교였으며, 학교를 다니며 남을 생각하는 직업을 갖고 싶다는 생각을 하게 되었다고 이야기한다. 어른들의 성장이 아이들에게 고스란히 이어진 것이다.

학교가 아이들의 삶뿐만 아니라 어른들의 삶을 가꾸는 곳, 학교의 담장을 넘어서 마을의 삶조차 바꾸는 진원지가 될 수 있다는 가능성을 본다. 이것이 우리가 꿈꿔왔던 혁신학교이고 마을교육공동체이다.

배움과 성장은 끝없는 과정이다. 혁신학교, 새로운 학교는 설계대로 지어지는 집이 아니라 함께하는 모든 어른들과 아이들의 손길로 빚어내는 갖가지 모양의 도자기와 같다. 오늘 새로운 생각과 도전으로 내일이 설레는 학교. 소담초등학교는 그래서 혁신학교다.

세종특별자치시교육감

최 교진

소담의 이야기를 시작하며

첫 번째 이야기

아침에 지하 주차를 하고 2층 교무실에 올라오는 길에 3학년 아이를 만났다.

"선생님, 오늘 저에게 중요한 날이에요."

"왜? 아, 오늘 3학년 영화제 하는구나?"

"그게 아니에요."

"그럼 뭔데?"

"오늘 고슴도치 분양 받는 날이에요. 근데 다섯 명이나 신청해서 면접을 봐요."

5학년인가 보다. 5학년은 고슴도치랑 햄스터, 닭을 키우는 동물농장 학년이다.

"면접 잘 보려면 고슴도치 키울 준비가 잘되어 있어야 할 텐데."

"아빠한테 얘기했어요. 고슴도치가 오면 잘 키우기로."

나름 준비를 한 모양이다. 그 아이는 떨린다면서 3층으로 올라갔다.

결과는 모른다. 중간에 5학년 선생님에게 물어봤더니 오후에 면접이 있을 예정이란다. 아마 하루 종일 면접을 기다리며 마음속에선 기대와 걱정이 오갔을 것이다.

그 아이를 생각하면 마음이 따뜻해진다. 설레기도 한다. 나는 언제 그랬던 적이 있었나? 돌아보면 부끄러워지기도 한다.

두 번째 이야기

달마다 두 번째 수요일 오후에는 학부모 임원진과 교사들과 연석회의가 있다. 학기 중 마지막 달에는 같이 교육과정 평가회를 하는데, 이때는 학생다모임 아이들도 참여를 한다.

"2017학년도는 학생도, 교사도, 학부모도 열심히 살아왔어요. 그런데 학급마다 조금씩 규칙이 달라요. 학부모의 입장에서도 조금 혼란스러울 때가 있어요."

참여한 학부모의 말이다.

"학생이 주체적으로 참여한다는 말을 많이 하죠. 그런데 이것을 실현하려면 학생들이 정한 원칙을 교사들이 따라줘야 합니다. 무슨 말일까요. 학교의 일상은 대부분 교실에서 이루어지는데 학생다모임에서 정한 규칙은 외부에서 만들어진 거예요. 즉 외부에서 정한 규칙을 학급 내에서 따라야 하는 거잖아요. 그러기 위해서는 적어도 학생다모임이 속한 4, 5, 6학년 담임선생님의 큰 합의가 필요합니다."

6학년 선생님의 말이다.

학생, 학부모, 교사가 교육의 3주체라고 하는데 이것을 현실로 만들기 위한 정확한 해석이자 실현 방법이다. 놀랍다.

세 번째 이야기

"길지 않은 교직 경험이지만 스스로 학년을 선택한 것은 처음이에요."

내년 내부 인사를 하며 인사규정을 정했다. 먼저 업무지원팀과 학년부장의 역할, 담임의 역할을 규정했고, 업무지원팀, 학년부장, 담임의 순서로 정하기로 하였다. 1차 희망을 받고 내부 조율을 하였다. 그렇게 해서 2017년 12월 18일 내부 인사규정에 의해 인사가 마무리되었다. 전입 교사들을 위해서는 학년별로 자리를 비워놓았다.

네 번째 이야기

학교로 군고구마 리어카 두 대가 배달되었다. 우리 학교 보물 2호다. 1호는 뻥튀기 기계, 2호는 군고구마 리어카가 되었다.

다섯 번째 이야기

아침이면 어김없이 교장 선생님이 교문 앞에서 아이들을 맞아준다.

여섯 번째 이야기

크고 작은 회의가 날마다 열린다.

일곱 번째 이야기

저녁이면 열 명쯤 남아 학교를 지킨다.

여덟 번째 이야기

늘 어떤 일을 작당한다.

아홉 번째 이야기

소담 에세이를 쓰려고 아홉 명의 교사와 두 명의 학부모가 만났다. 개교 2년 차, 혁신학교 1년 차의 기록을 담기로 했다.

전국 각지에서 온 각기 다른 사연들이 담아내는 소담 에세이.

그것은 2017년을 마무리하는 기록이자, 2018년을 이어주는 기록이 될 것이다.

그리고 열 번째 이야기

사랑하며 살고 있다.

소담초 에세이팀을 대신하여

유우석 씀

차례

1부

소소한 학교 이야기

1장

홀로서기와 함께하기를
꿈꾸는 우리 학교

교사가 이야기하는 소담초등학교

유우석

세종시, 우리 학교 이야기

소담이 시작되기까지

학교란 무엇인가. 어떻게 정의하느냐에 따라 다르겠지만 우리나라에서 '학교'의 역사는 짧다. 시대에 따라 학교의 역할도 달랐다. 사람들은 저마다의 필요에 따라 학교에서 학생을 양성해주기를 기대하고 또 이용하기도 했다. 학교는 참으로 다사다난한 역사와 함께했다. 그 역사 속에서 예나 지금이나 학교는 도구였다.

세종시의 역사는 어떠할까. 노무현 전 대통령이 행정수도 이전이라는 공약을 걸었고, 대통령으로 당선된 이후 추진하였으나 '관습헌법', '행정수도 수정안' 등의 과정을 거치며 지금의 세종시가 되었다. 많은 정부 기관이 세종으로 내려왔다.

세종시는 2012년 7월, 세종특별자치시, 행정중심복합도시(이하 행복도시)라는 이름으로 출범했다. 공주시의 일부와 청주시의 일부가 편입되어 현재의 세종시가 되었으며, 세종시는 개발지역인 동 지역과 기존

지역인 읍면 지역으로 나뉘었다. 동 지역은 '처음부터 새로 시작'이라는 표현이 적절할 정도로 모든 것이 처음이었다.

세종시의 출범을 미리 파악했는지는 알 수 없으나 2010년경 이전하여 세종시의 한복판에 자리 잡은 성남고를 제외하면, 출범 전에 완공한 학교는 첫마을(한솔동) 참샘초등학교가 유일했다. 행복청(행정중심복합청) 주도하에 만든 참샘초는 최첨단 시설로 세종시의 스마트 교육을 홍보하는 제일선에 있었던 것으로 기억한다.

일찍 개발되는 첫마을을 중심으로 하나둘 학교가 만들어지기 시작했다. 집중적으로 2014, 2015, 2016, 2017년에 폭발적으로 학교 수가 늘어났다. 초등학교만 놓고 보면 현재 동 지역에만 30개교 이상이 있다. 규모면에서는 20학급에서 60학급까지 다양하고 평균 40학급 정도가 완성 학급이다.

천만 명 이상이 사는 서울은 재벌, 고위관료, 거대 기업의 총 집합체다. 이들은 거대한 자본을 바탕으로 교육을 움켜쥐고 경제 정책과 교육 정책에 엄청난 영향을 미쳤다. 우리는 그들이 만드는 물길 속을 헤엄쳐야 하는 미꾸라지와 같았다. 아마 그들이 만드는 물길이었는지조차 모르고 살고 있는지도 모른다. 그 물길을 헤쳐 밖으로 나온다는 것, 새로운 물길을 만들 수 있을까. 그것은 마치 미꾸라지가 용이 되는 것만큼이나 불가능한 일일지도 모른다.

처음에 계획한 만큼에는 미치지 못하지만 현재 세종시가 만들어진 가장 큰 이유는 숙명이라고 생각한다. 세종시가 꼭 이 자리여야 하는가 하는 문제와는 별개로 말이다. 많은 사람들이 수도권을 중심으로 자본과 교육의 독식뿐만 아니라 문화, 예술이 편중되는 불균형에 위태로움을 느꼈다. 그래서 출구를 찾았고, 그것이 세종시였던 것이다.

첫 번째 출구가 바로 교육이다. 무지막지하게 학원으로 달리는 교육은 더 이상 아니라고, 머릿속에 얼마나 많은 내용을 담았는지 순위를 매기는 교육이 아니라 앎의 즐거움을 찾고 그 즐거움이 내 삶으로 연결되어 더욱 풍요롭게 하는 교육이 필요했다.

두 번째는 따뜻한 공동체, 가족이다. 각박한 세상살이에 지치고, 그 속에서 자기 생각과 멀어진 삶을 살 수밖에 없었던 나를 돌아볼 수 있는 따뜻한 공동체가 필요했다. '새로운 나의 삶을 살고 싶어' 이곳을 찾아든 이들은 '세종'이라는 새로운 지역의 익명성을 커다란 매력으로 느꼈으리라.

교육의 본질을 찾고자 하는 마음과 따뜻한 공동체를 바라는 사람들의 마음은 서울과는 다른 문화를 만들어가고 있다. 지금까지 땅 끝에서 하늘 끝까지가 서울의 문화였다면 세종의 문화는 어떤 것일까. 땅 위에서 구름 위까지 정도가 아닐까 싶다.

많은 이들이 교육과 가족의 특수한 문화를 바탕으로 한 다양한 문화, 예술이 피어나는 도시 세종을 기대한다. 이러한 기대를 우리는 이상이라고 부른다. 이러한 마음이 헛된 꿈에 머무르지 않게 하려면 현실을 직시해야 한다. 쉬지 않고 손과 발을 움직여 현실을 딛고 일어서는 사람들이 있을 때 그 이상은 우리 앞에 더욱 굳건한 현재로 다가올 것이다.

이제 대한민국에서 내 집 마련의 꿈을 이룬 사람들에게 아파트 값은 대단히 민감한 이슈이며, 내 아이가 다니는 학교까지가 우리 집에서 한 발자국인지, 두 발자국인지가 민감한 사안이 되었다.

세종시도 마찬가지다. 이러한 개발 과도기에 소담초등학교도 여러 학교들과 같이 개교를 했다. 이상과 현실, 가슴과 손발. 그 사이 어디쯤에 소담초가 있었다.

꿈꾸는 학교를 제안하다
꿈꾸는 학교, 소담초 운영 제안서[*]

제안자: 새로운 학교 준비모임

1. 제안 이유

2016년 5월 개교하는 소담초등학교를 학생, 교사가 가고 싶은 학교, 학부모가 안심하고 보낼 수 있는 학교, 지역사회가 함께 만들어가는 학교로 만들고자 학교 혁신의 철학을 공유한 새로운 학교 준비모임에서 소담초 운영 계획을 제안하게 되었습니다.

2. 새로운 학교 준비모임이란?

초등혁신학교 연구회에서 세종혁신학교의 철학을 공유하고, 행복한 학급 경영을 함께 공부하며, 세종 창의적 교육과정 프레임워크

[*] 본 제안서는 2015년 11월 세종시 교육청 '교육감에 바란다'에 올라온 제안서이며, 개인 정보 보호를 위해 약간 수정을 했습니다.

Framework에 참여하고 있는 교사들이 행복한 학교를 만들고자 모인 공부, 실천 모임입니다.

3. 제안 내용

가. 혁신 철학을 공유하고 있는 혁신학교 연구회 회원 중심의 소담초등학교 개교 준비 TF팀을 제안합니다.

많은 혁신학교 사례에서 학교공동체가 어려움을 겪는 것은 구성원들이 학교 혁신의 철학을 공유하지 못한 이유가 크다고 생각합니다. 새로운 학교 준비모임의 구성원은 1년 동안 혁신학교 연구회에서 세종교육 학교 혁신 철학을 공부해왔습니다. 새로운 학교 준비모임을 결성하고 '우리가 새로운 학교를 만든다면 어떤 것들이 들어가야 될까?'를 고민하고 오랫동안 이야기를 나누었습니다. 이러한 철학을 공유한 이들이 학교 구성원의 다수가 될 때 혁신의 바람은 더욱 강하게 불 수 있을 것입니다.

그런데 우리가 이러한 계획을 세우고 있지만 현실적인 어려움이 있는 것이 사실입니다. 우선 개교 준비 TF팀에 들어갈 수 있을까 걱정이 됩니다. 아직 TF 모집공고가 나지 않았지만 기존의 관례상 TF팀이 그 학교의 보직교사가 되고, TF팀으로서 활동할 수 있는 자격도 학교 근무 경력 등으로 되어 있어, 사실상 현재 상태로는 어렵습니다.

그래서 제안합니다. 첫 번째 안은 새로운 학교를 만들기 위해 새로운 학교 준비모임이 다 같이 들어가는 방법입니다. 함께 새로운 학교를 차근차근 준비하는 것입니다. 두 번째 안은 새로운 학교 모임에서 2명(현재 TF 2명 모집)이 대표성을 가지고 들어가는 방법입니다. 기존의 관례가 아닌 새로운 학교 준비모임이 같이하는 형태로 계속 협의해나가는 방법입니다.

이 방법이 실현 가능성이 있는지, 더 좋은 방법이 있는지 그 방법을 찾아가고자 합니다.

나. 소담초등학교의 1년간의 준비과정을 거친 2017년 혁신학교 지정을 제안합니다.

혁신학교 유형은 기존의 학교들 중에서 공모 심사를 통해 혁신학교를 지정하는 방식과, '혁신학교를 하고 싶은 사람들은 모여!' 하고 만든 신설형 혁신학교가 있습니다.

기존 학교의 혁신학교 지정은 여러 가지 면에서 유리한 것은 사실이지만 그만큼 그늘도 있다는 이야기를 종종 듣게 됩니다.

세종시는 신설 학교가 꾸준히 개교하고 있는 상황에서 신설 학교의 혁신학교 지정, 기존 학교의 혁신학교 지정을 벗어난 다른 유형의 모델이 필요하고, 그것을 실험해볼 가치가 있다고 생각합니다.

혁신학교를 만들고자 하는 교사들이 모여 1년 동안 혁신학교를 만들어간다면, 그것은 세종혁신학교의 새로운 모델이 되고, 그 과정을 통해 더 단단한 혁신학교로 자리 잡게 될 것입니다.

또한 세종 창의적 교육과정 프레임워크가 개발되면 시범적으로 운영할 학교가 필요합니다. 세종 창의적 교육과정은 단지 교육과정의 재구성을 위한 교육과정 재구성을 해서는 안 됩니다. 모두가 합의한 철학을 토대로 한 교육과정을 운영하는 것이 중요하다고 생각합니다.

2016년 1년의 과정을 통해 철학을 단단히 다지는 일부터 차근차근 해가도록 하겠습니다. 그래서 2017년에는 소담초가 혁신학교로 지정될 수 있도록 노력하는 동시에, 세종 창의적 교육과정을 시범 적용하여 운영하고 보완할 점을 찾아 철학을 다짐으로써 많은 학교가 학교혁신에 동참할 수 있도록 하겠습니다.

다. 교감 중심의 교무업무지원팀을 제안합니다.

새로운 학교 준비모임에서는 그동안 '업무 합리화'에 대한 논의를 진행해왔습니다. 교육과정 운영과 관련된 업무와 교육과정 운영과 관련되지 않은 업무로 나누고 있습니다. 교육과정 운영과 관련된 업무(학년 중심 예술제, 학습준비물, 체육대회, 현장체험학습)는 교무업무지원팀이 할 업무들은 아니라고 분류하였습니다. 그래서 교육활동을 하는 교사가 끝까지 책임지는 모델을 만들 것입니다.

또한 업무지원팀은 교육과정 운영과는 별개의 단순 보고, 통계, 환경물품 구입, 방과후학교 운영 등의 교수·학습을 저해하는 업무 등을 전담하여 처리함으로써 교수학습 활동과 교무행정의 방향성을 잡아가도록 할 것입니다.

교감, 교무행정사 중심의 교무업무지원팀을 구성하여 담임은 아이들의 품으로 갈 수 있도록 하겠습니다. 그러나 업무전담팀과 담임교사의 갈등에 대한 부분은 학교 구성원 간의 관계 속에서 풀도록 하겠습니다. 일이 많고 적음에서 오는 갈등보다 의지와 상관없이 떠맡는 일로 인해 무기력감으로 인한 갈등이 많습니다. 새로운 학교는 모두가 주인이 되는 학교를 지향합니다. 모두가 주인이 되는 학교의 구체적 구상은 미흡하지만 정신은 다음과 같습니다.

방문객

정현종

사람이 온다는 건
실은 어마어마한 일이다
그는
그의 과거와
현재와
그리고
그의 미래와 함께 오기 때문이다
한 사람의 일생이 오기 때문이다
부서지기 쉬운
그래서 부서지기도 했을
마음이 오는 것이다

그 갈피를
아마 바람은 더듬어 볼 수 있을 만큼,
내 마음이 그런 바람을 흉내 낸다면
필경 환대가 될 것이다

라. 소담초 학군 중심의 마을학교공동체를 제안합니다.

소담초 주변에는 소담유, 소담중, 소담고가 가까이에 위치하고 있습니다. 또한 가까이에 주민센터와 복합커뮤니티가 있기 때문에 지리적으로도 좋은 여건이라고 생각합니다.

소담초 개교 전 각 아파트별 입주자대표협의회와 모임을 가져 마을이 세우는 학교, 마을 속의 학교에 대한 논의를 할 예정입니다. 그리고 예비 학부모들에게 원하는 학교상, 교사상에 대한 이야기를 듣고, 더불어 마을학교공동체에 대한 연수를 실시하여 학부모, 지역사회가 참여하는 분위기를 조성할 계획입니다.

주민센터와 복합커뮤니티 중심의 방과후학교, 돌봄교실 운영을 제안하고 학교가 협력하여 함께 운영하는 모델을 보여줄 수 있을 것이라 생각합니다. 또한 지역 카페와 함께 하는 벼룩시장, 나눔 행사 등 학교가 마을의 중심이 되고 마을이 힘을 합쳐 한 아이의 성장을 돕는 그런 문화를 만들고자 합니다.

마. 교육과정 운영위원회 운영의 모델을 제안합니다.

대부분의 학교에 교무위원회가 있으나 학교장의 결정에 의해 제안한 내용이 좌지우지되는 경우가 많습니다. 의사결정기구의 성격을 가진 교육과정 운영위원회를 만들도록 하겠습니다. 위원회 구성은 학부모 대표, 학생 대표, 교원으로 하여 모든 구성원의 의견을 반영하는 조직을 구성하고자 합니다. 제안자가 사회자가 되고 발제를 하면 토킹스틱을 이용한 1인 1발언 그리고 찬반 논의, 설득, 표결에 붙이는 등의 방법으로 제안을 심의 의결할 것입니다.

바. 소담초 학교교육과정 비전

소담초의 교육 비전은 이후 학교 구성원들과 함께 논의하여 변경할 예정이지만 새로운 학교 준비팀에서 논의해본 바로는 다음과 같습니다. 전입생 중심의 학교이기에 조화롭게 어울림을 목표로 하여 '어울려 배우고 서로 존중하는 소담 공동체'를 지향합니다.

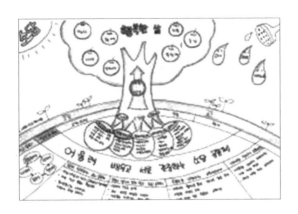

4. 소담초 개교 계획

첫째, 개교가 되기 전까지 일상적 모임을 계속하겠습니다.

일상적 모임을 통해서 새로운 학교를 점점 구체화시키겠습니다. 일상적 모임을 통하여 정리를 하고 다시 계속 다듬을 작업을 통하여 세밀하게 다가갈 수 있도록 하겠습니다.

부족한 부분은 연수나 컨설팅을 통해서 채워나가겠습니다. 현재 새로운 학교 모임에서 준비를 해나가며 도움을 받고 싶은 분들입니다. 아직 구체적으로 일정을 잡지 못했지만 일상적 모임을 통해 부족한 부분에 대하여 도움을 요청하며 조금씩 채워나가겠습니다.

- 학교 혁신 철학을 위한 컨설팅
- 교육과정 수립과 재구성을 위한 컨설팅
- 민주적 학급 문화 수립을 위한 컨설팅
- 민주적 회의 문화를 만들기 위한 컨설팅

둘째, 같이할 사람들을 찾겠습니다.

소담초등학교는 2016년 5월 개교 예정입니다. 새로운 학교(소담초) 운영을 위해 같이할 사람을 더 찾고, 철학을 공유하며 비전을 세우도록 하겠습니다. 많은 사람이 함께 서로의 날개를 갖고 있지만 같은 방향으로 멀리 날아갈 수 있도록 하겠습니다.

셋째, 꿈을 꾸겠습니다.

청년의 장점은 낭만이라는 말을 들었습니다. 물론 새로운 학교가 거저 주어지지 않는다는 것은 잘 알고 있습니다. 우리의 계획을 구체화시키다 보면 어려움에 부딪힐 수 있을 것입니다. 지금은 생각지도 못했던 돌발 사태가 벌어질 수도 있습니다. 그러나 학교 혁신이라는 방향성을 '낭만'으로 해결해가도록 하겠습니다. 누구도 소외되지 않는 교육, 누구나 존중받는 교육에서 말하는 대상이 학생만을 일컫는 것은 아닐 것입니다. 같이 근무하는 선생님도, 학부모도 그래야 합니다. 어려운 일이 있더라도 모두 함께할 수 있는 방법을 찾겠습니다. 그래도 어려우면 도움을 요청하겠습니다.

넷째, 배움을 실천하겠습니다.

2015년 학교 혁신과 교육과정 재구성, 배움 중심 수업 등의 연수에서 이론 수업을 듣고 실습도 같이했습니다. 이제는 실천할 차례입니다. 우리가 만드는 새로운 학교에서 실천하여 부딪혀보겠습니다. 그렇게 해보라고 교육감님께서 연수를 마련하시고 우리에게 기회를 주신 것이라고 생각합니다. 배움이 실습을 넘어서서 실천하는 과정을 보여주는 우리가 되겠습니다.

소담초등학교의 주인은 누구인가?

우리 학교의 주인은 누구인가. 학교의 역할, 구성, 조직 체계를 잘 모르는 사람들은 이것이 무슨 말인가 하고 의아해할 수 있다. 이것은 오래된 질문이지만 여전히 대답하기 쉽지 않고, 답은 여전히 과녁을 겨냥하고 있지 못하다.

주인이 누구인가는 누가 결정하는가를 보면 알 수 있다. 물론 어떤 사안에 대한 결정인가도 중요하다. 교장 선생님? 교사? 학생? 학부모? 혹은 모두 다? 지금까지의 경험으로 정답을 찾아보자면 다 틀렸다. 중요한 결정은 전부 '위'에서 한다.

이것은 희한하게 각각의 단위에서도 똑같다. 교육부에서는 교육부의 '위'에 있는 사람들이, 교육청에서도 교육청의 '위'에 있는 사람들이, 학교에서도 마찬가지로 '위'에 있는 사람들이, 교실에서는?

결정도 위에서 학교 책임도 위에서 진다고? 하나는 맞고 하나는 틀린다. 내 경험상 위에서 책임을 진 것을 본 기억이 없다. 책임을 진다는 핑계를 대며 수많은 걸 지시했을 뿐이다. 인정하고 쉽지 않은 많은 학교의 모습이다.

앞으로 얘기할 소담초 이야기는 나 혼자만의 의견이 아니라 우리 학교 구성원들이 같이 이야기하며 만든 것임을 밝혀둔다. 어떠한 체제를 갖추고 제도를 만드는 것보다 구성원의 합의와 그 과정에서 나오는 의견이 중요하기 때문이다.

소담초의 경우 학년(급) 운영(수업, 상담 등)은 학년에 맡겨져 있다. 학년다모임을 통해 논의하고 기획회의 및 전체 다모임을 통해 공유된다. 이에 따라 학년협의회의 의사결정 권한이 커지고 학년부장의 역할도 중요해진다. 즉 학년협의체가 얼마나 잘 운영되는지, 혹은 학년부장에 따라 운영의 형태도 달라진다.

물론 기획회의를 통해 학교 전체의 틀이 만들어지고, 학년으로 공유되는 경우도 있다. 부장교사가 아닌 교사들에게 주어지는 정보의 양이 부족하고, 어떤 일이 어떤 방식으로 진행되는지, 역할의 필요성을 정확하게 알지 못하는 경우도 있었다. 이는 공유의 소통 부재로 이어진다. '알지 못하는' 사람의 입장에선 소통이 잘 안 된다는 하소연을 하게 되는 것은 당연하다. 물론 더 나은 방법을 찾고자 할 뿐 완벽한 소통은 없다.

이를 보완하기 위해 2018년에는 '씨줄과 날줄' 체제로 구성하였다. 이것을 이해하려면 학교 업무를 살펴보아야 한다.

학교 업무에는 어떤 것들이 있을까. 공통적인 일로 교육과정, 정보, 연수, 학적, 도서, 현장학습, 진로, 체육, 인성, 안전 등이 있다. 그리고 담임이 할 수밖에 없는 수업, 상담, 생활지도 등이 있다. 물론 정확하게 구분할 수는 없으므로 공감대가 형성되지 않으면 진행이 어렵다.

1. 학교 공통적인 업무와 학년(급)에서 할 일을 나눈다.

2. 학교 공통적인 업무를 업무지원팀에서 역할을 분담한다.
   가. 역할 분담 시 기존의 교무, 연구 등의 업무 명을 빼고 학교 상황에 맞게 조정한다.
   나. 소담초에서는 학교지원부장(학교 시스템), 학생지원부장(인성, 학폭 등), 교사지원부장(교사 역량 강화), 수업지원부장(교과교육 등 수업 관련 업무), 교육과정부장(교육과정) 등으로 5명의 업무지원팀을 꾸렸다. 그에 맞게 업무 조정을 하고, 추후 업무지원팀 내에서 약간의 조정을 통해 확정한다.
   다. 보통의 교무, 연구체제와는 다르다. 교무와 연구체제는 학교의 일사불란함을 강조한 것이다. 즉 한 줄을 타고 내려오는 일을 받아서 처리하여 한 줄로 다시 올리기 좋은 체제이다. 학교의 상황을 반영한 것이 아니라 주어진 일을 빨리 처리하는 시스템이라 과감한 변화를 시도해본다. 이는 학교가 스스로 정한 비전을 실현하기 위한 체제가 아니라 주어진 업무를 처리하는 데 급급하지 않겠다는 의미를 담고 있다.
   라. 업무지원팀의 수업은 주 15시간 내외로 조정한다.

3. 업무지원팀의 역할은 학년(급)과도 긴밀한 관계를 맺는다. 즉 업무지원팀의 일은 씨줄이 된다.

4. 학년에서 학년 업무를 정할 때 업무지원팀의 일과 관련성을 맺는

다. 즉 업무지원팀의 현장학습 업무가 있고, 각 학년에서 현장학습 담당 교사 있다.

　가. 지원팀의 역할은 각 학년 현장학습 담당과 협의하며 필요시 현장학습의 학년 연계성 조율, 공문처리 등을 담당한다.

　나. 조율된 안 범위 내에서 학년 현장학습 담당은 학년의 현장학습 업무를 처리한다.

5. 씨줄과 날줄이 만나는 협의체를 구성하여 정기적으로 협의를 한다. 협의체는 필요에 의해서 생긴다. 의미 없는 협의는 필요가 없다. 이러한 필요성에 따라 구성된 협의체를 알아보면,

1) 교직원 전체 다모임이 있다.

　가. 한 달에 1번 이루어진다.

　나. 간단 업무 전달(필요한 업무는 온라인으로)을 한다.

　다. 학년 한 달 살이로 한 학년씩 돌아가며 학년 교육활동 소개 시간이다.

　라. 필요시 학교 자체평가, 각종 규정 협의 등의 시간으로 활용한다.

2) 씨줄 날줄 협의가 있다.

　가. 월 1회 정기회의를 운영한다.

　나. 관련 업무끼리 업무지원팀, 학년 업무 담당자가 만나므로 학년의 연관성을 가지도록 한다.

　- 교육과정, 학생자치, 수업, 평가, 학생생활 등 다섯 개의 팀으로 나누어 협의회를 실시한다.

다. 규모가 큰 학교에서는 학년부장의 업무를 줄이기도 하고 학년 전체의 책임을 나누어 진다. 또한 권한도 마찬가지이다.

라. 독자적인 학년 교육활동과 학교교육과정이 연계되도록 조율할 것이다.

6. 매달 두 번의 기획회의가 있다.

가. 구성원은 교장, 교감, 각 학년 부장교사, 업무지원팀, 행정실장이 참여한다.

나. 학년 전체 행사기획, 학년 교육활동협의, 현안 문제 등을 협의한다.

다. 학교교육과정위원회의 역할을 겸한다.

라. 매월 1회, 네 번째 주는 학부모회와 연석회의를 한다. 이때는 학부모와 공동행사, 학교 현안 문제 등을 논의한다.

7. 매주 학년협의회가 이루어진다.

가. 학년 구성원이 참여하는 협의체이다.

나. 학년교육활동, 행사 등을 논의한다.

8. 필요시 TF팀을 구성한다(2017 TF 예시)

가. 소담축제에 교사, 학부모, 학생의 TF를 구성하여 기획, 운영함.

나. 평가 TF로 평가 결과를 어떻게 통지할 것인가를 협의 논의함.

다. 인사자문위원회 TF로 인사자문위원회의 구성 및 역할 조정함.

　- 인사자문위원회에서 교내 인사 규정을 만들어냄

- 인사자문위원회 규정에 따라 2018학년도 인사 실시(2017년 12월 18일 완료)

이상이 기본 협의체라고 할 수 있다. 협의체를 구성하는 것이 전부가 아니다. 협의체에 따라 의사결정 권한이 필요하다. 권한은 한정되어 있고, 협의체마다 충돌할 수도 있다. 즉 실제 그 권한이 부여되었는가, 권한의 체제는 제대로 완비되었는가에 대한 구체적인 방안이 필요하다.

쉬운 예로, 다 결정되었는데 교장 선생님이 '노'를 할 때 어떻게 할 것인가. 소담초에서 그러한 일은 거의 없다. 왜냐하면 많은 사람들이 함께 결정한 일은 극단을 달리지 않는다. 경험상 공공성을 지닌 교사의 특성상 주로 중간 언저리에서 결정되기 때문에 큰 위험이 없는 점도 작용할 것이다.

혹시 교장 선생님의 권위가 떨어지지 않는가 걱정하는 사람들이 있다. 권위는 무엇인가. 옳은 결정을 해서 생기는가? 더 좋은 방안의 아이디어를 제안하므로 생기는가? 혹은 결재판에 멋있게 사인함으로써 생기는가? 리더의 권위는 그 조직이 가장 잘 굴러갈 수 있도록 장을 마련하고 그 장에서 놀 수 있는 적절한 사람을 발굴하고 격려해줄 때 생긴다.

어려운 것은 다른 문제다. 현실에서 생긴다. 몇 년간의 교직 경력을 갖게 되면 '나름대로의 철학'을 갖게 된다. 그 철학은 평상시에는 별 것 아닌 것처럼 보이나 학급이라는 공간에서는 '절대권력'의 힘을 발휘한다.

가령 '아이의 이름을 불러주자'라고 협의를 했다고 하자. 이런 부분은 의외로 쉽게 협의되지만 실제로 실천이 되는 것과는 다른 문제이다.

우리는 대부분 교실 안에서 아이들을 만난다. 따라서 이름을 불러주는 일도 교실 안에서 훨씬 더 많이 이루어진다. 그런데 '교사인 나'의 모습에서 평소에 이름을 부르지 않는 모습을 발견한 것이다. '나는 이름을 불러주는 것보다 별명을 불러주는 게 더 좋아요. 혹은 적절한 거리 유지를 위해 이름을 불러주지 않을 거예요.' 만약 이렇게 말한다면 어떡할 것인가? 그것이 변명이든, 실제든 간에.

학급 내에서 규칙도 존재하지만 교실 밖, 학교 안의 규칙도 존재한다. 효력을 발생하려면 구성원의 진짜 합의가 필요하다. 어디 이게 쉬운 일인가. 내 고정관념을 깰 수 있을까. 앞으로 해결해야 할 문제이다. 이것이 바로 '교사의 교실 개방'이다.

협의체는 공식적인 기구, 즉 역할에 따라 부여되는 기구이다. 하지만 조직은 이것으로만 굴러가지 않는다. 학교 역시 마찬가지다. 주제에 따른 학습공동체 및 교사 동아리가 있다. 초등 교사는 모든 과목을 다루기 때문에 동아리와 학습공동체의 구분이 모호한 부분도 있다.

온책읽기, 요리, 지역탐방, 사물놀이, 바이올린(첼로), 체육, 보드게임 등으로 빈자리를 채웠다.

공식적이든 비공식적이든 협의체는 기구다. 기구는 주어진 역할과 책임이 있다. 만약 그 협의체가 그 역할을 못한다면 그것은 허울뿐인 기구이며 자기의 역할을 제대로 하지 못하는 것과 같다. 혹시 그 기구가 제대로 작동되지 않는다면 그 이유를 찾아봐야 한다. 그 이유가 무엇이든 간에 민주적 공동체를 조성하는 데 방해되는 요인일 가능성이 매우 높다.

민주적 공동체는 어떻게 구성되는가. 어려운 문제지만, 그 척도는 협의체 기구의 위상이다. 협의체가 결정을 수용한 정도가 민주적 공동체 수용 정도라고 볼 수 있겠다.

관리자의 문제를 지적하고자 하는 것이 아니다. 우리 모두 그렇다는 것이다. 이러한 고민을 안고 개교 2년 차, 혁신학교 1년 차 소담초등학교의 이야기를 시작하고자 한다.

배움과 나눔을 이야기하다

학기 초 학교교육과정에 대하여 학교 구성원이 협의를 하며 일 년 동안 지낼 채비를 했다. 학교에서의 준비란 '교육과정 운영 계획'을 수립하는 것을 말한다. 큰 얼개는 보통 학기가 시작되기 전에 계획을 수립하고, 조금씩 구체적으로 계획을 잡아나간다.

학교 전체적인 것을 '학교교육과정'이라 하고 학년·학급에서 이루어지는 것을 '학년(학급)교육과정'이라고 한다. 사전적 교육과정의 용어를 요약해보면 "교육 목표를 달성하는 데 필요한 교육 내용과 학습 활동을 편성하여 체계적으로 정리한 전체 계획"이다. 참 거창하다. 국가에서 마련한 지침, 교육청에 마련한 지침 내에서 무슨 과목은 몇 시간, 안전교육은 몇 시간, 입학식, 졸업식 등을 기록한 문서라고 볼 수 있기도 하다.

한편, 이런 의문을 가질 수도 있다. 세종시에 새로 짓는 초등학교는 규모가 거의 비슷하다. 즉 A학교의 교육과정을 그대로 들고 오면 되지 않을까? B학급의 교육과정을 그대로 가져오면 되지 않을까?

그럼에도 그렇게 하지 않는 이유는 무엇일까? 이러한 고민은 '학교의 역할은 무엇인가?', '학교는 어떠해야 하는가?', '그 안에서 교사와 학부모, 그리고 학생은 어떻게 살아야 할까?'라는 의문에서 시작한다. 물론 그 의문에 대한 답은 정해져 있지 않다. 똑같은 교사, 학부모, 학생은 없기 때문이다.

그 답은 누가 제시해주지 않는다. 우리의 삶은, 1 더하기 1은 2가 아님을 우리는 잘 알고 있다. 그렇기 때문에 우리가 같이 선택하고, 선택한 것을 실천하고, 그 책임 또한 우리가 져야 한다. 그 시작은 교육과정을 수립하는 것이다.

이러한 생각을 전제로, 소담 교육과정의 목표를 간단히 소개하면 다음과 같다.

함께 삶을 가꾸는 것이다. 소담초등학교의 비전인 개인의 삶을 성찰하는 '홀로서기', 더 나아가 너 그리고 우리, 공동체를 바라보는 건강한 시선과 더불어 실천 역량을 갖추어 즐겁고, 가치 있고, 삶의 여유를 통해 내 삶의 행복을 찾고 만들어가는 것이 소담초등학교의 목표이다.

삶을 가꾼다는 말은 가치를 담고 있으므로 백 명에게 묻더라도 각기 다른 답이 나올 것이다. 그동안 살아온 삶의 궤적이 다르기 때문이다. '소담초등학교는 비전을 세우며 삶을 가꾸기 위해서 무엇을 어떻게 해야 할까'에 대한 고민이 많았다.

공통적으로 나온 의견을 추려보면 '배울 힘을 키워 꿈을 찾는 어린이', 즉 키워드는 배울 힘, 배움이다. 또 하나는 '나눌 품을 키워 함께 크는 어린이, 즉 키워드는 나눌 품, 나눔이다.

배움이란 학력, 공부, 학습 등과 같이 사용된다. 우리는 배움이란 말을 가르치는 사람이 아니라 배우는 사람의 시선에서 바라보아야 한다는 점에 주목했다. '무엇을 가르칠 것인가'라는 물음은 지식 전달, 합의된 사회적 가치에 대한 학습으로 이어질 것이다. 그리고 '무엇을 배울 것인가'라는 물음은 필요한 지식, 필요한 가치를 배울 뿐만 아니라, '어떻게 배울 것인가'를 배우는 사람의 관점에서 논의가 이루어질 것이다. 소담초의 비전인 '홀로서기와 함께하기'에서 홀로서기는 주로 개인 중심이라고 할 수 있다. 함께하기는 홀로 선 사람, 혹은 홀로 서려고 하는 사람이 서로 주고받는 것이다. 서로 주고받음은 제로섬처럼 보이지만 어우러져 만들어내는 힘은 더 풍요로운 삶을 만들어내는 데 큰 역할을 할 것이다.

2017 소담초등학교 교육과정의 체계도

비전	홀로서기와 함께하기로 삶을 가꾸는 교육			
목표	배움		나눔	
과제	**몸 세우기** •스포츠클럽 강화 •놀이시간 운영 •생태/노작활동	**마음 세우기** •학년 간 교류활동 •소담인 하나 되기 •평화학교 만들기	**생각 세우기** •온책읽기 •배움공책 •성장 지원 평가	**꿈 세우기** •1학급 1프로젝트 •하루 도우미 •소담교육가족축제
영역	교과활동	창의적 체험활동		생활교육

〈2016 교육과정〉 표지　　　　　　　〈2017 교육과정〉 표지

　　이 교육과정의 표지는 소담초 박지수 선생님이 그렸다. 2017년 표지가 2016년 표지보다 훨씬 풍성하다. 2017년 교육과정 표지를 부탁하며 한 가지만 주문했다. "찾아보는 재미가 있으면 좋겠어요." 박지수 선생님은 우리의 주문을 넘어서는 그림을 보여주었다. 나중에 들은 바로는 여러 번 그렸다 지우기를 반복했다고 한다.

　　또다시 2018년 교육과정 표지를 부탁했다. 이번에는 아무런 주문을 하지 않았다. 주문이 필요 없다는 것을 알았으니까.

특별한 아침 풍경

2017년 4월 28일, 소담초의 교문 풍경은 달랐다. 전 교사가 아침맞이에 나섰다. 평상시 담임선생님들은 교실에서 아이들 맞고, 교장 선생님이 교문에 나와 아이들을 맞아준다. 교장 선생님은 아침 출장이 있는 날을 제외하곤 늘 교문에서 아이들을 맞이한다. 아침의 교문은 교장 선생님이 아이들과 만나는 중요한 공간이다.

한번은 아이들이 등교하는 길 쪽문이 있는데, 그 문을 통해 오면 50미터 정도 단축된다고 쪽문을 열어달라는 민원이 제기되었다. 그때 교장 선생님은 '아침마다 아이들의 얼굴을 보며 아침을 맞이하고 싶다'라며 답변을 했다. 부모님들도 교장 선생님이 매일같이 아침맞이를 해주는 것을 알기 때문에 더 이상 그와 같은 얘기는 나오지 않았다.

누군가에는 특별할 수도, 누군가에는 그저 그렇게 보일 수도 있는 이 아침 풍경이 소담초를 가장 잘 표현하고 있는 모습이 아닐까.

놓치면 안 되는 것이 있다. 모든 일에는 과정이 있고, 과정에 따른 결정이 있다. 과정은 있으되 결정이 없으면 무기력해지고, 과정은 없

2017년 4월 28일 금요일의 소담초 아침 풍경

으나 결정만 있으면 경직된다. 즉 과정을 만드는 사람이 결정도 해야 한다.

벤치마킹. 진짜 벤치마킹은 결과를 보고 과정을 설계하는 것이다. 설계는 그 조직의 특성에 따라 달라질 수밖에 없다. 하지만 그 결과를 그대로 들이대는 것은 무리이고, 과격하기까지 하다. 여태까지 학교는 그런 모습이 아니었던가.

풍경 하나,

2017년 4월 24일 저녁 학교 근처 식당에서 십여 명이 저녁밥을 먹으며

"다음 주가 어린이날인데 그냥 지나치기는 뭔가 허전하지 않아요?"

"그런데 선생님들이 26일 수업공개 준비하느라 바빠서 뭔가 행사를 기획하기에는 준비 기간도 짧고, 부담되지 않을까요?"

"그럼 부담을 최소화하죠."

"아침맞이 어때요? 평상시에는 교장 선생님이 하지만 이날은 선생님들이 전부 다 나와서 맞아주는 거예요."

"드레스코드도 정합시다. 한복, 복면가왕 같은 걸로."

"좋아요. 기획회의에서 말해봅시다. 학년에서 이야기 나눠보시고 기획회의 때 이야기 나눠요."

풍경 둘, 2017년 4월 25일 오후 기획회의

"어린이날 행사로 전 교직원이 함께 아침맞이를 하자는 의견이 있었습니다."

"아침 8시부터 8시 40분까지 아침맞이를 하는데 복장은 자유, 그리고 빨리 준비할 수 있는 선물로 장미꽃, 그리고 환영한다는 메시지로 현수막, 피켓을 만듭시다."

"아이들에게 전하고 싶은 문구, 현수막이나 피켓에 들어갈 문구 메시지로 보내주세요."

*기획회의: 교장, 교감, 행정실장, 학년 대표, 부장교사가 참여하는 회의로서 일주일에 한 번씩(수요일 14:30~16:30) 개최된다. 학교의 현안, 행사를 비롯한 소담초 교육과정에 대한 전반적인 논의가 이루어지며 교사의 의견을 수합, 심의하는 협의체.

소담초등학교 더하기 혁신학교

1. 소담혁신학교 소개[*]

　우리 학교에 대한 소개를 간단히 하겠습니다. 작년 5월 1일 개교를 하였고, 올해부터 혁신학교 1년 차를 시작하였습니다. 개교 전부터 혁신학교에 관심 있는 선생님들이 같이 모여 어떤 학교를 만들까 논의하며 많은 시간을 보냈습니다.

　올해 3월 초에 23학급이 편성되었고 400여 명의 아이들이 다니고 있습니다. 지금도 아이들이 전학을 오면서 조금씩 늘어나고 있습니다. 올해 말에 새로운 아파트가 입주하고, 내년에 또 입주하면 약 50학급의 대규모 학교가 될 것입니다. 작년에는 글벗초의 임시학구 지정교가 되어 글벗초 아이들도 같이 다녔습니다.

　학교를 개교하면 처음부터 시작하는 것과 마찬가지입니다. 50가족

---

[*]이 글은 소담혁신학교에 대한 설명이 필요하다는 학부모의 요청에 따라 작성한 글로, 소담혁신학교에 대한 소개가 담겨 있다.

이 살 아주 큰 집을 준비하는 것과 비슷할지 모르겠습니다. 작년부터 개교와 혁신학교를 준비하는 소담초 선생님들의 노력이 엄청났다는 것은 교사들 사이에선 파다한 이야기입니다. 더군다나 올해 개교 일 년이 채 되지 않아 혁신학교를 시작한다는 것도 만만치 않은 일입니다. 더 중요한 것은 혁신학교를 시작했다는 것보다 혁신학교를 하고자 하는 선생님들의 마음입니다. 혁신학교를 운영한다고 해서 다른 보상이 있는 것이 아니고, 순수하게 좀 더 나은 학교를 만들고자 하는 마음이 무엇보다 소중한 자산임은 분명합니다.

현재는(2017년 8월 1일 기준) 4개 단지의 아파트 중 2개 단지에서 사는 아이들이 다니고 있고, 올해 말과 내년 말에 더 많은 아이들이 소담초에 다니게 될 것입니다. 규모면에서는 2019년이 되어야 완성됩니다. 식구가 늘어난다는 것은 단순히 숟가락 하나 없는 게 아닙니다. 학교라는 공간에서 사용해야 하는 시간, 공간의 배치가 달라집니다. 아이들의 생활공간이 달라집니다. 넉넉했던 공간이 비좁아지기도 할 것입니다. 아이들이 즐겁게 지낼 수 있는 공간이 되도록 노력할 것입니다.

2. 혁신학교가 뭐예요?

'이런 학교가 혁신학교다'라는 매뉴얼이 있나요?

혁신학교에 대한 매뉴얼은 없습니다. 굳이 말하자면 프레임 정도는 있다고 할 수 있습니다. 마치 찰흙으로 동물을 만들 때 그 뼈대 모양을 철사로 만드는 것과 비슷합니다. 네 발 달린 동물의 형태를 철사로 만들고 그 철사에 찰흙을 붙이면 동물이 됩니다. 그 동물은 만드는 사람에 따라 토끼가 되기도 하고 사자, 호랑이, 코끼리, 혹은 공룡도 될 수 있습니다. 혁신학교도 만드는 사람에 따라 달라지겠지요. 잘 운영되는 학교, 운영이 어려운 학교도 있습니다. 하지 않는 것보다 하는 것이 낫다는 것은 분명합니다.

소담혁신학교, 첫 번째는 민주적인 학교입니다.

아쉽게도 우리나라의 민주주의 역사는 짧습니다. 효율성과 양적 성장을 중심에 놓다 보니 위계질서를 중시하는 문화가 많이 남아 있습니다. 최종 목표를 민주시민 양성으로 내세우는 학교도 그렇습니다. 더 안타까운 것은 민주적인 교육을 받으면서 자란 사람이 드물다는 것입니다. 교사 역시 마찬가지입니다.

변화한다는 것 자체가 쉽지 않습니다. 물론 쉽게 변해도 문제입니다. 쉽게 바뀐다는 것은 또 쉽게 변한다는 말이니까요. 민주적인 문화를 만들기 위해서 회의를 많이 합니다. 학년별로 책임 있는 학년교육과정을 운영하고, 예산을 사용할 수 있는 권한을 줍니다. 권한과 함께 당연히 책임도 져야 합니다.

각종 대회도 마찬가지입니다. 대회에는 장단점이 있습니다. 어느 학교든 교문 근처에 붙은 '○○학교 대회 입상'이라는 문구가 보일 것입니다. 혁신학교에서는 이러한 문구가 눈에 잘 띄지 않습니다. 대회를 어떻게 볼 것인가에 대한 논의가 필요합니다. 우리 학교는 개교를 하며, 또 혁신학교를 준비하며 대회에 대한 논의를 했고, '필요하면 학년

교육과정에서 풀어내자'라고 협의를 하였습니다.

　우리 학교에는 소통의 통로가 많습니다.

　민주주의 사회라고 해서 내가 원하는 것을 다 이룰 수 있는 것은 아닙니다. 서로 조금씩 불편함을 참아가야 합니다. 그래서 더불어 살아갈 수 있는 힘을 키워가는 것입니다. 그 불편함을 누가 강요하는 것이 아니라 서로 공감하고 배려하고 존중할　때 공동체의 힘이 만들어집니다.

　매월 두 차례 있는 교직원 전체 다모임(1회는 구성원이 낸 안건 중심, 1회는 학년 교육활동 나눔), 매주 수요일에는 기획회의를 합니다. 기획회의는 학년별 한 분의 선생님과 학교 주요 업무를 담당하는 선생님, 행정실장님, 교감, 교장 선생님이 참여합니다. 여기서는 소담교육과정(현안 문제, 시스템, 교육활동) 등이 전반적으로 다루어집니다. 한 달에 한 번은 학부모님과 같이하는 연석회의를 합니다. 이 연석회의는 2017년 5월부터 시작되었는데, 학부모회와 교직원 간의 소통 통로입니다. 그 밖에도 학생들이 만들어가는 학생다모임, 전문적학습공동체, 각종 동아리, 소담 에세이, 소담 소통이(자료 공유 시스템) 등이 소통의 통로라고 할 수 있습니다.

　우리 학교에서는 여러 가지 소통의 장에서 협의된 내용이 교육활동으로 이어집니다. 이것은 혁신학교에서 대단히 중요하게 여기는 부분입니다. 많은 논의를 하고 그대로 실천으로 이어지지 못한다면 협의 자체가 의미가 없어집니다. 예를 들어 지난 7월에 있었던 '작은 음악회', '워터파크', '닭장', '텃밭 가꾸기'. '학년별 체육대회' 등이 이런 논의를 거쳐 만들어졌습니다.

소담혁신학교, 두 번째는 '같이 모여 토론하라'입니다.

전문적학습공동체입니다. 이름이 거창하지만, 학년에서 모여 같이 얘기하고 고민하고 해결하라. 이것은 민주적 문화가 바탕이 되었을 때 가능합니다. 예를 들어 1학년에서 논의된 교육 계획이 온전히 교육활동으로 실현되는 구조, 그 안에서 교육과정을 운영할 수 있도록 하자는 것입니다. 예를 들어 우리 학교에서는 격주 월요일에 열리는 전체 협의, 매주 수요일의 기획회의(학년별 1인, 업무 담당자, 교감, 교장), 매주 1회의 학년별 협의, 희망교사들의 온책읽기모임, 행정실의 행정연구회 등이 있습니다.

교사도 협력하며 같이 만들어내는 것에 익숙하지 않습니다. 협력하고 같이 만들어가는 것 또한 문화입니다. '모든 교육개혁은 교실 문 앞에서 멈춘다'라는 말이 있지요. 교사가 게을러서가 아닙니다. 말 그대로 책상에서 내려보내는 정책이 많았기 때문입니다.

소담혁신학교, 세 번째는 '생활공동체!, 학생, 학부모, 교사의 삶의 공간이 되게 하라'입니다.

학부모 다모임, 아버지회, 교직원회, 학생다모임은 각기 역할이 다르지만 모두 학교를 만들어가는 주체입니다. 교사, 학부모, 혹은 학생의 일방적인 요구로는 좋은 학교가 될 수 없습니다.

따뜻한 공동체 안에서 즐겁게 배우려면 서로서로 협력해야 합니다.

각기 어떤 역할을 해야 하는가, 어떻게 협력해야 하는가 또한 같이 풀어가야 할 문제입니다.

얼마 전 거산초등학교 선생님과 대화를 나누었습니다. 거산초에는 학교 행사에 대해 교사 학부모가 같이 참여하는 회의가 있다고 합니다. 예를 들어 교사+학부모 체육대회 회의팀, 교사+학부모 음악회팀 등이지요. 하지만 그러한 사례를 우리 학교에 바로 적용하기는 어렵습니다. 교사도, 학부모도, 학생도 준비가 필요합니다. 각 다모임을 잘 운영해나가고, 또 신뢰를 충분히 쌓아가며 준비를 해야 합니다. 학부모회는 학부모회대로 단단해지고, 교사는 교사대로, 학생은 학생대로 단단해져야 합니다. 이것을 자치라고 하지요. 우선 학교 공간을 교육활동이 잘 이루어질 수 있는 좋은 환경으로 만들어야 합니다.

소담혁신학교, 네 번째는 학생 중심, 혹은 배움이 즐거운 교육과정을 만들어야 합니다.

흔히 1년 차에는 첫 번째로 말한 민주적인 학교를 만드는 데 중점을, 2년 차에는 두 번째 강조한 전문적학습공동체에 중점을, 3년 차에는 바로 앞에서 말한 생활공동체에 중점을, 그리고 4년 차에는 학생 중심, 혹은 배움이 즐거운 교육과정에 중점을 둡니다. 천천히, 느리지만 단단하게 가려는 것입니다. 하지만 그게 쉽나요.

⇨ 소담초는

우리 학교에서는 온책읽기가 그 물꼬입니다. 처음부터 배부르게 진행될 순 없습니다. 그렇게 변하려고 하는 의지가 중요합니다. 그런데

'공개수업 외 수업에 참관할 수 있다'라는 의견에 대해서는 교사뿐만 아니라 아이들의 동의도 필요합니다. 아이들의 동의가 필요하다는 것은 '예', '아니요'의 대답이 아니라 누가 보든지, 혹은 엄마나 아빠가 왔을 때도 흔들림 없이 할 수 있는가를 말하는 것입니다.

또한 한 학급 운영에는 수업만 있는 것이 아닙니다. 수업, 즉 배움을 잘하기 위해서는 친구관계, 규칙, 나름대로 만들어지는 학급 문화가 대단히 중요합니다. 교사들이 본인의 수업을 상시 공개하는 것도 대단히 부담스럽지만, 공감대 형성 없이 수업을 상시 개방한다면 어떨까요? 수업이 더 좋아질까요? 고민해볼 문제입니다.

학급에서 아이들과 만나는 것은 어떤 물건을 만드는 일이 아닙니다. 교실은 사람과 사람이 만나고, 스승과 제자가 만나는 공간입니다. 그들의 이야기가 만들어지는 공간입니다.

행사나 프로그램 위주의 접근이나 단시간 안에 눈에 띄는 변화를 기대하지 말고 차분하고 끈기 있게 따뜻한 눈으로 아이들을, 학교를 바라봐주시기 바랍니다.

소담초 교장 선생님

"우리 학교에 텃밭이 있으면 좋겠어요."

"이리저리 둘러봐도 우리 학교에 텃밭이라고 할 장소는 없어요. 하지만 중간중간에 자투리땅이 있으니 내가 한번 알아볼게요."

이런 이야기를 나누고 나서 교장 선생님은 주무관님과 직접 텃밭을 일구었다. 사진이 없어 아쉬울 뿐이다.

"교장 선생님, 힘드실 텐데 죄송해요."

"괜찮아, 나 안 바빠요. 잘 키우면 되죠."

그렇게 텃밭이 만들어졌고, 아이들은 그곳에 씨를 뿌렸다.

학교마다 흔히 있는 텃밭이라고 할지 모른다. 그러나 소담초의 텃밭은 흔한 텃밭이 아니다. 과정을 함께했기 때문이다.

이번에 학생다모임 대표로 당선된 아이가 공약으로 '학년별 텃밭

자투리땅을 찾다

가꾸기'를 내걸었다. 그래서 텃밭을 어떻게 가꿀 것인가를 들어보고 공약을 실천할 수 있도록 지원 방법을 찾아보기로 했다. 학교의 다양한 사람들, 그에 따른 의견들, 그로 인해 생기는 갈등을 조율하고 격려하는 사람이 교장 선생님이다.

9월의 어느 날에

교장 황미애

"○○야, 어서 오렴. 좋은 하루 보내."

"교장 선생님도 좋은 하루 보내세요."

매일 아침 교문에서 아이들과 눈을 맞추며 인사를 주고받습니다.

"교장 선생님, 젖니가 빠졌어요."

"그래? 이제 새 이가 날 거야."

아이에게는 새로운 소식을 내게 전하는 즐거움도 있는 듯합니다.

"선생님이 기다리시겠다. 얼른 들어가."

수업이 시작되기 직전에서야 교문을 들어서는 아이들도 있습니다. 나는 안타까운 마음으로, 그 아이는 미안해하는(?) 눈빛으로 마주 보고 씩 웃으며 인사를 합니다.

아이는 교실로, 나는 운동장 쪽으로 발길을 돌려 밤사이 닭장 속의 닭들도 잘 있었는지 둘러보는 것으로 기분 좋게 하루 일과를 시작합니다.

어제는 1학년 어느 교실에 갔습니다. 그곳에서 매주 발행하는 학급신문을 봤습니다. 교실에서 일어나는 사소한 일까지 재미있는 내용으로 담았습니다.

"아이들이나 학부모님들의 반응은 어때요?"

"관심도 높고 만족감도 높다고 합니다."

'그럼, 그래야지요. 어떻게 만드는데요.'

수고스러움이 고스란히 전해져 마음이 짠합니다.

마침 오늘은 목요일 동학년 교실마실(학년협의)이라 동학년 선생님들이 협의하는 자리에 들렀습니다. 그런데 신규 교사의 눈시울이 붉게 변한 것이 보였습니다.

반 아이가 한 말이 상처가 되었다고 합니다. 그전에도 그 아이가 하는 말에 서운하기는 했어도 오늘처럼 마음에 비수가 되어 꽂히지는 않았다고 합니다. 오늘은 너무 상처가 된다며 눈물을 보입니다. 그 말을 듣던 다른 신규 교사도 금세 얼굴이 붉어집니다.

"왜? 선생님도 울고 싶어?"

"네!"

우리는 웃는 것인지 우는 것인지 서로 마주 보며 웃픈 소리를 냅니다.

학교에서, 교실에서는 수없이 많은 일이 벌어집니다. 그때마다 학교 현장의 교사들은 매일 롤러코스터를 타게 됩니다. 아이들이 툭 던지는 말 한마디에, 아이들이 무심코 한 행동에, 그리고 자존심이 무척 센 학부모의 말과 함께 전해져오는 싸늘한 눈빛에, 그리고 생각이 다른 동료들과 관행적인 업무들까지……

기쁨을 느낄 때는 한없이 행복했다가, 어떨 때는 끝을 모르는 미궁 속으로 빠지는 듯 절망했다가, 순간 심장이 떨어지듯 놀랐다가, 돌덩이에 머리를 세게 맞은 것처럼 멍했다가, 뻗치는 화를 참아내느라 부르르 입술을 깨물었다가 변화무쌍합니다. 그래서 퇴근 무렵에는 파김치가 되기 일쑤지요.

"어디 아파요?"

"아니요. 그냥 피곤해서요."

그래도 다음 날이면 어제 무슨 일이 있었냐는 듯 아이들보다 일찍 출근해 환하게 미소 지으며 아이들을 맞습니다.

교장실에 앉아서 선생님들에게 어떤 말에도 흔들리지 말고 상처받지 않으며 소신 있게 교육할 수 있는 힘을 지니라고 강요할 수는 없습니다. 결국은 자신에게 스스로 부여하는 사명감과 확고한 교육철학으로 스스로를 지탱할 수밖에 없다는 것을 깨닫기 바랄 뿐입니다. 그래서 기다리고 있습니다. 무작정 기다리는 것이 아니라 먼저 다가가 귀 기울여 들어주려고 합니다.

"교장 선생님, 들어주셔서 고맙습니다."

인사 받는 것보다는 처진 어깨가 당당하게 펴지고 환하게 웃으며 돌아서는 모습을 보는 것이 더 좋기 때문입니다. 선생님들에게는 그들의 이야기에 관심을 갖고 잘 들어주는 친구가 필요한가 봅니다.

'오늘은 누구의 이야기를 들어줄까?'

2장

소담초등학교라서 좋았다

졸업생이 이야기하는 소담초등학교

소담초등학교라서 참 좋았다

조우진(2017학년도 2월 1회 졸업생)

나는 작년에 소담초를 졸업해서 소담중학교에 다니고 있다. 벌써 졸업한 지가 1년이 다 되어가지만 아직도 소담초등학교를 떠올리면 기분이 좋아진다.

내가 처음 이곳에 왔을 때 소담초는 새로 지어진 학교였다. 그래서 좀 어수선했고 학생 수도 정말 적었다. 하지만 학교가 최신 시설로 이루어져 있었고 학생 수가 많지 않아서 선생님들과 다른 반 친구들까지도 친하게 지낼 수 있어서 좋았다. 또 선생님들도 젊고 좋으셔서 같이 소통하며 친근하게 느껴져서 더 좋은 학교생활을 할 수 있었다. 나는 무엇보다 내가 이 학교의 1회 졸업생이라는 게 특별하게 느껴졌다.

전학 오기 전에 대부분의 사람들이 그렇듯 나도 소담초에 오기 전에 기대도 많이 되고 걱정도 많이 되었다. 그나마 어느 정도 마음이 편했던 것은 전에 다니던 학교 친구와 같이 전학을 왔다는 것이었지만 새로운 친구를 사귄다는 건 쉬운 일이 아니었다. 전학 오고 몇 주간은 새로운 친구들 사이에서 적응하는 게 좀 힘들었다. 그래도 다행히 마음이 맞는 친구들을 찾아 나까지 9명 정도가 함께 다니면서 크고 작은 재밌는 일들이 많았고 그 친구들 덕분에 남은 학교생활을 즐겁게 잘 마치고 졸업할 수 있었다.

소담초의 좋았던 점을 몇 개 더 찾자면 나는 교장 선생님이 좋았다. 교장 선생님이 여자분이고 다른 학교에 비해 젊어 보이셨던 것과, 매일은 아니지만 자주 등굣길에 나와서 인사해주는 것도 인상적이었다. 다른 학교에서 듣는 조회나 특별한 날의 교장 선생님 연설은 정말 힘들었는데, 소담초등학교 교장 선생님께서는 항상 굵고 짧게 끝내주셨고 늘 친근하고 친절하게 대해주시는 것도 좋았다.

두 번째로는 등굣길에 늘 "소담하이"라고 해주시는 분이 계셨는데 처음엔 어색했지만 나중에는 같이 "소담하이"라고 인사하고 하이파이브하면서 기분 좋게 등교했다. 한번은 방송부 때문에 일찍 등교한 적이 있었는데, 그때도 "소담하이"라고 해주시면서 추우니까 따뜻하게 잡고 있다가 먹으라며 캔 음료를 주셨다. 난 그날이 정말 인상 깊고 감사했다. 중학교에 와서는 그 소담하이 쌤을 만나지 못했는데 가끔씩 등굣길에 생각이 난다.

그리고 소담초에서의 내 추억 중 하나는 방송부 활동이었다. 처음 아나운서 오디션을 볼 때는 '내가 될까?'라는 생각에 걱정이 되었지만 방송부에 뽑히고 나서는 그냥 다 재미있었다. 소담초의 아나운서도 해보고 아침방송과 무대 준비도 해보면서 특별한 시간들을 보냈다. 아침방송을 하기 위해 친구들과 일찍 나왔던 것도, 처음으로 방송을 했을 때도 전부 신기했고 재미있었다. 내가 정말 아쉬웠던 것은 방송부활동이 정말 짧았다는 것이다.

소담초에서 신기했던 것 중 또 하나는 뻥튀기였다. 난 아무래도 소담초에서 뻥튀기를 처음 나눠주신 날을 잊을 수가 없을 것 같다. 난 학교에 뻥튀기 기계가 있다는 것이 매우 신기했다. 축제 때도 아니고 잠시 빌린 것도 아닌데 학교에 뻥튀기 기계가 있다는 것은 직접 보기 전까지는 아마 상상도 못 했을 것이다. 진짜 뻥튀기를 주신 날에는 온 학교 안에서 뻥튀기 냄새가 났었다. 그걸 받으려고 줄을 서서 나눠주시는 행정실 선생님들과 장난도 치며 소담초에서의 뻥튀기는 정말 재미있고 맛있었다.

그것 말고도 소담가족축제가 기억에 남는데, 이유는 가족들 모두가 참여하여 함께 즐길 수 있었다는 것이 좋았고, 학생들이 직접 부스를 운영하고 체험하고 맛있는 걸 많이 먹을 수 있는 먹거리 장터와 벼룩시장이 있어서 좋았다. 아쉬웠던 점이 있다면 친구들과 춤을 추려 했지만 하지 못한 것이다.

마지막으로는 수! 학! 여! 행! 수학여행 때 친구들과 같이 체험을 하러 다니고 둘째 날에는 에버랜드에 가서 친구들과 놀이기구도 타고 머리띠도 맞추며 놀았던 걸 나는 절대 잊을 수 없을 것이다. 하지만 역시 밤에 친구들과 오리엔테이션을 하고 같이 놀다 자는 그 시간이 가장 재미있었던 것 같다.

소담초에서 보낸 시간은 짧았지만 참 많은 일들이 있었다. 6학년 교실이 5층이라 항상 힘들게 올라갔었는데 그때마다 친구들과 장난치고 투덜거렸던 것도, 쉬는 시간이면 항상 나와서 피구를 했던 것도, 이런 사소한 것들이 모두 초등학교의 마지막 추억이 되었다. 초등학교를 마무리하는 시간을 소담초등학교에서 즐겁게 보낼 수 있었으니까 나는 정말 운이 좋았던 것 같다.

　끝으로 이번에 졸업하는 6학년들에게 축하한다는 말과 소담초등학교 선생님들께 정말 감사했다고 말하고 싶다.

2017년 12월 29일

소담초등학교를 생각하며

박수빈(2017학년도 2월 1회 졸업생)

나는 소담초등학교 1대 졸업생이자 1대 전교다모임 대표를 맡았다. 그 과정에서 많은 것을 경험하고 배움을 통해 생각의 폭이 넓어지고 성격도 활발해졌다. 또 자신감도 생기고 스스로를 자랑스럽게 생각할 수 있게 되었다.

소담초등학교는 2016년 5월에 개교한 학교라고 믿을 수 없을 만큼 선생님들의 마음이 모두 학생과 학교를 위함으로 가득 차 있는 것 같았다. 선생님들은 항상 학생을 최우선으로 생각하셨다. 2주에 한 번 전교학생다모임이라는 학생 주체 회의를 통해 학생의 목소리를 듣고, 학교 운영에 반영하셨다. 공부와 성적도 중요하지만 그것보다도 많은 경험이 더 중요하다고 여기고 새롭고 유익한 경험을 하게 도와주셨기에 나도 선생님들을 잘 따르고 감사히 생각했다.

초등학교의 마지막 시절인 6학년을 소담초등학교에서 즐겁게 보냈기에 나에게 뜻깊다. 그래서인지 지금까지도 기억이 생생하다. 항상 웃음만 있지는 않았지만 즐거웠던 평소 학교생활. 전교다모임 대표가 되어 각 학년의 각 반 다모임 대의원들과 이야기를 나누는 시간, 수학여행 장기자랑, 학교 축제, 부스 운영, 사회 보기, 졸업사진을 찍을 때, 졸업식. 많은 경험이 모여 따뜻한 추억이 되었다. 그래서인지 졸업할 때는 이 학교를 떠난다는 생각에 너무도 슬프고 아쉬웠다. 한편으로는 남은 학생들이 부럽고 내가 지금까지 한 일에 대해서 뿌듯하기도 했다. 지금도 그때로 돌아가고 싶다는 생각이 많이 들고 그때가 그립다. 이런 생각이 드는 이유는 선생님들께서 많이 도와주시고 항상 학생을 우선순위로 생각해주셨기 때문인 것 같다.

한번은 내가 정말 사랑하고 존경하는 고은영 선생님께 "선생님은 이 학교에 올 때 슬프거나 하지 않으셨어요?" 이러한 질문을 한 적이 있었는데, "선생님은 소담초등학교에 올 때 그쪽 학교 학생들에게 '나는 학교를 바꾸러 간다!'라고 하고 왔어"라는 신선한 대답을 주셨다.

이것은 내 질문에 딱 맞는 답은 아니었지만 나름 멋진 대답이었다. 그때 많은 생각과 고민 끝에 나에게 아주 멋진 꿈이 생겼다.

'초등학교에는 이렇게나 멋진 선생님이 계신데 과연 중학교에도 이런 선생님이 계실까? 내가 이 선생님처럼 학생을 먼저 생각해주는 선생님이 되면 어떨까?'라는 꿈.

그 뒤로 남을 위한 직업에 관심이 생겨서 찾아보게 되었다. 특정한 꿈이 없는 나에게 꿈이 생긴 계기가 되었다.

새샘마을로 이사를 와서 엄마 아빠와 함께 초등학교 가는 길에 익숙해지려고 계속 반복하여 걸었다. 드디어 소담초등학교에 첫 등교하는 날. '누가 있을까?' 하는 설렘과 동시에 '적응할 수 있을까?' 하는 불안감이 들었다.

하지만 교무실에 들어서는 순간 내가 언제 불안했었나, 왜 걱정했었나 싶을 정도로 모든 선생님들이 웃어주시며 친절히 대해주셨다. 선생님들과 엄마의 대화가 끝나고 선생님을 따라 들어선 교실. 휑한 공간에 놓인 책상 3개. 많은 학생이 기다릴 거라는 기대와 달리 토끼눈을 하고 날 바라보는 여자아이 한 명과 남자 선생님. 아직도 그 광경이 잊히지가 않는다. 날마다 한 명씩 전학 올 때마다 꽃을 들고 "누가 꽃이게?", "내가 바로 꽃이야!"라고 외치며 아이들과 친해졌다. 날마다 낯선 아이들과 만나고 우리는 금세 친해졌다.

어느새 내가 전학 온 5월이 지나고 7월이 왔다. 우리 반이 아이들로 가득 채워질 때쯤 여름방학이 왔다. 2학기가 시작되자 6학년이 세 개 반으로 늘어났다. 아이들이 많아지면서 갈등도 있고 힘든 일도 많았다. 그래도 잘 헤쳐나가고 어울리며 새로운 생활이 시작되었다.

2학기가 되어 전교다모임 대표를 뽑게 되었다. 나는 대표로 도전하여 선거에 나갔다. 전교다모임 대표를 뽑는 과정에서 후보자들이 모여서 TV로 토론회를 했다. 토론 준비를 하며 예상 질문과 답변을 생각하느라 밤을 새우기도 하며 많이 힘들었다. 하지만 막상 토론 날이 다가오니 힘든 건 다 잊어버리고 마냥 떨렸다. 카메라가 나를 찍고 있고, 아이들이 나를 보고 있다는 생각에 더 떨려왔다.

드디어 토론이 시작되고, "이번에는 이 공약을 어떻게 실천할 것인지 말해주세요." "이 공약에 대해서는 학급다모임 및 전교다모임에서 의견을 모을 생각입니다"라는 식으로 각자의 공약에 대한 질문과 대답이 오갔다. 토론이 끝나고 투표를 했고, 그 결과가 나왔다.

내가 당선됐다는 말에 너무도 뿌듯했다. 선거 기간 동안 나를 도와준 아이들에게 고마웠다. 이 일을 계기로 그 아이들과 친해졌다. 그리고 알게 되었다. 많은 일을 할수록, 많은 것을 경험할수록 나에게 득이 되고 언젠간 쓸모가 있다는 것을.

원래 내가 담을 쌓았던 영어 공부도 영어 선생님을 통해 담이 무너지기 시작했다. 그러면서 다른 과목들과도 조금씩 벽을 허물 수 있는 계기가 되었다.

처음과 달리 없던 자신감도 생기고 나에 대해 더 생각할 수 있었다. 그리고 내가 어떤 분야에서 더 잘하는지를 많은 경험을 통해 알게 되었다. 이처럼 내 적성에 맞는 활동과 직업에 대해 생각할 수 있는 기회가 많았던 점이 다른 학교와의 차이인 것 같다.

이 학교를 다니며 남을 생각하는 직업을 갖고 싶다고 생각하게 되었다. 나는 아직도 나 자신을 모르는 것 같기도 한데, 내가 뭔가 이상해지는 것 같을 때 소담초등학교 다닐 때를 생각하면 조금이나마 위로가 되면서 바로잡으려고 하게 된다. 내가 힘들거나 정신 못 차릴 때 생각나는 게 소담초등학교라는 것이 너무 신기하다.

소담초등학교는 내가 가고 싶다고 생각한 최초의 학교다.

"일어나 학교 가야지"라고 하는 엄마의 말에 "좀만 더!"라고 외치던 내가 소담초등학교에 다니고 나서 대답이 "준비 다 했어!"로 바뀌게 되었다. 그만큼 소담초등학교는 재미있고, 가고 싶은 학교였다. 나뿐만 아니라 많은 아이들이 그런 생각을 하는 것 같다. 가끔 아이들에게 "소담초등학교 어땠어?"라고 물으면 아이들도 다 즐거웠던 생각만 한다.

"서연아, 너는 소담초등학교에서 했던 일 중에 뭐가 생각나?"라고 묻는 말에 서연이가 이렇게 대답했다.

"중간놀이 시간, 애들이랑 화장실에서 얘기했던 것, 복도에서 얘기하고 놀던 것, 빈 교실에서 춤 연습한 것, 학교 돌아다니기, 점심시간에 강당 가서 놀기, 학생다모임 등이 생각나."

"그러는 너는?"이라는 서연이의 질문에 나 역시 "나는 학생다모임, 내가 당선된 날, TV 토론회, 수학여행, 학생다모임 대표들이랑 여행 갔을 때, 학교축제. 이 정도?"라고 대답했다.

친구들도 그렇고 나도 그렇다. "소담초등학교" 하면 즐거웠던 기억만 떠오른다. 언제나 학생을 생각하고 학생을 위해 노력해주던 학교. 따뜻한 정과 가족 같은 분위기에 항상 친절히 대해주시던 선생님들. 소담초등학교에서의 일들이 아직도 새록새록 기억이 난다. 그때가 그립다. 지금 중학교 생활에 만족하며 지내는 것도 소담초에서의 생활이 밑받침이 되어준 것 같다.

많은 경험을 해서 그랬는지, 아니면 나의 꿈이 생겨서 그랬는지, 이도 저도 아니면 선생님들이 너무 좋아서인지, 나는 소담초등학교에 정이 정말 많고 배운 것도 많다. 학교에서 한 모든 활동에서 얻은 것도 많다. 그러고 보니 소담초등학교에서 좋은 것만 얻어온 것 같다. 소담초등학교에 정말 고맙고 앞으로도 잊지 못할 것 같다.

6학년 마지막을 함께한 소담초등학교

김단우(2017학년도 2월 1회 졸업생)

6학년 2학기 곧 초등학교를 졸업하고 중학교에 입학한다는 설렘에 가득 차 있을 무렵 소담초등학교로 전학을 가게 되었습니다. 처음 전학 소식을 들었을 때 정들었던 고향을 떠나 새로운 환경에 적응하는 건 쉽지만은 않을 것 같았습니다. 비록 길진 않았지만 제가 졸업했던 초등학교 소담초등학교를 떠올려보려고 합니다.

소담초등학교는 2016년 5월에 개교한 공립 초등학교입니다. 세종특별자치시란 지역 특성 때문에 저뿐만 아니라 대부분의 친구들이 고향을 떠나온 친구들이었습니다. 그래서 모두들 어색할 만도 했지만 모든 친구들이 다른 친구들과 친해지고 적응하기 위해서 적극적으로 노력했고 선생님들께서도 모두가 잘 적응할 수 있도록 노력하셨습니다. 저도 많은 선생님들과 친구들의 도움으로 즐겁고 재미있는 학교생활을 할 수 있었습니다.

한 학기 동안 제가 다닌 소담초등학교는 학생들이 중심이 되는 학교였습니다. 다모임 회의, 방송부와 같은 동아리 활동은 물론이고 소담가족축제와 같은 학교 행사 역시 학생들의 힘으로 진행되었습니다. 그 결과 선생님과 학생들 사이에 의사소통이 활발하게 이루어지고 더 좋은 방향으로 발전해나갔습니다. 대표적으로 다모임 회의는 선생님과 학생들 사이에 의사소통이 잘 이루어진 경우 중 하나입니다.

제가 전에 다닌 초등학교나 다른 초등학교에서는 학생 대표, 학생 부대표가 중심이 되어 학생회의를 이끌어나가는 경우가 대부분이었습니다. 그래서 학생 대표, 부대표가 아닌 이상 좋은 의견이 있어도 자신의 생각을 밝히기 어렵고 학생들의 관심도 부족해 진정한 학생회의라고 하기에는 부족한 점이 많았습니다.

3학년 이상의 학생들이라면 누구나 참여 가능한 소담초등학교의 다모임 회의에서는 학교생활을 하면서 필요하거나 불편한 점, 학교의 중요한 행사 일정, 기타 건의 사항 등을 선생님과 학생들이 공유하고 공감하여 학교생활의 질을 높이고 더 좋은 방향으로 발전시키기 위해 노력했습니다.

이 결과 학생들의 학교생활 만족도는 점점 높아졌고 저 역시 이런 다모임 회의에 큰 관심을 가지고 적극적으로 참여하며 다양한 의견을 제시했습니다. 운동장 시계와 같은 우리가 건의한 의견이 개선되어 돌아오는 모습을 보며 더 열심히 회의에 참여했습니다. 학생 동아리로는 방송부 활동에 참여했습니다. 대표적으로 소담 라디오 방송을 통해 전교생의 재미있는 사연 읽어주기와 점심 방송에서 학생들이 듣고 싶어 하는 신청곡을 틀어주었습니다. 처음에는 사연 신청자가 많이 없어 소담 라디오 진행이 어려웠지만 사연 신청자가 점점 늘어나자 진행하는 방송부원들도 전교생들도 좋아하는 인기 프로그램이 되었습니다.

　이처럼 소담초등학교에서 진행한 학생자치활동은 선생님들과 전교생이 적극적으로 참여했고 모두가 즐거워했습니다. 어려움이 있을 때마다 선생님들과 학생들이 머리를 맞대어 어려움을 이겨냈고 우리 모두가 한층 성장할 수 있었습니다.

　저는 어떻게 보면 우연히 6학년 마지막을 소담초등학교에서 보냈고 졸업을 하게 되었습니다. 그러나 소담초등학교에서 보낸 하루하루는 제가 지금 중학교에 잘 적응할 수 있도록 발판을 마련해주었으며 마지막 초등학교 생활을 즐겁게 마무리해주었습니다. 비록 딱 한 학기였지만 제가 잘 적응하고 잘 마무리할 수 있도록 도와주셨던 모든 선생님께 감사하다는 말씀 드립니다.

2017년 12월 어느 날

5장

새로운 시작, 새로운 사람들

학부모가 이야기하는 소담초등학교

난 주인공의 엄마다

윤자영

학교라는 무대가 있다.
학생은 주연, 교직원들은 조연,
학부모들은 엑스트라라고 생각한다.
모자라지도 넘쳐서도 안 된다.
딱 내 몫만큼만 노력한다면,
이 세상 어떤 무대보다 멋진 무대를 연출할 수 있을 것이다.

주목받지 않아도 좋다.
비중이 적어도 좋다.
눈에 띄지 않아도 좋다.

난 주인공의 엄마니까.

새로운 시작, 새로운 사람들

2017학년도가 시작되면서 우리 학교의 3월도 참 분주했다. 학부모총회를 통하여 학부모회 새로운 회장이 선출되고 곧 정기다모임 회의가 소집되었다. 회장을 제외한 다른 임원 선출을 위한 다모임 회의였다.

2016년 늦은 봄, 소담초등학교로 아이를 전학시키고 혁신학교를 준비하고 있다는 이야기를 들었다. 미미했지만 학부모회에 참여도 하고, 도서관 명예사서 활동도 하며 선생님들이 아이들을 위해 얼마나 노력하고 있는지 알고 있었고, 이런 선생님들과 함께라면 나의 열정을 쏟아부어 학부모회의 기틀을 잡는 데 힘이 되어드리고 싶었다. 부회장을 지원하고자 마음을 먹고 갔던 터라 "부회장 지원자 손드세요"라는 말에 잠시의 지체도 없이 지원하였다. 그런데 나만 그러했던 건 아니었다. 총무를 시작으로 간사와 서기 지원자 모집에도 모두 자발적으로 나섰다. 총 9명의 임원이 선출되었다. 이러한 상황에서는 서로 눈을 피하고 어색한 시간이 흐르는 것이 보통 학교들의 임원 선출 분위기인데, 우리 학교는 조금 특별했다.

이렇게 꾸려진 2017학년도 임원들은 공통점이 있었다. 한두 명을 제외하곤 학교 임원이 처음이었고 저학년 엄마들이 대부분이었다. 아이를 학교에 보내본 엄마라면 알 것이다 저학년 학부모들의 넘치는 에너지를. 지금 돌이켜 보면 그 에너지들이 모여 한 해 동안 엄청난 일들을 할 수 있었던 것 같다.

누군가가 이야기했다. "학부모 임원이 너무 많은 건 아닌가요? 사공

소담가족다모임 회의 모습

이 많으면 배가 산으로 갑니다."

난 대답한다.

"해야 할 게 너무 많고 하고 싶은 것도 너무 많습니다. 두세 명이 아닌 많은 사람들이 모이면 더 멋진 시너지가 발생할 것입니다."

소통

소담초등학교 학부모들은 소통을 중요하게 생각한다. 학생, 교직원, 학부모회가 학교에서 아무리 좋은 일 멋진 일을 많이 해도 본인들만 알고 끝난다면 어떨까? 소통을 통한 격려와 지지가 주는 힘은 참으로 대단하다는 걸 나는 알고 있다.

우리는 학교 초창기 때부터 SNS 등 적극적인 소통 창구를 통해 온/오프라인을 넘나들며 학교 소식, 학부모회 소식 등을 공유하고 중요한 협의 안건들은 투표에 부치기도 한다.

한창 입주 중인 학교 주변의 아파트 단지에 사는 전학생들이 지속적으로 들어오고 있다. 전학생의 학부모들과 공유할 수 있게 SNS 주소와 소담초 학부모회의 소개가 적힌 안내장이 현재까지 계속 교무실에서 배부되고 있다. 새로 소담초로 온 학부모들이 기존의 학부모회에 소외감을 느끼지 않고, 학교활동에 참여하는 걸 돕기 위해 학부모회에서 직접 만들어 교무실로 전달한 안내장이다.

2017년 4월엔 기존의 SNS 활동을 더욱 넓혀 한 군데뿐이었던 소통 창구를 복수의 형태로 넓히면서 2명의 임원을 추가 모집하였고, 총 11인이 새로운 일을 위해 재탄생하게 되었다.

사업공모전에 제출했던 문서와 임원들만 모여 진행하는 임원 회의록은 물론이고 정기 다모임 회의록도 빠지지 않고 기록하고 있는데, 앞으로 나아가야 할 방향을 정하는 데 매우 소중한 자료가 되고 있다.

매번 회의 때마다 회의록을 작성하고 저장하는 일이 번거로울 수도 있으나 이러한 기록들이 모여 다음 임원, 그다음 임원들에게 참고할 만한 자료가 될 수 있을 것이다. 2017년 12월, 소담초 SNS에서는 약 220여 명의 학부모들이 활동하고 있다.

소담가족다모임

2017년 3월 말 소담초등하교 학부모회는 새로운 이름을 얻게 되었다.

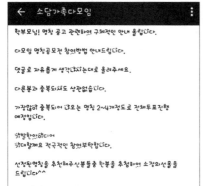

소담가족다모임! 백 번, 천 번을 불러도 가슴이 따뜻해지는 이름이
다. 이름이 예쁘기도 하지만 이 이름의 탄생 과정을 학부모들이 같이
했기 때문인 것 같다.

3월 말, SNS를 통해 학부모 다모임 명칭공모전이 진행되었다. 댓글
로 자유롭게 소담초등학교 학부모회 명칭을 올리고 가장 많이 중복되
어 나오는 것을 투표에 부쳐 선정하기로 했다. 그래서 채택된 것이 바
로 '소담가족다모임'이었다.

채택된 이름을 공모한 학부모에게는 선물도 전달되었다. 아쉽게
탈락한 명칭들로는 소담가족부모회, 소담한 가족, 소담사랑학부모
회……. 모두 소담초등학교를 향한 애정이 듬뿍 담긴 이름들이다.

소담가족다모임의 이름으로 힘차게 전진하자고 뜻을 모았다.

정기 다모임 회의

매달 둘째 주 수요일이 되면 소담초등학교 다모임실과 대회의실은 북적북적해진다. 한 달에 한 번씩 정기다모임 회의가 열리기 때문이다. 정기다모임 회의에는 소담초등학교에 다니는 학생을 둔 학부모라면 누구나 참석할 수 있다.

참석한 사람은 주요 안건들에 대한 의견을 제시할 수도 있고, 학교에 전달하기를 원하는 건의 사항을 이야기할 수 있다. 이 밖에도 한 달간 임원들의 활동 이야기도 들을 수 있다.

평균적으로 다모임 회의에는 오전 10시에 20명 내외의 학부모가 참석하여 진행이 된다. 그리고 이 회의를 통해 취합된 학부모들의 이야기를 오후 2시 30분에 열리는 교사와 학생이 같이 참여하는 연석회의에 임원 몇 분이 참석하여 전달하고 협의점을 찾아간다.

이 연석회의에 교직원, 학부모, 학생 등 3주체가 참석하여 의견을

정기적인 소담가족다모임 회의

공유하고, 특히 가장 중요한 학생들과 함께 회의를 진행하면서, 민주적인 의사 참여부터 결정까지 학생들이 함께하는 시스템으로 운영되고 있다.

이런 회의를 통해 학생들은 학교에서 배우는 스스로 만들어가는 직접민주주의를 체험함으로써 글과 책이 아닌 몸으로 체험하는 능동형 아이들이 되어갈 것이다. 이 아이들이 바로 소담초등학교 학생들이다.

선생님 힘내세요! 소담가족이 있잖아요

따뜻한 5월, 다모임 회의와 기획회의에서 이야기를 나누던 중 1학년 부장 선생님이 1학년 아이들이 5월에 옛날운동회를 연다고 전해주었다. 우리 어릴 적 만국기가 흩날리는 운동장에서 흙먼지를 마시고 땀 뻘뻘 흘려가면서도 마냥 신나고 재미있었던 운동회. 그 좋은 기억을 1학년 소담이들이 갖게 될 것 같아 기획을 한 선생님들에게 고마웠다.

시작부터 작은 난관이 있었다. 높은 기둥에 달아놓고 오자미를 던지는 박 터트리기 놀이를 위해 선생님들께서 콩 주머니 300개를 주문하였는데 박음질이 엉망이라 한 번 던지면 다 터져버려 난감하다는 이야기를 들었다.

하지만 우리에겐 전혀 문제가 되지 않았다. 우리 뒤에는 든든한 지원군인 소담가족이 있기에 우리가 손바느질로 꿰매보겠다고 했다. 그날 저녁 그룹을 통해 작아서 못 신게 된 양말 수배와 함께 바느질에 참여할 어머니들의 지원을 받았다. 18명의 어머니들이 지원을 해주었

소담가족다모임 지원실 모습

는데 1학년 학부모가 아닌 분들도 꽤 많았다.

3일 동안 오전에 모여 담소를 나눠가며 콩 주머니 300개를 모두 꿰맸다. 집에서 재봉틀을 들고 온 어머니, 커피와 다과를 가져온 어머니도 있었다. 처음엔 다 할 수 있을까 걱정했는데 적극적인 참여와 도움으로 수월하게 할 수 있었다.

이러한 사례처럼 소담가족다모임은 교육과정 중 학부모의 도움이 필요한 부분에 함께 참여하고 있다. 아이들의 송편 만들기 행사 도우미, 아이들이 직접 만든 소소한 영화제 등에서 힘내라고 뺑아이스크림 만들어주기 등이 그것이다.

소담 나눔 음악회 & 한 평 벼룩시장

맘 따뜻한 소담이들 뒤에는 더 마음 따뜻한 큰 소담이들이 있다. 6월의 어느 날 세종시 학부모라면 누구나 알 법한 ○○○중학교 남학생의 가슴 아픈 교통사고가 일어났다. 남학생을 돕고자 세종시 초·중·고등학교 여기저기서 모금활동이 열렸다.

사연을 전해 듣고 가만히 있을 소담이들이 아니었다. 학생다모임 회의를 통해 모금활동을 위한 자선음악회가 기획되고 음악회 무대 공연팀을 모집하는 포스터가 학교 여기저기에 붙었다. 얼마나 예쁘고 마음 따뜻한 아이들인가?

큰 소담이들도 가만히 있을 수 없었다. 임원들이 모여 2시간의 긴 회의 끝에 한 평 벼룩시장을 열기로 했다. 중고 물품을 사고팔 수 있는 한 평 벼룩시장은 아이들은 물론 학부모들도 참여할 수 있도록 하였고, 로컬푸드를 연계하여 싱싱한 야채를 저렴하게 판매하는 소담야채가게도 있었는데 반응은 폭발적이었다. 이 두 곳은 판매 금액의 일부를 자율 기부하는 방식으로 운영하였다.

요리 동아리 소담부뚜막에서는 그간 배웠던 빵과 샌드위치를 직접 만들어 판매하였고, 영화 동아리 소담시네마에서는 카페테리어를 준

나눔 바자회에서 소담 합창단 공연

소담 나눔 바자회

비하여 아이스커피와 아이스티를 판매하여 판매 금액 모두를 기부했
다. 뿐만 아니라 글담터는 아이들에게서 남학생에게 전하는 응원 메시
지를 받아주었다.

소담이들의 나눔 음악회와 큰 소담이들의 한 평 벼룩시장으로 모인
170여만 원의 수익금, 그리고 소담이들이 손수 적은 응원 메시지를 모
아 전달하였다

행사가 끝난 후 전해 들은 1학년 아이의 말을 잊을 수가 없다.

"힘든 형아를 우리 모두가 도와주었으니 내가 정말 힘들 때 누군가
가 날 꼭 도와줄 거야."

자치규정과 비전

여름방학이 다가온 7월 말이다. 소담초등학교 학부모회가 소담가족
다모임이라는 이름을 얻고 한 학기를 정말 쉴 틈 없이 앞만 보고 달려

왔다. 한 학기를 지내오며 크고 작은 성과도 있었지만 적지 않은 시행
착오도 겪으면서 함께 돕고 다독여주며 조금씩 더 성장했다는 생각이
든다.

소담가족다모임은 소담초등학교와 10년, 20년, 그보다 훨씬 긴 세월
을 함께해야 하므로 우리의 열정을 뒷받침해줄 그 무언가가 꼭 필요
한 시점이라는 생각이 들었다. 학교종이 앱을 통해 자치규정제정위원
회를 모집하였고 두 차례에 걸쳐 퍼실리테이션이 진행되었다.

1회 차에 11명, 2회 차에 9명이 함께했는데 처음 해보는 퍼실리테이
션 방식에 어색해하는 것도 잠시, 금세 적응하여 본인들의 생각을 이
야기하였다.

아직 자치규정이 완성되지는 않았다. 앞으로 학생, 교직원, 학부모
3주체가 모여 지속적인 회의를 통해 만들어야 할 2018년의 숙제를
남겨둔 채 마무리되었다.

소담가족다모임의 비전은 정해졌다.

'아이가 행복하go, 교사가 행복하go, 부모가 함께 참여하go, 학부모

소담가족다모임 규정 만들기

에게 문턱이 낮고 아이들이 행복한 학교.'

소담교육가족축제

10월 말 우리 학교는 축제를 한다. 3주체가 모두 참여하는 가장 큰 행사이다. '소담가족다모임이 올해 축제에는 무엇을 하면 좋을까?' 우리는 8월 말 SNS를 통해 학부모들의 의견을 받았다.

먹거리장터, 플래시몹, 포토존, 체험 부스, 달고나, 게임 부스, 페이스페인팅 등 여러 의견들이 나왔다. 1차로 임원들과 축제 담당 선생님의 회의가 진행되었는데 이때 그룹에서 나온 의견을 공유하고 축제 TF팀을 꾸리기로 했다.

축제 TF팀장은 내가 맡게 되었다. 팀원 구성을 어찌하면 좋을지 고민에 빠졌다. TF팀원을 모두 임원으로 구성하면 임원들의 일이 너무 많아질 것 같았다. 임원들 중 일부는 동아리지기를 겸해서 각자 준비 중인 것이 있었다. 그때 임원은 아니지만 임원만큼 열심히 참여하는 소담가족이 생각났다.

모두가 함께해야 하는 축제이니 다 같이 해보자는 생각이었다. 팀원 구성은 열흘 뒤에 있을 9월 정기 다모임에서 하기로 마음먹고 지원을 받아 팀원을 구성하였다.

TF팀은 3주체 연석회의에도 함께 참석해 의견을 조율해가며 축제 일정을 짰다. 축제 일정이 정해진 다음 세부 기획회의에 들어갔다. 먹거리 부스에서는 어떤 음식을 얼마만큼 판매할 것인지 정하고 아이들

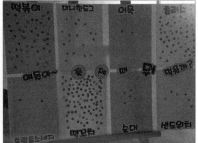

소담가족다모임 설문조사

의 의견을 수렴하고자 급식실 앞에서 메뉴 선호도 조사도 시행했다.

예산에 맞추어 준비해야 했는데 약간의 문제가 있었다. 2016년 축제 당시 먹거리 부스의 음식 양이 부족하여 못 먹은 아이들이 있었다. 그래서 양을 넉넉히 준비해달라는 학부모들의 의견이 있었지만 예산은 한정되어 있었다. 그래서 나온 방법이 예산의 일부를 학부모회에서 부담하고 나중에 판매 수익금에서 되가져가기로 한 것이다.

이 방법을 처음 제시했던 선생님은 상당히 조심스러워했는데 그 마음도 이해가 됐다. 초등학교 축제에서 수익금을 내려고 먹거리 부스를 운영하는 것은 아니기에 재료비만큼 판매 금액이 나오지 않을 경우를 우려했던 것 같다.

큰아이 어린이집 다닐 때부터 매년 바자회를 진행해본 경험이 있었던 나는 적자가 나진 않을 거란 걸 잘 알고 있었다. 학교 행사 때마다 든든한 조력자가 되어주던 총무님이 혹시 손해 보면 서로 나눠 기부하자며 한 우스갯소리에 기분 좋게 그 제안을 받아들였다. 소담이들이 선택한 메뉴를 토대로 재료 구입 시장조사를 하고 온라인과 오프

소담교육가족축제 학부모 참여 부스

라인 매장에서 먹거리 부스 재료를 구매하였다.

체험 부스는 TF팀원 중 이유진 어머니가 모두 맡아 진행해주었다. 기획부터 재료 구입까지 꼼꼼히 챙겨준 덕에 체험 부스도 큰 무리 없이 진행되었다. 여러 체험 부스 중 가장 기억에 남는 것은 느린 우체통이었다. 아이들이 가족과 친구들에게 편지를 쓰면 몇 달 뒤에 배달해주는 것인데, 이 배달을 5학년 아이들이 맡아 진행하기로 했다. 우편배달부 직업 체험과 연계한 것이다.

실제로 크리스마스 즈음 편지를 받았는데 편지를 받은 어머니들이 배달 온 아이들에게 간식을 챙겨주시는 등 훈훈한 모습이 있었다고 한다.

마침 우리 학교 축제 하루 전날인 10월 25일은 독도의 날이었다. 소담이들에게 독도의 날을 알려주기 위해 깜짝 플래시몹도 준비하였다. 플래시몹이란 미리 약속된 지정 장소에 모여 짧은 시간에 약속한 행동을 하고 재빨리 흩어지는 행동인데, 우리는 '독도는 우리 땅' 플래시몹을 하기로 했다.

선생님들도 함께하면 더 뜻깊을 것 같아 같이하자고 제안하였다. 학부모들 못지않게 매사 적극적인 우리 선생님들은 흔쾌히 함께하기로 했고 아이들에게는 극비에 부친 채 각자 한 달간 열심히 연습을 했다.

학교 1층에 마련된 학부모 지원실에 모여 연습했는데, 아이들이 알면 안 되었기 때문에 창문 블라인드를 모두 내리고 문을 걸어 잠근 채 연습했다. 학교에서 만나면 간단히 목례 정도만 하는 별로 친하지 않은 엄마들도 있었는데, 플래시몹 연습을 하며 이런 분들과도 조금씩 가까워질 수 있었다.

이렇게 소소하게 만나고 부딪치며 소담가족다모임은 친분을 쌓았다. 이렇게 쌓인 친분들이 모이고 모이다 보니 지금의 단합력이 생긴 것 같다.

마지막으로 가장 크게 기획한 운동장 놀이가 있다. 금요일 오후 소담이들의 놀이 이모가 되어 아이들과 함께 놀아주는 놀이동아리 아띠와 선생님들이 기획하여 진행했는데, 운동장 전체를 25개의 코너로

학부모가 주관한 놀이 마당

독도 플래시몹과 소담풍물패

나누어 아이들이 놀이를 할 수 있도록 구성했다. 그간 놀이연수를 통해 여러 가지 놀이를 배우고 아이들과 함께 놀았던 놀이 이모들이 있어 기획은 문제없이 진행되었으나 문제는 자원봉사자였다.

SNS와 학교종이 앱을 통해 자원봉사자를 받긴 했지만 먹거리 부스와 체험 부스, 운동장 놀이 등에 투입되기에는 턱없이 모자랐기 때문이다. 실제로 자원봉사자 부족으로 축제 일정을 크게 변경할 뻔했지만 다시 한 번 의기투합하여 자원봉사자를 더 모았고, 3학년과 4학년 아이들이 부스 도우미로 참여하게 되면서 운동장 놀이도 멋지게 마무리하였다.

소담풍물패의 흥겨운 길놀이를 시작으로 두 달간 3주체가 준비해온 축제의 막이 올랐다. 3주체 모두 각자의 포지션에서 환상의 하모니를 이루며 1박 2일간의 축제는 마무리되었다. 소담가족다모임 봉사자만 72명이 참여하였고, 먹거리 부스 판매 수익금으로 글담터에 공기청정기 3대를 구입하여 기증하였다.

이 축제는 2017년 가장 기억에 남는 행사 1위에 뽑혔다.

다모임 회칙 제정

소담가족다모임 회칙을 완성하는 데는 오랜 시간이 걸렸다. 인터넷 검색을 하면 여러 모임들의 여러 가지 회칙을 볼 수 있다. 그런 회칙들에 이름만 살짝 바꾸어 사용할 수도 있었지만 조금 느리더라도 우리만의 회칙을 만들어보기로 했다. 자치규정 준비와 함께 본격적으로 회칙 작업이 시작되었고, 틈날 때마다 수정을 거듭하며 학부모회 회칙이 정리되었다.

가장 중점을 두었던 건 연말에 하는 임원 선출과 학부모회 조직도였다. 3월에 임원을 선출해 2017학년도를 운영해보니 여러 가지 아쉬운 점들이 나왔다. 한 학기가 4~5개월에 불과한데 학교 운영에 적응하면서 한두 달이 훌쩍 지나갔고, 다음 학년도 준비를 겨울방학 즈음부터 시작하는 학교와 거리를 좁힐 수가 없었다.

또한 우리 학교에는 여러 동아리들이 있는데 그 동아리 회원들과 적극적으로 학교에 참여하고자 하는 아버지회, 어떤 곳에도 소속되지 않은 학부모까지 모두를 아우를 수 있는 회칙을 만들고 싶었다.

그리하여 아버지회와 함께 회칙 제정을 위한 TF팀이 꾸려졌고 서로 보완 수정 작업을 함께 하며 소담가족다모임을 하나로 만들 수 있는 회칙을 완성하였다.

2017년 12월 11일에 회칙 제정을 위한 총회가 열렸다. 여기에서 참석자 만장일치 찬성으로 회칙이 제정되었다. 이 회칙을 바탕으로 12월 20일 2018학년도 소담가족다모임 회장이 선출되었다.

소담초등학교 학부모회 조직도

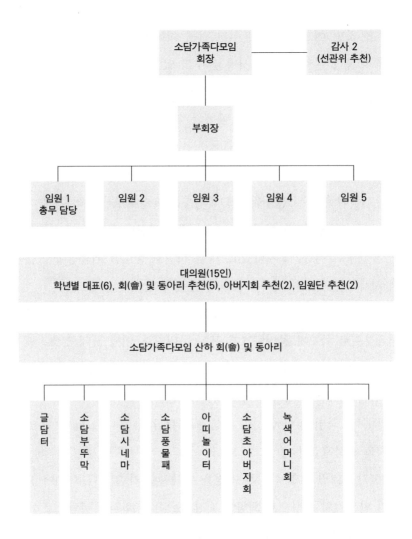

애들아, 아빠랑 학교 가자!

박기찬

운명처럼 내게 다가온 소담초등학교 아버지회!
다시금 나를 가슴 뛰게 했고,
다시금 내게 열정이라는 것을 깨우쳐준 2017년!
함께여서 좋았고,
함께해서 행복했던 우리의 소중한 추억들을
부족하지만 몇 자의 글로 여기에 남긴다.
영원히 잊히지 않기를 바라는 과한 소망으로.

세종특별자치시 소담초등학교의 어벤저스를 아시나요

"세종특별자치시"라는 신新도시! 새로운 곳에서 새로운 삶을 살아가고자 소담초등학교의 아빠들은 각자 부푼 꿈을 안고 세종으로 모였다. 그러나 그 꿈도 잠시, 새벽같이 울어대는 알람소리에 맞춰 오늘도 바쁘게 회사로 간다. 꽉 막힌 도로 위, 사람 가득한 출퇴근 버스에서 멍하니 생각한다. 쳇바퀴 굴러가는 일상을 무던하게 헤쳐나가며 오늘도 아내와 아이들에게서 조금씩 멀어짐을 느낀다.

세종시 유일의 유·초·중·고가 한곳에 모여 있는 소담초등학교에 아이를 전학시켰다. 엄마들은 아빠들을 대신하여 아이들을 위해 적극적으로 학교활동에 참여하며 다양한 활동들을 펼쳐나갔다. 그러던 어느 날, 엄마들의 등쌀에 못 이긴 아빠 6명이 교무실에 서먹하게 마주 보고 앉았다. 다소 어색한 분위기에서 조금은 자발적이지 못한 상황에서 우리는 그렇게 시작했다. 우리는 그곳에서 원대한 아빠들의 첫발을 내디뎠다. 아이들과 더 가까워지기 위해, 아이들에게 아빠의 꿈과 희망을 말해주기 위해, 아내에게는 가끔의 자유를 선물하기 위해 우리는 그렇게 시작했다.

올해 5월 각기 다른 환경과 직업의 아빠들이 모여 다양한 재능을 기부하고, 봉사하며 오로지 아빠들만의 힘으로 아이들을 위한 행사를 준비하고 실행했다. 〈얘들아, 아빠랑 학교 가자!〉라는 연중 기획 프로그램이라는 거창한 타이틀을 달고 제1편 '1박 2일 학교 캠핑'(6월), 제2편 '자전거 라이딩'(7월), 제3편 '원수산 둘레길 걷기'(9월), 제4편 '신나는 겨울놀이'(1월) 등 매 행사마다 아빠들은 아이들을 위해 뭉쳤으며, 아이들은 누구보다 환한 웃음으로 화답해주었다.

세종시 마을공동체 육성사업에 세종시 아버지회 최초로 선정되어 10월에는 자녀가 아닌 마을 주민들을 위한 인문학 콘서트 〈뿌리 깊은 나무〉 행사도 성황리에 개최하였다. 또한 다양한 모금활동으로 모은 소중한 기금으로 연말 세종시의 어려운 이웃들에게 연탄 1,100장을 기부하며 봉사의 참 의미를 함께 나누었다.

1년 동안 우리는 쉼 없이 달렸다. 이러한 활동을 다른 아빠들에게도 알려주고 싶어 우리는 2017년 미래교육박람회와 세종교육공동체한마당에도 참여하여 아주 멋지게 우리의 활약상을 알리고 돌아왔다.

아빠들도 학부모이자, 아이들 교육의 주체이다. 우리의 활동이 조금 특이하고 유별날 수도 있다. 하지만 우리는 안다. 다른 아빠들이 하고 싶어도 못 하는 그 활동을 우리는 그 누구보다 자발적으로 열심히 하고 있다는 걸……. 아빠는 말해주고 싶다. "널 세상 누구보다 아끼고 사랑한다." 소담초등학교 아버지회! 우리들은 오늘도 생각하고 준비하고 실행한다. 아이들의 환한 웃음을 위해서!

소담초등학교 아버지회 파이팅! 이곳에서 아이들을 위해 함께한 작은 시간들이 우리의 짧은 삶 속에서 가끔 되돌아볼 수 있는 소중한 추억 하나가 되기를…….

소담초등학교 아버지회 회원 일동

1. 소담초등학교 아버지회의 시작

준비모임과 발대식

소담초등학교 아버지회는 2017년 3월 학부모회(소담가족다모임) 회의에서부터 창립에 대해 지속적으로 논의를 진행했다. 개교 때부터 엄마들 중심으로 다양한 활동들이 펼쳐졌고, 그 활동에 아빠들의 참여를 권하는 의견들이 나왔다. 그런 타의적(?) 의견을 바탕으로 2017년 5월 10일, 최초의 6인이 교무실에 서먹하게 마주 보고 앉았다.

서로 간의 통성명이 이어지고 연구혁신부장인 유우석 선생님에게서 아버지회 활동의 필요성, 타 학교의 아버지회 활동상 등을 들었다. 그리고 문제의 짜장면을 시켜먹었다. 교무실에서 짜장면이라? 현재의 아빠들 세대에게 학교 교무실은 두려움의 공간인 경우가 대부분이었는데, 그곳에서 짜장면이라니. 하나 정말이지 꿀맛이었다. 허기가 져서 그랬는지는 정말 꿀맛 같은 짜장면이었다. 그 짜장면 한 그릇으로 우리는 의기투합했고, 첫 번째 행사의 개략적인 계획과 발대식 일정까지 잡아버렸다. 그것도 준비모임 첫날에.

발대식 날짜가 잡히자, 그다음부터는 순식간에 창립을 위한 준비를 동시다발적으로 진행했다. 회칙을 제정하고, 아버지회 공식 직인을 만들고, 아버지회 통장을 개설했다. 또한 SNS 밴드를 개설하여 아버지회 회원 모집에 주력했다. 최초의 6인으로 시작한 아버지회가 이제 76명의 회원이 활동하는 큰 단체가 되었다. 바쁜 회사 일에도 아이들과 더 가까워지기 위해, 지금이 아니면 영영 못 만날 귀엽고 사랑스러운 초등학교 시절 아이와의 추억을 위해 우리는 그렇게 시작했다.

아버지회 준비모임(6인)   아버지회 발대식 선서

창립 준비가 어느 정도 마무리되자, 천편일률적인 발대식이 아닌 의미 있는 발대식이 되었으면 좋겠다는 의견이 제기되었다. 고민을 하다가 아빠들이 아이들 앞에서 "아빠의 다짐" 선서를 함으로써 아이들을 향해 우리의 마음을 굳건히 하자는 아이디어가 나왔다. 먼저 임원진에서 초안을 잡고 밴드를 통한 설문조사로 의견 수렴 및 보완 작업을 진행하여, 6월 2일 발대식에 아버지 대표 2인이 멋지게 "아빠의 다짐"을 선서했다.

소담초 아버지회는 그렇게 시작했다. 번갯불에 콩 구워 먹듯이. 첫 만남을 오래도록 간절히 기다린 사람들처럼. 순식간이지만 오래 준비한 것처럼 멋지게 첫발을 내디뎠다. 연구혁신부장 선생님의 말처럼 "시작은 짜장면이지만, 끝은 창대하리라!"는 아름다운 메아리가 여전히 우리의 귓가를 맴돌고 있다.

연중 기획 프로그램 선정 및 준비 절차

활활 타오르는 장작은 금세 식어버리기 마련이지만, 여러 과정을 거쳐 만들어진 숯은 오랫동안 온기를 은은하게 뿜어낸다. 아버지회를 준비하면서 가장 고민이었던 문제가 바로 연속성이었다. 일회성 행사는 누구나 쉽게 기획하고 준비하고 시행할 수 있다. 하지만 우리는 아이들에게 아빠와 함께 보내는 시간을 계획적으로 만들어주고 싶었다. 그래서 여러 아버지들과의 논의를 통해 직장생활에 무리가 되지 않는 범위인 분기별로 아이들을 위한 행사를 준비하자는 의견이 모아졌다. 또한 아버지회 회원들이 바뀌어도 오래도록 소담초등학교의 전통이 되었으면 하는 바람에 프로그램 명칭을 공모해서 '얘들아, 아빠랑 학교 가자!'로 선정했다.

아버지회의 행사 준비 회의 절차는 간단하다. 먼저 연초에 각 분기별 행사에 대한 아이디어를 모아서 분기별 행사를 확정한다. 총 네 번의 〈얘들아, 아빠랑 학교 가자!〉 행사에서 두 번의 행사는 오로지 아빠와 아이들을 위한 행사로 기획하고, 나머지 2번은 소담교육공동체인 선생님·학생·학부모 누구나 참여할 수 있도록 기획한다. 행사가 다가오면 개략적인 행사계획을 수립하여 사전준비회의를 개최한다. 사전

아버지회 회의 전경

소담교육공동체 회의 전경

준비회의를 통해 여러 보완 및 점검 사항에 대해서 의견을 모으고, 야외 행사인 경우에는 몇 번이고 현장을 사전에 점검하고 확인한다.

아버지들의 바쁜 직장생활에도 불구하고 〈얘들아, 아빠랑 학교 가자!〉 연중 기획 프로그램 이외도 재능기부, 공모사업, 나눔봉사 등 다양한 활동이 가능했던 이유는 무엇일까. 첫째, 아버지들의 아이들을 향한 뜨거운 열정, 둘째, 임원 및 집행이사들의 명확한 업무분장, 셋째, SNS(카톡, 밴드 등)를 활용한 신속한 정보 제공 및 의사결정이라고 할 수 있다. 또한 행사 준비부터 마무리까지 'Plan→Do→Check→Action' 과정을 도입하여 각 단계별 상황을 점검하고 차기 행사에 개선 사항을 도출하여 반영하고자 노력하고 있다.

아버지회의 활동은 분명 우리의 본업이 아닌 부업이다. 바쁜 회사생활 속에서도 아이들을 위해 짬짬이 시간을 내서 참여한다는 것은 분명 대단한 열정이다. 이러한 우리의 열정과 참여가 아버지회를 돌아가게 하는 원동력인 것은 분명한 사실이다. 소담초 아버지회는 누구에게나 열려 있는 참여의 공간이므로 두려워 말고 한번 성큼 들어와 보기를 권한다. 그러면 분명히 조금은 색다른 경험이자 또 다른 삶의 활력소가 아버지들을 기다리고 있을 것이다.

2. 소담초등학교 아버지회의 활동

아이들의 따뜻한 마음을 위한 닭장 만들기

사람들은 처음이라는 것을 좋아한다. '처음', '첫'이라는 글자에 마음이 설레고 의미 부여하기를 좋아한다. 사람도 그렇고, 기업도 그렇고 모두 처음을 중요하게 생각한다. 곰곰이 생각해보았다. 아이들을 위해서 아빠들이 좋은 활동을 하고자 의기투합하고 나서, 아버지회가 처음으로 아이들을 위해서 해주었던 활동은 무엇이었지? 아버지회의 역사 속에서 시간이 흘러도 변하지 않을 그 첫 번째 활동은 바로 '닭장 만들기'였다.

아버지회의 체계를 어느 정도 정비하고 나서 〈얘들아, 아빠랑 학교 가자!〉 제1편 준비회의가 한창이던 어느 날, 아빠들의 회의 장소에 갑작스레 5학년 선생님께서 하얀색 박스를 안고 들어오셨다. 그러고는 박스 속에 있는 작은 것들을(?) 책상 위에 고이 꺼내놓으셨다. 바로 닭이었다. 5학년 교과과정 중 하나인 '경제 동물 기르기'라는 수업에서 아이들이 직접 부화시킨 닭이라고 말씀해주셨다. 원래 '경제 동물 기르기' 수업은 가축이 크면 팔거나 식용으로 이용하는 것인데, 아이들의 강력한 요청으로 기르기로 합의가 되었다는 것이다. 그러나 하루가 다르게 부쩍 커가는 닭을 언제까지나 교실 안의 작은 박스에서 기를 수도 없는 노릇이어서 염치 불구하고 아빠들의 회의 장소를 찾아오신 거였다.

아이들의 마음이 너무 예뻤고, 선생님의 안타까움이 충분히 이해가 되었다. 문제는 아무도 닭장을 만들어보지 않았다는 것이다. 이런저런 얘기들이 오고 갔다. 회의 주제는 어느새 '1박 2일 캠핑'에서 '닭장 만들기'로 옮겨 갔다. 기성품인 닭장을 사자는 의견부터, 각자의 머릿속에 떠오르는 여러 설계(?) 도면들이 입 밖으로 튀어나왔다.

그때 2017년도 아버지회 부회장인 오윤재 아버님이 자신에 찬 목소

닭장이 오던 날

닭장 속의 아이들

리로 얘기했다. "제가 한번 만들어보겠습니다. 가능할 것 같아요." 그렇게 닭장은 머릿속 한 장의 도면에서 시작하여, 2017년 5월 31일 코란도 스포츠에 실려 거대한 풍채를 내뿜으며 소담초등학교의 운동장에 입성하여 떡하니 자기 자리를 잡았다. 아이들은 설치된 닭장에 함께 니스를 칠하면서 자기들이 세상 밖으로 내놓은 새로운 생명의 따뜻한 보금자리를 한참 동안 바라보았다. 아버지회의 첫 번째 활동 '닭장 만들기'! 아빠들의 관심과 열정 그리고 재능기부가 있다면 무엇이든 할 수 있다는 가능성을 보여준 멋지고도 아름다웠던 시작이었다.

〈얘들아, 아빠랑 학교 가자!〉 제1편: 1박 2일 학교 캠핑

아버지회 첫 번째 기획(정규) 프로그램인 〈얘들아, 아빠랑 학교 가자!〉 제1편 1박 2일 학교 캠핑은 '번갯불에 콩 구워 먹듯이'라는 속담이 딱 맞는 행사였다. 5월 10일 준비모임 이후 채 한 달도 되지 않는 기간에 수차례의 준비회의와 온라인상의 열띤 논의를 통해 부족한 부분들을 하나씩 채워나갔다.

'1박 2일 학교 캠핑'은 여름방학 전날 캠프파이어와 더불어 학교 교실에서 하룻밤을 보냈던 한 아빠의 추억에서 시작되었다. 아이들과 함께하는 첫 번째 행사여서 안전상 문제를 최우선으로 고려했다. '운동장에 텐트를 칠 것이냐, 학교 강당에서 잘 것이냐?', '밥을 직접 만들어 먹을 것이냐, 도시락을 먹을 것이냐?' 행사의 전 과정에 대해 누구보다 아이들의 입장에서 고민하고 또 고민했다. 의견이 다른 경우가 많았지만 서로의 얘기에 귀 기울여주고 이해하고 합리적인 방향으로 결정을 내려갔다. 또한 초대 아버지회 회장이셨던 천이철 아버님께서 밥차 예약부터 행사 안내 리플릿 제작까지 여러 분야에서 주도적으로 앞장서주셨다.

　2017년 6월 2일, 이른 오후부터 학교는 아빠들의 행사 준비로 분주했다. 각자 맡은 임무에 따라 운동장에서는 캠프파이어, 강당에서는 아이들과의 다양한 게임 준비가 차근차근 진행되었다. 우리는 여태까지의 아버지회 활동과 차별성을 두고 싶었다. 학교에서 준비한 행사에 참여하는 것이 아니라, 우리가 기획하고 준비하고 운영까지 전 과정을 오로지 아빠들의 노력으로만 진행해보고 싶었다. 그래야만 더욱 의미가 있을 것 같았다. 모든 준비가 끝나고 등록이 시작되었다. 금요일 오후부터 진행되는 행사였지만, 많은 아버지들이 아이들의 손을 잡고, 또 다른 손에는 침낭을 메고 속속 도착해주었다.

　본 행사에 앞서 소담초등학교 아버지회의 시작을 알리는 발대식이 열렸다. 우리의 시작을 축하해주기 위해서 세종교육청 최교진 교육감님도 바쁜 일정에도 불구하고 흔쾌히 자리를 빛내주셨다. 아빠 대표 2인의 '아버지 선서'를 통해 아이들을 향한 우리 아빠들의 마음을 소리 높여 다짐했다. 발대식이 끝나고 제1편 '1박 2일 학교 캠핑'에 대한 전반적인 프로그램 소개를 하고 나서 이른 저녁 식사를 했다. KBS 인기 예능 프로그램인 〈1박 2일〉에서 자주 등장하는 밥차가 학교 중간 뜰에 떡하니 자리를 잡았다. 아이들과 아빠들 그리고 선생님들까지 신기해하며 즐겁게 이른 저녁을 즐겼다. 저녁 식사 이후 강당에서 본격적인 게임 프로그램이 시작되었다. 모둠별 체험으로 아빠들이 각 체험의 안내요원이 되어서 이구동성, 탁구공 옮기기, 알까기, 신발 날리기, 투호놀이 등에 대해 아이들에게 직접 설명하고 함께 즐겼다. 모둠별 체험 이후에는 청백전으로 나뉘어 꼬리잡기와 이인삼각 릴레이 게임을 했다. 승패를 떠나 아빠들과 함께 어떤 놀이를 한다는 것 자체가 기쁨이었는지 아이들과 아빠들의 얼굴에는 웃음꽃이 피어났다.

강당에서의 게임이 마무리되자, 어느덧 사물놀이 소리가 강당 너머에서 들려오기 시작했다. 이번 행사를 위해서 선생님들이 틈틈이 준비하신 대동놀이 시간이었다. 신나는 꽹과리, 장구, 북, 징소리에 맞춰서 꼬리에 꼬리를 물고 우리는 강당을 떠나 학교 운동장으로 덩실덩실 어깨춤을 추며 내려갔다.

이미 학교 운동장에는 낮부터 준비한 캠프파이어 장작이 우리를 기다리고 있었다. 선생님 풍물패를 따라 운동장을 한 바퀴 크게 돌고 나서 장작 주위로 동그랗게 원을 그리듯 자리 잡고 앉았다. 이제 캠프파이어의 하이라이트인 장작에 불을 지피는 순간이다. 불을 지피는 방법에는 여러 가지가 있다. 그냥 불붙이기, 활쏘기(바르셀로나 올림픽 성화대 점화처럼), 옥상에서 내려오는 불공까지. 그중에서 우리는 마지막 방법으로 점화를 시도했다. 운동장 뒤쪽 펜스에서 점화된 불공이

와이어(철사 줄)를 타고 운동장 중앙의 장작에 불을 지피며 큰 불기둥을 만들어내는 순간! 아이들도 즐거워했지만 아빠들이 어릴 적 개구쟁이로 돌아간 듯 더욱더 기뻐했다. 역시 불장난은 남녀노소 최고의 장난인가 보다.

활활 타오르는 캠프파이어 불을 배경 삼아 사전에 신청 받은 아이들의 장기자랑이 이어졌다. 1학년들의 귀여운 아코디언 연주부터 고학년의 화려한 방송 댄스까지 그 어떤 무대 공연보다 멋진 공연이 소담초등학교 운동장을 가득 채웠다.

첫날 주요 행사가 마무리되고 강당으로 다시 이동하여 아빠들이 준비한 깜짝 영상을 시청했다. 무뚝뚝하고 말주변 없지만, 사랑하는 자녀들을 향한 아빠들의 따뜻한 마음이 영상을 통해 아이들에게 전달된 뜻깊은 시간이었다. 깜짝 영상이 끝나고 잠자리 준비에 들어갔다. 각자 준비한 돗자리와 침낭을 폈고, 불편하지만 학교 화장실에 옹기종기 모여 세수와 양치를 했다. 강당에 불이 꺼지고 아이들을 위한 영화 상영을 시작으로 우리의 '1박 2일 학교 캠핑' 첫째 날은 그렇게 마무

캠프파이어 전경   강당에서의 하룻밤

리되었다.

아이들의 체력은 정말 놀라웠다. 아이들은 예상보다 일찍 일어나서 친구들과 강당을 이리저리 뛰어다녔다. 아빠들의 마음도 급해졌다. 김밥과 음료로 간단히 아침을 먹고, 침낭 등 어제의 잠자리를 정리했다. 그러고는 마지막 이벤트인 보물찾기를 하러 운동장에 다시 모였다.

아이들은 아침 일찍 숨겨놓은 보물 쪽지를 금세 찾아내곤 신나했다. 쪽지에 적힌 번호대로 아빠들이 미리 준비한 선물을 나눠줬다. 어떤 남자아이는 여자 선물이라 투덜대고, 어떤 여자아이는 남자 선물이라 투덜대고, 또 어떤 아이는 선물이 모자라서 아빠가 달래주고, 아이들의 다양한 감정과 모습이 자연스럽게 드러났다. 보물찾기를 끝으로 1박 2일의 짧으면서도 무척 길었던 학교 캠핑이 끝나고 아빠와 아이들은 손을 잡고 학교를 떠나갔다.

5월 준비모임에서 시작해 한 달 남짓 준비한 첫 번째 행사는 그렇게 끝이 났다. 걱정도 많이 하고 불안하기도 했지만 함께 준비하면서 우리는 서로를 알아가고 이해하며 각자의 재능을 발견하게 되었다. 그런 준비 과정을 통해 아버지들 스스로가 대견스러울 만큼 멋지게 첫 번째 행사를 마칠 수 있었다.

〈얘들아, 아빠랑 학교 가자!〉 제2편: 자전거 라이딩

〈얘들아, 아빠랑 학교 가자!〉 '1박 2일 학교 캠핑'의 여운이 가시기도 전에 우리는 아이들과의 또 다른 약속을 지키기 위해 금강변 라이딩 행사 준비에 돌입했다. 제2편 '자전거 라이딩'은 스마트폰, 컴퓨터 등에 몰두해 외부 활동보다는 실내에서 지내는 시간이 많은 아이들에에 건전한 운동(신체활동)의 중요성 및 미세먼지 저감 등 환경 문제의 중요성을 알려주고자 기획되었다.

여름방학 일정 및 장마 기간 등을 고려해 행사일은 7월 15일로 확정하였다. 일정 확정 이후에는 아이들을 위한 기념품 제작에 들어갔다. 함께 나눠 입을 예쁜 노란색 단체 티셔츠부터 행사에 참여한 아이들을 위한 멋진 완주 메달까지 끝없는 웹서핑을 통해 선물들이 하나씩 정해졌다.

기념품 준비와 더불어 라이딩 코스 선정을 위한 자전거 길 답사가 시작되었다. 주말, 평일 아침·저녁 상관없이 최적의 코스를 선정하고자 세종시의 자전거 길을 달리고 또 달렸다. 한여름의 땡볕 아래에서도 사전 코스 점검은 이어졌다. 함께 못 하는 아빠들은 시원한 얼음생수와 음료로 아빠들의 열정에 힘을 보탰다.

2편 행사를 준비하며 가장 중요하게 생각한 것은 안전이었다. 코스 선정에서부터 학년별 체력을 고려하여 반환지점을 4개소 선정하고 반환지점마다 구급통 및 안전요원(학부모)을 배치하였다. 또 인근 소방서 협조로 구급차를 행사장에 대기시켜서 만약의 사고 발생에 대비했다. 안전상의 문제는 끊임없는 사전 점검 및 학교, 학부모회 및 관련 기관의 도움으로 큰 무리 없이 준비되어갔다.

그런데 야외 행사에 가장 큰 복병인 날씨가 우리를 기다리고 있었다. 기상청 등 날씨 관련 사이트를 통해 실시간으로 날씨를 계속 체크했지만, 여름 날씨는 정말 변화무쌍했다. 행사가 다가올수록 날씨가 변덕을 부리더니, 설상가상으로 행사 당일 새벽에 억수같이 비가 내리기 시작했다. 새벽 3시! 아버지회 임원들이 모이는 카톡방에 천이철 아버지회 회장의 글이 올랐다. '큰일이다. 비 많이 온다. 행사를 할 수 있을까?' 걱정스러운 마음으로 카톡방 글의 숫자들이 하나둘씩 지워지며, '아직 행사까지는 시간이 있으니 기다려보고, 비가 안 그치면 취소하자!' 행사를 준비한 아빠들의 걱정과 고민들이 카톡방을 가득 채웠다.

해가 뜨기가 무섭게 아버지회 회장, 부회장을 필두로 사전 점검팀이 차량으로 코스 상태를 점검하러 나섰다. 비가 잦아들긴 했지만 여전히 내리고 있었고 행사 여부를 결정해야 했다. 하늘이 우리 아빠들의 간절한 마음을 알기라도 하는지 비가 점점 잦아들었고, 실시간 기상예보도 행사 시간 동안 흐림으로 바뀌어 있었다. 선생님과 논의하여 천막 설치, 반환점 설치 등 행사 준비를 시작하고, 행사 시작 전 또는 진행과정에서 비가 내린다면 안전상의 이유로 행사를 바로 취소하기로 의견을 모았다.

금강 수변공원에서 행사 준비가 시작되었다. 먼저 출발 장소에서 현수막과 천막을 설치하고 완주메달, 풍선 등 필요 물품을 옮겨놓았다. 이후 2팀으로 차량을 나누어 출발지점, 종료지점에서 순차적으로 반환지점 책상, 안내판, 구급약통 등의 물품을 배치하면서 행사 준비가 순조롭게 마무리되었다.

행사 준비가 완료되자 어느덧 점심시간이었다. 언제나 그렇듯, 우리는 짜장면의 그 숭고한(?) 힘을 믿는다. 왠지 짜장면을 먹으면 뭐든 잘될 것 같은, 그 숭고한 힘 말이다. 공원 바닥에 주저앉아 여러 아빠들과 선생님이 함께 먹는 짜장면 맛이란 정말이지 꿀맛이다.

행사 시간이 점점 다가오자 노란색 티셔츠를 입은 아빠와 아이들이 하나둘 공원으로 모여들었다. 하늘은 여전히 흐리고 간간히 작은 빗방울이 떨어지지만 행사하기에는 딱 좋은 상황이다. 덥지도 춥지도 않은 그런 묘한 날씨가 우리의 두 번째 라이딩 행사를 반겨준다. 행사 안내 및 코스 사전 설명을 시작으로 출발 전 스트레칭을 통해 혹시나 모를 안전사고에 다시 한 번 대비하였다. 시간 간격을 두고 학년별로 라이딩이 시작되었다. 120여 명의 아빠와 아이들이 노란색 티셔츠를 입고 금강변을 달리기 시작했다. 아이가 지치면 잠시 멈춰 시원한 물 한 모금을 건네는 배려와 포기하려는 아이에게는 '할 수 있다'는 뜨거운 응원을 보내면서 한 명의 낙오자 없이 모두가 반환점을 돌아 결승선을 통과했다. 누군가를 이겨야 하는 경쟁의 길이 아니라 누군가 옆에 있으면 더 멀리 갈 수 있다는 협력의 길을 모든 아이들이 그날 가슴속 깊이 새겼으리라 믿는다.

그 먼 길을 돌아 다시 출발점으로 돌아온 아이들을 황미애 교장 선생님과 이창덕 교감 선생님이 환한 웃음으로 기다리며 반겨주었다. 모든 아이들에게 완주의 증표인 완주메달을 목에 걸어주었다. 학부모회 어머니들은 아이들을 위한 먹거리를 준비해주었고, 학교 인근 남세종 농협(소담지점)에서 물과 기념 수건을 후원해주어서 참여한 모두가 기쁘고 풍성한 축제의 한 마당이 펼쳐졌다.

한여름의 라이딩은 간절한 마음이면 하늘도 감동받는다는 것을 느낄 수 있었던 행사였다. 행사가 마무리될 때쯤 신기하게도 다시금 빗방울이 굵어지기 시작했다. 참여한 아빠들과 아이들은 함께 땀 흘리며 무언가를 해냈다는 뿌듯함에 서로를 격려하며 다독여주었다. 참으로 아름다운 모습이었다.

| 라이딩 출발 전 집결지 | 출발 전 단체 사진 |

이 행사를 통해 학교교육은 선생님 혼자서 하는 것이 아니라, 학부
모·학생·마을까지 함께 어우러질 때 진정한 효과를 발휘할 수 있다
는 것을 새삼 깨달았다. 그렇게 소담초등학교 교육공동체인 학생·선생
님·학부모 모두가 합심하여 준비했던 라이딩 행사는 아이들에게 잊지
못할 멋진 추억을 안겨주며 아무런 사고 없이 마무리되었다.

〈얘들아, 아빠랑 학교 가자!〉 제3편: 원수산 둘레길 걷기

여름방학을 지나 가을이 성큼 다가왔다. 가을은 천고마비의 계절이
자 단풍놀이의 계절이다. 여름방학이자 여름휴가를 보내며 잠시 움츠
렸던 아빠들이 다시금 뭉치기 시작했다. 〈얘들아, 아빠랑 학교 가자!〉
제3편 '원수산 둘레길 걷기' 행사를 위해서. 사실 처음부터 원수산으
로 장소가 정해진 것은 아니었다. 라이딩 행사 때처럼 장소 선정을 위
한 사전 답사 끝에 원수산으로 결정되었다. 우선 공주 산림박물관이
최적지로 의견이 모아졌으나, 주말에 몰리는 일반 방문객과의 경로 중
복으로 인한 혼선 등을 우려해 제외하였다. 다음으로 학교 인근 괴하

산이 물망에 올랐으나, 낮은 해발고도 및 단조로운 트래킹 코스로 인해 제외하였다. 마지막으로 답사를 간 곳이 원수산이다. 원수산은 이미 산악자전거 공원 조성으로 유명세를 타고 있었고, 벌써 세종 관내 몇몇 단체들이 대형 미끄럼틀 및 생태공원 등을 활용해 아이들의 생태학습 장소로 활용하고 있었다.

8월 5일 토요일 7인의 아빠들이 원수산을 사전 답사했다. 출발지의 넓은 주차장부터 마음을 사로잡았다. 잘 정비된 오르막길을 따라 10여 분을 오르자 왼쪽에 생태습지가 나타났다. 생태습지를 끼고 더 올라가자 원수산이 자랑하는 초대형 미끄럼틀이 떡하니 우리를 반겨주었다. 아이들이 정말 좋아할 것 같았다. 그때 이미 원수산으로 반 이상이 마음의 결정을 해버렸던 것 같다. 미끄럼틀 지나 조금 더 올라가니 갈림길이 나오고 정상으로 가는 표지판과 숲 체험마당으로 가는 표지판이 나뉘어졌다. 일단 정상까지 가보기로 했다. 산에 가면 믿어서는 안 되는 말이 있다. "얼마 남았어요?", "조금만! 가면 돼요. 다 왔어요!" 늘 그 말에 속으면서도 바보같이 또 속아 넘어간다. 급격한 오르막이 이어지던 원수산 정상은 안전을 위해 트래킹 코스에서 제외하는 것으로 의견이 모아졌다. 정상을 내려와 차를 가져온 사람은 주차장으로, 나머지는 숲 체험마당을 답사 후 차량팀과 합류하기로 했다. 그러나 공사 중이라 길이 끊겨 답사팀은 산을 넘고 넘어 우여곡절 끝에 차량팀과 이름 모를 도로에서 상봉했다.

사소한 답사 문제가 있었지만, 제3편 둘레길 걷기 코스는 원수산으로 정해졌다. 두 번의 행사 추진 경험을 바탕으로 일사천리로 일이 진행되었다. 어느 정도 업무분장도 이루어졌으며, 기존 경험에서 우러난 자신감과 노하우가 일을 순조롭게 진행시켜주었다. 오로지 걷기만으로 행사를 진행하기에는 조금 밋밋한 감이 있었다. 여러 번의 아이디어 회의를 통해 대형 미끄럼틀에서 알밤 줍기 체험, 숲 체험마당에서 나무비행기 만들기 등 가을 산과 어울리는 체험활동이 추가됐다. 당초 알밤 줍기는 밤송이를 직접 까보는 것으로 기획했는데, 밤송이 물량과 가격 등의 문제로 인해 최종적으로 알밤 줍기로 변경했다. 행사 당일 참가자에게 김밥, 오이, 물, 초콜릿, 사탕 등 간단한 먹거리를 제공하였으며, 제공한 먹거리의 쓰레기를 다시 가져오는 참가자들에게 예쁜 물병을 기념품으로 나눠주었다.

9월 16일 토요일. 아이들이 자연을 가까이 접하면서 자연보호의 중요성을 느끼고 둘레길 걷기를 통해 건강한 신체활동을 도모하고자, 화창한 가을 날씨를 만끽하며 행사가 시작되었다. 사전준비팀은 아침부터 분주하게 움직였다. 출발 장소인 원수산 주차장에 등록 부스(천막)를 설치하고, 참가자들이 찾아오기 쉽게 집결 장소 입구에 현수막을 높이 달았다. 행사 코스를 다시금 점검하며 주요 분기점마다 미리 인쇄해 온 안내표지판을 나무와 주변 지형물에 묶으며 아이들의 안전을 생각하며 코스를 최종 점검했다. 또 알밤 줍기 이벤트에 사용할 알밤 2포대를 끌차에 싣고 대형 미끄럼틀까지 옮겨놓았다.

이 행사는 학교와 떨어진 곳에서 진행되다 보니 편안한 이동을 위해 학교에서 교육청에 신청을 하여 교육청 버스를 이용할 수 있었다. 덕분에 수월하게 행사가 진행되었다. 물품 수령이 끝나고 행사 코스에 대한 간단한 설명을 하였다. 그리고 나서 간단한 스트레칭으로 근육을 이완시켜 갑작스러운 걷기운동에 대비했다. 또 중간에 발생할 수 있는 사고에 대비하여 비상용 구급약통을 운반하는 의무병 아빠(메딕)를 4인 배치함으로써 신속한 대처가 가능하도록 준비했다.

출발 신호와 함께 아빠와 아이들은 자연스레 원수산을 오르기 시작했다. 천천히 주변의 새소리, 바람에 흔들리는 낙엽소리에 귀 기울이며 빠르지도 느리지도 않게 아빠의 손을 잡고 산을 걸어 올라갔다. 작은 곤충들의 움직임에 발걸음을 멈추기도 하고, 아빠에게 "저건 뭐예요?"라며 묻기도 했다. 선두 그룹이 대형 미끄럼틀이 있는 달메뜰 공원에 도착하자, 아이들은 너나 할 것 없이 미끄럼틀 타기에 빠져들었다. 마지막 그룹이 달메뜰 공원에 도착할 때쯤, 알밤 줍기 이벤트를 시작했다. 아이들은 나눠준 작은 봉지에 알밤을 담느라 정신없이 허리를 숙였다가 펴기를 반복했다. 주말이라 아이들과 함께 놀러 온 세종시민들도 신기한 듯 흐뭇하게 바라보았다. 아빠들의 고민과 아이디어에 아이들이 한없이 기뻐해주는 모습, 그것이 바로 행사를 준비하며 참여하는 이유가 아닐까?

알밤 줍기가 끝나고 우리는 숲 체험마당인 모험의 숲으로 이동했다.

달메뜰 공원에서

모험의 숲에서 단체 사진

나무로 만든 다양한 체험기구가 있는 모험의 숲에서 미리 준비한 김밥으로 점심을 먹었다. 이제 나무비행기 만들기를 시작할 때였다. 그런데 문제가 생겼다. 아이들을 위해 준비한 나무비행기의 태반이 불량이었다. 접착제 없이 간편히 만들 수 있는 비행기 몸통이랑 날개가 연결되지 않았다. 사전에 확인만 했더라도 문제점을 발견했을 텐데 낭패가 아닐 수 없었다. 고민할 것도 없이 바로 참여한 아버님들께 말씀을 드렸다. "본체와 날개의 틈이 맞지 않습니다. 집에 가서서 칼로 조금 깎아낸 후 만들어보셔야 할 것 같습니다. 죄송합니다." 준비상의 실수에도 불구하고 모두가 '네' 하고 웃어넘겨주셨다. 행사는 단체 사진 촬영을 끝으로 마무리되었다. 푸르른 가을 하늘 아래서 열린 원수산 둘레길 걷기도 또 하나의 소중한 추억으로 남았다.

새샘마을과 함께 하는 인문학 콘서트 〈뿌리 깊은 나무〉

아버지회의 활동이 활발해지자, 다양한 경로를 통해 세종시청과 교육청에서 올려주는 각종 정보에 관심이 가기 시작했다. 다양한 웹서핑 중에 세종시에서 주관하는 '2017년도 제2차 마을공동체 육성지원사업' 공모가 눈에 띄었다. 개략적인 공모요강을 읽자마자 '인문학 콘서트'라는 콘셉트가 번개처럼 내 머릿속을 스쳐 갔다. 해보고 싶었고, 그동안의 활동 경험을 바탕으로 당연히 할 수 있다는 자신감이 솟아올랐다. 임원들과 집행이사들께 공모요강을 전달하고 공모에 참여하는 것으로 결정되자 본격적으로 공모 신청서 작성에 들어갔다. 공모 신청서를 제출하고, 신청 단체에 대한 별도 면접이 진행되었다. 우리는 당당히 세종시 아버지회 최초로 마을공동체 육성지원사업에 선정

됐다.

8월부터 예산집행 등 각종 사업 추진이 가능했으나, 〈얘들아, 아빠랑 학교 가자!〉 제3편 및 추석 연휴 등을 고려해 10월 25일로 인문학 콘서트 일정을 먼저 확정했다. 콘서트는 크게 천문, 국악, 역사 등 3개의 세종대왕 업적에 관한 인문학 강의, 문화공연 및 주변 학교 학생들의 재능기부 공연으로 틀을 구성했다. 일정이 확정되면서 출연진 섭외와 무대설치 등으로 나누어 준비에 들어갔다. 출연진을 섭외하는 일은 만만치 않았다. 인력풀도 없었고 연락처도 없었다.

'계란으로 바위 치기'라고 할까? 네이버, 구글 등 동원할 수 있는 모든 검색으로 섭외 명단을 작성하고 일일이 전화, 문자, 메일, 등기우편 등 다양한 경로로 섭외를 시도했지만 매번 거절만 당했다. 유명인을 섭외하자는 의견도 나왔지만, 비용이 예상을 훨씬 벗어나서 우리가 감당할 수 있는 수준이 아니었다.

유홍준 교수님부터 심진화 개그우먼까지 많은 요청 끝에 〈KBS 역사저널〉에 출연하셨던 건국대 신병주 교수님을 비롯해 한국천문연구원 양홍진 박사님, 국립국악원 문주석 박사님께서 참여 의사를 밝혀주셨다. 출연진이 확장되자 본격적인 무대업체 및 문화공연팀 섭외에 들어갔다. 아버지회 이사분들의 인맥을 통해 그리 어렵지 않게 섭외가 되었다. 무대설치는 최준익 아버님이, 현악 4중주 공연은 김정민 아버님이, 아카펠라 공연은 김성현 아버님이 섭외해주셨다. 인근 소담유치원·소담초등학교·소담중학교 재능기부 공연은 연구혁신부장이신 유우석 선생님이 담당해주셨다.

소담고등학교는 행사 일정과 학생 체험이 중복되어 아쉽게 불참하게 되었다. 어느 정도 행사의 큰 틀이 준비 완료되자 행사 홍보와 VIP 초대가 시작되었다. 행사 홍보는 추석 연휴 이후를 기점으로 리플릿, 포스터, 현수막 시안 작업이 순차적으로 진행되었고, VIP 초대 작업은 천이철 아버지회 회장께서 담당해주셨다. 지역 국회의원, 시장, 시의장, 교육감 등을 일일이 방문하여 행사를 설명해주신 덕분에 시장, 시의장, 교육감께서 참여 의사를 밝혀주셨다.

추석 연휴가 끝나고 본격적인 홍보에 들어갔다. 현수막은 아버지회 회원들이 새샘마을 주요 지점에 직접 설치하였다. 버스정류장과 주요 상가에 집중적으로 대형 포스터를 게시하였고, 인근 학교에도 포스터를 배포했다. 소형 포스터는 새샘마을 2단지 동대표이신 허준영 아버님께서 단지 내 아파트에 게시해주셨다. 또 행사 안내 홍보 방송을 2단지뿐만 아니라 6단지까지 해주셨다. 행사 홍보를 위해 아침·저녁으로 아버지회 회원들이 직접 현수막과 포스터의 이상 유무를 매일매일 체크해주셨다. 불법 게시물로 오인을 받아 홍보 기간 동안에 많은 현수막이 안타깝게 사라졌다.

모든 준비가 끝나고 이제 가장 중요한 것이 남았다. 바로 날씨였다. 10월의 날씨는 예상보다 쌀쌀했다. 낮에는 포근한 가을 날씨였으나, 밤이 되면 기온이 떨어졌다. 대책이 필요했다. 야외 행사의 가장 큰 고민이었다. 여러 의견들이 나왔는데 임시방편으로 핫팩을 배포하기로 했다.

10월 25일, 대망의 행사 날이 밝았다. 아침부터 날씨는 큰 문제없었고, 기상예보도 낮부터 밤까지 무난했다. 아침부터 출연하시는 모든 분들께 연락해서 행사 참여 여부를 확인했다. 행사가 평일이어서 아버님들은 대부분 오후부터 준비에 참여하기로 했으며, 천이철 회장, 이용복 이사, 그리고 내가 아침부터 현수막 설치 및 바닥 포스터 설치작업을 진행하기로 했다.

기존 현수막을 철거하고 야외의 펜스에 현수막 하나를 설치하고, 다음 현수막을 설치하는데 사고가 발생했다. 현수막을 걸고 사다리를 내려오다 오른쪽 손가락이 펜스에 끼어 크게 찢어졌다.

급히 선병원 응급실로 갔지만, 병원에서는 손 접합 전문병원에 가서 수술할 것을 권했다. 순간 가슴이 철렁했다. 전문병원에 도착하여 몇 가지 검사를 하고 바로 수술에 들어갔다. 천만다행으로 신경과 힘줄이 다치지 않았다. 수술은 금세 끝났다. 마취로 인해 손에 감각은 없었지만, 학교에서의 준비가 궁금해졌다. 내 사고 소식이 전해졌는지 아빠들의 걱정 문자와 전화가 이어졌다. 행사는 걱정하지 말라는 글이 왔지만, 마음이 편하지 않았다.

담당 의사께 양해를 구하고 다시금 학교로 향했다. 무대는 설치가 마무리되었고, 리허설이 막 시작되려고 하는 순간이었다. 무대팀과 순서를 확인하고, 각 팀별 음향 상태를 점검했다. 무대 동선을 고려하여 일부 공연팀의 순서 변경이 이루어졌다.

공연 시간이 다가오자 마을 주민들께서 행사장으로 찾아오셨다. 어린아이부터 할머니까지 예상보다 많은 분들이 인문학 콘서트에 참여해주셨다. 참가자들을 위해 준비한 선물팩(과자, 음료, 야광 팔찌, 핫팩) 400여 개가 금세 동이 나버렸다. 식전 공연인 현악 4중주단 공연이 인문학 콘서트의 문을 열었다. 가을밤에 울려 퍼지는 클래식 공연과 중간중간 이어지는 친절한 설명까지 첫 무대부터 인문학 콘서트의 분위기가 한껏 무르익었다. 식전 행사가 끝나갈 때쯤 바쁜 일정에도 불구하고 이춘희 시장님, 고준일 시의장님, 최교진 교육감님이 행사장을 방문하여 무대 앞쪽에 자리해주셨다.

식전 공연 행사가 끝나고 내빈들의 축하말씀을 시작으로 본 행사가 시작되었다. 시장님과 시의장님의 축하말씀이 이어졌다. 교육감님은 무대에 올라오시지 않고 축하말씀을 하셨다. "소담초등학교 아버지회 짱입니다"라는 짧지만 굵은 축하 멘트로 우리를 기분 좋게 해주셨다. 내빈들의 축하인사가 끝나고 인문학 콘서트의 준비부터 실행까지 애쓴 주인공인 아버지회 회원들이 무대 앞에 서서 참여해주신 내빈들과 마을 주민들께 감사의 인사를 올렸다.

내빈 인사가 끝나고 소담중학교 Soda밴드의 공연으로 본격적인 인문학 콘서트가 시작되었다. 실력이 조금 부족한 뮤지션이었지만, 마을 축제 분위기를 띄우기에 모자람이 없었다.

이어서 첫 번째 인문학 강의로 '세종대왕과 천문'이라는 주제로 한국천문연구원 양홍진 박사가 강의를 시작했다. 양홍진 박사는 강의에 앞서 "아빠들이 이러한 큰 무대를 준비하고 마을 주민을 위한 행사를 개최한다는 것에 크게 놀랐다"라면서, 우리의 활동이 앞으로도 이어지길 기원해주셨다. 이어서 소담의 귀염둥이인 소담유치원 행복한반 원생들이 깜찍한 장구춤 공연을 선보였다.

두 번째 인문학 강의는 국립국악원의 문주석 박사가 '세종대왕과 국악'이라는 주제로 생소한 국악 이야기를 다양한 영상으로 쉽게 설명해주셨다. 국악 강의에 이어 소담초등학교 레인보우와 빨간 쭈꾸미의 멋진 댄스 공연이 펼쳐졌다. 흥겨운 음악에 멋진 칼군무까지 아이들의

| 아카펠라 공연 | 신병주 교수 인문학 강의 |

끼와 재능은 끝이 없음을 새삼 느꼈다. 인문학 콘서트의 분위기는 점점 무르익어갔다. 마지막은 인문학 강의는 〈KBS 역사저널〉을 통해 대중에게 이미 익숙한 건국대학교 신병주 교수의 '세종대왕과 역사' 강의였다. 세종대왕에 대한 폭넓은 역사지식을 유머러스한 말투와 위트 있는 멘트로 거침없이 들려주셨다. 참여한 마을 주민들도 강의에 깊숙이 빠져들었다.

모든 강의가 끝나고 시간은 벌써 저녁 9시를 지나고 있었다. 늦가을이라 밤공기가 차가웠다. 처음보다 참여 인원이 줄었지만 그래도 마지막까지 많은 분들이 함께해주셨다. 피날레를 장식하는 공연은 아카펠라 세계대회 우승에 빛나는 'MONO 대전'의 공연이었다. 가을밤의 고즈넉한 분위기와 사람의 목소리로 만들어낸 아름다운 선율은 가을밤을 아름답게 수놓기에 충분했고, 인문학 콘서트의 피날레를 장식하기에 더더욱 멋진 공연이었다. 아카펠라 공연을 끝으로 본 행사가 마무리되었다. 추첨을 통해 미리 준비한 관련 서적과 음반을 마을 주민들께 나눠드리는 것으로 모든 행사를 마쳤다. 참석해주신 모든 분들에게 감사하다는 말씀을 전하며 한여름보다 더 뜨거웠던 장장 3개월간의 준비가 끝이 났다.

아쉬운 부분도 있었지만 우리의 힘으로 마을 주민들을 위한 큰 행사를 무탈하게 해냈다는 성취감에 서로가 서로를 격려하고 축하해주었다. 아무것도 없던 운동장에 큰 무대를 세웠는데, 금방 그 모든 것이 눈앞에서 사라졌다. 마치 허상과 같은 신기루처럼 다시금 텅 빈 운동장으로 변해버렸다. 불이 꺼진 텅 빈 운동장을 바라보면서 잠시 생각에 잠긴다. 다음에 또 이곳에서 누구와 무엇을 함께 할 것인지는 앞으로 우리의 숙제가 되었다. 못다 푼 숙제가 벌써 기다려진다.

이웃과 함께 따뜻한 겨울나기: 사랑의 연탄 나눔 봉사

누군가에게 내가 가진 것을 나누어줄 수 있다면, 그것으로 그 누군가가 도움이 된다면 그것만큼 기쁜 일이 있을까? 그래서 우린 어려운 이웃을 위한 봉사활동을 준비하게 되었다. 연탄 나눔 봉사는 인문학 콘서트 준비 단계에서 여러 번 천이철 회장이 제안한 활동이었다. 좋은 취지였고, 아이들에게 나눔과 봉사의 행복을 알려주기에 좋은 제안이었기에 모두 동의해주었다.

우선 모금 방법은 인문학 콘서트에 모금함을 비치하여 자율적인 모금을 시행하고, 부족한 금액에 대해서는 소담교육공동체를 대상으로 추가 모금활동을 하기로 했다. 모금 방법은 결정되었으니, 연탄을 수혜받으실 대상 선정이 필요했다. 이는 세종시 복지정책과에 문의하여 연동면과 소정면에 각 한 분씩 모두 두 분의 어르신이 연탄이 필요하다는 연락을 받았다. '경제가 어렵다', '기부도 줄어든다' 등등 언론에서 많은 얘기가 나오지만, 소담초의 기부 열기는 너무나 뜨거웠다. 인문학 콘서트에서 약 15만 원의 금액이 모금되었으며, 부모님과 선생님들께서 추가로 약 115만 원의 금액을 자발적으로 기부해주셨다.

두 어르신과 일정을 조율해서 11월 19일에 연탄 봉사를 실시했다. 두 팀으로 나눠서 연동면과 소정면으로 출동했다. 연동면 600장, 소정면 500장 총 1,100장의 연탄이 우리를 기다리고 있었다. 주말임에도 불구하고 교장 선생님, 교감 선생님은 물론 많은 선생님이 참여해주셨고, 아빠뿐만 아니라 엄마와 아이들까지 나눔의 봉사에 힘을 보태주셨다. 아빠, 엄마, 아이들, 선생님까지 오랜만에 대면(?)하는 연탄이 신기한 듯 이리저리 살펴보며 즐거워했다.

따뜻한 차를 한 잔 마시고 본격적으로 연탄 나르기를 시작했다. 최신형 컨베이어벨트가 부럽지 않을 인간 띠가 길게 이어졌다. 천천히 연탄이 우리들의 손을 거쳐 집 안의 창고로 옮겨져 차곡차곡 쌓이기 시작했다. 신나 하던 아이들은 금세 실증을 느껴서 농땡이를 치고 했지만, 다시금 자기 자리로 돌아와 제 몫을 거뜬히 해냈다.

연동면 연탄 봉사

소정면 연탄 봉사

추운 날씨였지만, 몸에서는 금세 열기가 뿜어져 나왔다. 어른들도 오랜만에 접해본 전신 운동에 중간중간 '아이고' 곡소리가 터져 나왔고, 이마에도 작은 땀방울이 맺혔다. 마지막 연탄이 옮겨질 때는 아이들이 뛸 듯이 기뻐하며 환호했고, 그 모습을 어른들은 흐뭇하게 바라봤다. 연탄이 다 옮겨지고 연탄재로 지저분해진 마당까지 물청소로 깔끔하게 정리·정돈했다. 또한 연탄봉사 전날 소담부뚜막(요리동아리)의 김장체험을 통해 마련한 김치도 함께 전달해드리며 훈훈하게 마무리되었다.

'2017 미래교육박람회' 준비 및 참가

인문학 콘서트 준비회의가 열리는 날이었다. 늘 그랬듯 저녁 7시쯤 대회의실에서 회의가 시작되었다. 그날은 교장 선생님께서 아버지들이 고생한다고 저녁을 같이하자고 제안하셨다. 얼추 회의를 마무리할 때쯤 교장 선생님이 회의실로 오셔서 긴히 부탁드릴 게 있다고 하셨다. 세종시를 대표해서 교육부 주관 '2017 미래교육박람회'에 참가해달라는 요청이었다. 쉽게 결론을 내릴 수 있는 상황이 아니었다. 식사 장소에 교육청 혁신학교 담당 김신숙 장학사가 오셨다. 다시금 미래교육박람회 참가를 부탁하셨다. 정말이지 쉬운 결정이 아니었다.

올해 행사 중에서 가장 긴 준비가 필요했던 인문학 콘서트가 끝나자마자 한 달도 남지 않는 준비 기간 동안 홍보 부스 구성부터 인쇄물, 기념품 준비 등 만만치 않은 일들을 해야만 했다. 행사 기간이 평일이고 행사 장소가 경기도 고양시 킨텍스인데 과연 얼마나 많은 아버님들이 개인적 시간을 할애해주실 수 있을지 의문이었다.

빠른 결정이 필요했다. 유우석 선생님과 천이철 회장 그리고 나 세 명이 카톡방을 개설했다. 부담이 되었지만 한번 도전해볼 만한 가치는 충분했다. 각자의 의견들이 오갔고, 참여하는 것으로 결론이 났다. 다만, 다른 아버님들의 부담을 최소화하기 위해 임원 중심으로 TFT를 구성하고 모든 준비 사항은 TFT에서 신속하게 결정하는 것으로 결론을 내렸다. 바로 준비에 들어갔다. 기념품부터 발주했고, 홍보 부스 패널 시안 초안 작업이 빠르게 진행되었다. 혁신운영관은 미래교육박람회에 갑작스럽게 추가된 공간으로 준비 단계에서 관련 기관들과의 소통 문제로 인해 크고 작은 문제점들이 발생했지만, 이미 주사위는 던져졌고 주어진 상황과 여건에 맞춰 준비 과정에 최선을 다했다.

기존의 다양한 준비 경험을 바탕으로 짧지만 신속하게 준비가 마무리되었다. 11월 22일 수요일에 사전준비팀 4인이 교장 선생님의 격려를 받으며 킨텍스로 출발했다. 오후 1시경 현장에 도착하자마자 부스 구성작업에 들어갔다. 디자인 업체에서 먼저 도착해서 패널 구성 작업을 진행 중이었다. 각종 물품을 옮기고, 홍보 액자를 다시 제작하고 홍보영상 등을 점검하며 순조롭게 진행되었다.

그런데 문제가 발생했다. 몇 번이고 확인했던 문제가 터졌다. 디자인 업체에서 홍보 패널 1장을 빼먹고 온 것이다. 대전에 있는 디자인 업체이다 보니 빠진 패널을 재출력하여 고속버스 택배로 받기로 했고, 그때부터 우리의 기다림이 시작되었다. 얼추 홍보 부스의 기본 구성이 마무리가 되고, 동영상부터 리플릿까지 다시 한 번 점검에 들어갔다. 책상·의자 및 TV거치대 등 비품 배포가 주체 측의 운영 미숙으로 인해 혼선이 빚어지기도 했으나, 지속적인 요청과 항의로 비품 배치도

소담초 아버지회 체험 부스 전경　　　　교장 선생님, 행정실장님 격려 방문

완료되었다. 그러나 여전히 빠진 패널은 감감 무소식이었다. 시간은 점점 저녁 시간을 넘어 9시를 향해 갔다. 배도 고팠고, 빨리 정리하고 맛집 투어에 나서겠다던 우리 기대도 점점 멀어졌다. 드디어 패널이 도착했다. 마음이 급해서일까? 우리의 따가운 눈총 때문일까? 패널 시트지 작업은 이래저래 조금씩 어긋났고, 쉽게 맞춰지지 않았다. 10시 30분이 다 되어서야 마무리되었다. 아무리 준비해도 실수가 있기 마련이다. 그 실수가 크지 않아 다행이었다.

　낯선 여관에서의 하룻밤! 아침은 왜 그렇게 일찍 찾아오는지……. 간단히 아침을 먹고 천이철 회장, 오윤재 부회장, 배상훈 이사, 유우석 선생님, 나 이렇게 5명이 부스로 향했다. 박람회장은 아침부터 분주했다. TV 전원을 켜서 홍보 동영상을 틀고, 간단한 업무분장으로 각자의 임무를 나눴다. 우리는 박람회를 위해서 별도 리플릿을 제작하고, 체험 이벤트인 비행기 만들기와 특별 이벤트인 다트판 던지기를 준비했다. 또한 1년 동안의 아버지회 활동을 정리한 TED 강의까지 우리의 모든 걸 다 담았다.

소담초 아버지회 부스　　　　　　　다트게임 이벤트

　개장 시간에 맞춰 사람들이 몰려들었다. 처음에는 어색했던 부분도 시간이 지나자 몸에 익숙해진 듯 자신 있게 방문객들에게 우리의 활동을 소개하고, 큰 목소리로 우리의 이벤트 참여를 독려했다. 좋은 길목에 자리 잡은 우리 부스는 많은 분들께서 방문하여 관심을 표하셨다. 아버지회 활동을 부러워하는 분들부터 일회성 행사로 끝날 수 있다는 우려까지 다양한 이야기를 접할 수 있었다. 우리 활동을 홍보할 때 우리는 '소담초등학교 아버지들입니다'라는 것을 강조했고, 방문객들은 '진짜 아빠들 맞나요?' 의심 반, 신기함 반이 섞인 표정으로 우리의 활동을 응원해주셨다. 많은 언론매체에서 우리의 활동을 신기해하면서 다양한 질문과 자료 요청도 받았다.

　우리가 준비한 이벤트인 '소담초등학교 아버지회를 향해 큐피트의 화살을 쏴라!' 다트 던지기와 '플라스틱 비행기 만들기' 체험은 관람객들에게 많은 호응을 받았다. 아버지회 로고가 새겨진 예쁜 텀블러를 특별 이벤트 기념품으로 일일 100개씩 준비했는데, 매 타임마다 만원 사례를 기록할 정도로 인기 코너로 자리 잡았다. 대중없이 방문객들이 부스를 찾아왔다. 점심은 도시락을 별도로 구입하여 틈틈이 돌아가면서 허겁지겁 식사했다. 힘들었지만 우리 아버지회의 활동을 전국적으로 알릴 수 있음에 너무 기뻤다. 잠시 시간이 생길 때면 혁신관의 다른 학교들의 활동들을 돌아보았다. 혁신학교로 이름난 학교들의 다양한 활동들을 한자리에서 접해볼 수 있어서 좋았고, 앞으로 우리 활동의 참고 자료로 활용하고자 많은 자료들을 받아 왔다. 또 눈이 오는데도 황미애 교장 선생님과 최은영 행정실장님이 두 손 가득 선물을 들고 우리를 응원하러 방문해주셨다. 정말로 감사하고 또 감사했다.

첫날을 마무리하고 세종교육청 관계자분들과 같이 식사를 했다. 세종교육청에서도 홍보를 위해 별도의 부스를 마련하여 행사 기간 동안 운영하고 있었다. 학교 활동과 관련된 이런저런 얘기를 나누고, 서로의 생각들을 공유했다. 식사자리가 끝나고, 둘째 날 홍보 부스 운영에 필요한 인원 부족에 대한 걱정스러운 얘기가 나왔다. 개인적인 사정으로 유우석 선생님, 오윤재 부회장, 나는 세종으로 복귀가 예정되어 있었고, 다음 날은 이상욱 이사께서 올라오실 예정이었다. 첫날의 부스 운영 경험을 바탕으로 3명의 인원이 많지 않다는 것을 직감했다. 이러한 답답한 심정을 밴드에 짧은 글로 올렸는데, 손영대 이사께서 바로 전화를 해서 본인이 내일 일찍 오겠다고 흔쾌히 말씀해주셨다. 정말이지 눈물이 날 만큼 고마웠다. 어디가 조금 부족하거나 도움이 필요하면 언제든지 채워주는 그런 끈끈함이야말로 우리 힘의 원천이라는 생각이 들었다.

포항 지진으로 인해 수능이 연기되어 교육부 장관께서 참석하는 VIP 투어는 둘째 날로 변경되었다. 최교진 교육감께서도 참석하실 예정이었으나, 갑작스러운 의회 일정으로 인해 부득이 부교육감님이 우리 부스를 방문해 응원해주셨다.

둘째 날은 주요 VIP 참석 및 각 학교 단체 관람으로 행사 기간 중 가장 많은 관람객들이 박람회를 찾아주셨다. 사진으로만 봐도 정말이지 많은 방문객들이 박람회장을 가득 메우고 있었다. 함께 하지 못하는 우리들은 현장에서 보내주는 여러 사진들을 보며 응원의 힘을 보탰다. 식사는 제때 할 수 있을지 걱정이 되었다. 하지만 둘째 날 홍보 부스를 운영한 우리 아버님들은 모두 그렇듯 아무런 내색 없이 묵묵히 맡은 일에 최선을 다했다. 그리고 함께 하지 못하지만 마음은 그곳에 있었던 많은 아버님들도 소리 없는 응원을 보냈다.

셋째 날은 행사의 마지막 날이자 주말의 시작인 토요일이었다. 일주일간 회사 일을 마친 아버지들이 고양 킨텍스를 향해 새벽같이 세종을 출발하였다. 어떤 아버님은 차를 몰고, 어떤 아버님은 기차를 타고 속속들이 킨텍스로 모였다. 아이에게 넓은 교육 세상을 경험해볼 수 있는 좋은 기회여서 많은 아버님들이 아이들과 함께 박람회를 찾아오셨다. 1년간의 활동으로 인해 아버지회 회원들의 자녀들은 얼추 아빠가 어떤 일을 하고 있는지 다들 알고 있는 눈치였다. 아빠들은 각자 업무분장에 따라 방문객들에게 활동을 설명하고, 이벤트를 운영하며 마지막 날의 대미를 장식해나가고 있었다. 아이들은 엄마들과 함께 여러 부스를 돌아보며 다양한 체험활동에 참여하고, 가끔은 아빠들의 활동 도우미로서 그 몫을 톡톡히 해냈다. 셋째 날은 많은 아버님들이 참여해줘서 수월하게 부스가 운영되었다. 주말임에도 불구하고 가족 단위 관람객들을 제외하고는 예상보다 많지 않은 인원이 박람회를 방문했다.

오후 4시가 넘어가자 여기저기에서 부스를 마무리하기 시작했다. 갈 길이 먼 우리도 부스를 정리하기 시작했다. 어렵게 마련한 부스를 정리하는 데는 그리 오랜 시간이 걸리지 않았다. 순식간에 우리들의 활동으로 가득 했던 부스는 휑하니 처음 그곳에 왔을 때의 상태로 돌아가 있었다. 우리는 각자 조금씩 짐을 나눠 갖고 아무 미련 없이 그곳을 빠져나왔다. 차에 짐을 나눠 싣고, 차량별 탑승인원을 배분하고 나서 우리는 킨텍스를 배경으로 단체 사진을 촬영했다. '과연 내 생에서 다시금 이러한 교육박람회에 참여할 일이 있을까?'라는 생각이 들었다. 아마도 없을 것 같은 예감이 들었다. 누군가에게 보여주기 위해 활동하기보다, 내실 있고 지속적인 우리의 활동을 다시금 고민하게 만들어준 2017년 미래교육박람회 도전기! 처음에는 삐걱대고 힘들었지만, 우리는 늘 그렇듯이 또다시 주어진 우리의 미션을 완벽하게 마무리하고 본연의 일상으로 되돌아왔다.

'2017 마을공동체 워크숍'에서 소담초 아버지회 이름을 널리 알리다

소담초등학교 아버지회를 창립하여 발대식을 하고, 〈애들아, 아빠랑 학교 가자!〉 1, 2, 3편을 성공적으로 마무리 짓고, 세종시 마을공동체 육성 지원 사업이었던 '새샘마을과 함께하는 인문학 콘서트, 〈뿌리 깊은 나무〉' 행사까지 마치고 나자, 세종시에서 우리들의 이야기가 조금씩 들려오는 것이 느껴졌다. 지역 언론에 보도되기도 했고, 세종교육청 학부모 기자단을 통해 세종시의 각종 블로그에 우리들의 활동상이 게시되었다. 그때쯤 세종시청 마을공동체과 담당 주무관의 전화가 왔다. "아버지회의 인문학 콘서트가 인상 깊었다. 2017 마을공동체 워크숍에서 우수 사례로 발표를 부탁드린다"는 얘기였다. 그 말에 고민해보겠다고 말했지만 내심 마음 한 구석이 뿌듯한 것은 아버지회의 아빠들과 함께 한 〈뿌리 깊은 나무〉준비 과정이 주마등처럼 뇌리를 스쳤기 때문일 것이다.

회사 일을 하며 틈틈이 인문학 콘서트 프레젠테이션PPT을 준비했고, 홍보이사인 도일영 아버님은 그날의 활약상이 고스란히 담긴 멋진 홍보 동영상을 만들어주셨다. 공동체 워크숍이 열린 11월 30일 오후 2시, 도담동 복합커뮤니센터로 천이철 회장, 오윤재 부회장, 도일영 홍보이사, 배상훈 집행이사가 바쁘신 와중에도 같이 참석해주었다. 발표에 앞서 이춘희 시장님과 고준일 시의장님의 축사가 있었다. 시장님의 축사가 끝나고 고준일 시의장님의 축사가 이어졌다. 축사에서 시의장께서는 우리 소담초등학교 아버지회를 언급하셨다. "본인은 10월에 열린 소담초등학교 아버지회 인문학 콘서트에 직접 참여해봤는데, 상당히 좋은 행사였다. 아버지들께서 이런 활동을 할 수 있음에 새삼 놀랐으며, 마을공동체의 아주 좋은 사례라고 생각한다." 세종시 도시 재생 사업 및 마을공동체 사업의 관계자들이 모두 모인 자리에서 시의장께서 우리의 활동을 높이 평가하고 손수 나서서 홍보해주셨다. 기분 좋은 칭찬이었다.

이어진 사례 발표에서 첫 번째로 무대 위에 섰다. 다소 어색하고 떨리기도 했지만 아버지회의 활동을 많은 분들에게 알릴 수 있음에 즐거운 시간이었다. 나는 발표 마지막에 청중들에게 하고 싶은 말이 있었다. 그 메시지는 내가 하고 싶은 말이자 아버지회가 하고픈 말이 아

| 인문학 콘서트 우수사례 발표 | 세종특별자치시장 축사 |

니었을까? 멀리서 그저 바라보고 투덜거린다고 세상은 바뀌지 않는
다. 어떤 것을 바꾸고 싶고, 함께 하고 싶다면 어렵지만 그 첫발은 바
로 '참여'일 것이다. 누구에 의한 강요가 아니라 자발적인 '참여'만이
지금 우리가 살아가고 있는 마을과 도시를 조금은 더 풍요롭고 사람
냄새 가득한 곳으로 만들어줄 것이라 믿어 의심치 않는다.

'2017 세종교육공동체한마당' 행사 준비 및 참가

11월 말부터 아버지회와 학부모회 간 통합회칙 제정에 대한 지속적
논의를 통해 통합 학부모회칙이 마련되고 2018년도 학부모회 회장, 부
회장 선거가 시행되었다. 또한, 아버지회에서도 2018년도 아버지회 회
장, 부회장 선거를 통해 오윤재 회장과 주대근 부회장이 선출되었다.

통합 학부모회가 구성되고 나서 처음으로 '2017 세종교육공동체한
마당' 행사에 아빠들과 엄마들이 함께 참여하기로 의견을 모았다. 이
미 미래교육박람회의 참여 경험을 바탕으로 홍보 부스 구성은 아버지
회가 방향을 제시하였고, 짧은 기간임에도 불구하고 어머니들이 다양

한 활동을 작성해주셔서 알차게 부스가 구성되었다.

관람객 이벤트로는 아빠들은 다트 던지기, 엄마들은 뻥아이스크림 무료 행사 등을 준비하였다. 행사는 12월 14일(목)부터 15일(금)까지 2일간 세종시 컨벤션센터에서 개최되었다. 행사 규모는 미래교육박람회에 비해 작았지만, 세종의 대부분의 학교가 참여하는 행사로서 다시금 소담초등학교를 알릴 수 있는 좋은 기회였다.

연말이어서 대부분의 아빠들이 시간을 내기가 쉽지 않았다. 그럼에도 불구하고 오윤재 회장, 천이철 전前 회장(고문), 김성현 이사, 최준익 이사가 첫째 날 부스 구성 및 운영에 큰 힘을 보태주셨다. 첫째 날 행사로 세종시 학생들의 장기자랑(?)이 있어서 그런지 많은 아이들이 행사장을 방문했다. 엄마들은 전날 이미 튀겨놓은 뻥튀기에 시원한 아이스크림을 넣은 '뻥아이스크림'을 무료로 나눠줬다. 대박이었다. 정말이지 줄이 끝이 없었다. 소담초 엄마들은 절로 신이 나고 힘이 났다.

아빠들은 부스에서 미래교육박람회와 같이 다트 던지기 이벤트를 진행했다. 이미 부스 운영 경험이 많은 아버님들이라서 무난하게 이벤

세종시 교육감님과 함께

다트 이벤트

트를 진행했다. 예쁜 텀블러를 받기 위해 '소담초 파이팅'를 외치던 세종의 아이들이 눈에 선하다. 이번 행사에는 김성현 이사의 재능기부가 빛을 발했다. 이제까지의 활동을 키오스크(터치스크린)에 구현하여 관람객들에게 소담초 아버지회의 다양한 활동을 체계적으로 홍보했다.

둘째 날은 첫째 날보다 관람객이 많이 줄었지만 그래도 소담초등학교 홍보 부스와 이벤트의 인기는 계속되었다. '세종의 소리' 앵커께서 부스를 찾아와 실시간 SNS 뉴스를 통해 우리의 활동을 더욱 널리 전파했다. 아빠와 엄마들이 진정으로 하나 된 학부모회가 되어 참여한 '2017 세종교육공동체한마당'에서 우린 함께하면 행복하고 함께하면 더 즐거워지고, 함께하면 더 쉬워진다는 것을 깨달았다. 앞으로도 우리는 학부모회 소속 동아리로서 다양한 연계 활동을 지속해나갈 것이다.

〈얘들아, 아빠랑 학교 가자!〉 제4편: 신나는 겨울놀이

겨울은 언제나 그랬듯 춥다. 이 추운 계절에 우리는 1년간의 아버지회 활동을 정리하는 〈얘들아, 아빠랑 학교 가자!〉 제4편 '신나는 겨울놀이'를 준비했다. 1년간의 프로그램 계획을 수립하면서 최초의 겨울행사는 운동장에 야외 아이스링크를 조성하는 것으로 기획했다. 행사 준비 단계에서 비용 문제와 '과연 얼음이 얼까?'라는 겨울 날씨의 불확실성에 따라 '메기 잡기' 체험과 '전통 놀이' 체험으로 프로그램을 변경했다.

행사는 소담초등학교 종업식과 졸업식 전날인 1월 4일 목요일 오후 1시 30분부터 소담초 운동장에서 개최하는 것으로 결정되었다. 2회의 행사 준비 회의를 통해 겨울놀이와 어울리는 군고구마, 군감자, 핫초코, 어묵탕 등 따끈한 먹거리를 제공하기로 의견을 모았다. 메기 잡기는 다양한 아이디어를 수렴하여, 기존 천막을 연속적으로 설치한 다음 대형 비닐로 랩핑Wrapping을 한 후, 열풍기를 가동하여 실내 온도를 적정하게 유지하기로 계획했다. 필요한 물품과 식자재 등은 인터넷과 농수산물 시장을 이용하여 행사 전날까지 준비 완료했다.

행사 날이 밝았다. 영하 8도의 강추위가 찾아왔다. 사전준비팀은 아침 8시부터 천막, 야외 풀장(메기 체험용) 설치를 시작했다. 이 행사는 학부모회에 요청해서 열두 분의 어머니들이 핫초코, 어묵탕 등 먹거리 부스와 등록대·탈의실 등 행사장 운영에 많은 도움을 주셨다. 정말 추운 날씨였다. 행사장인 학교 운동장은 꽁꽁 얼어 있었다. 창고에서 천막부터 운동장으로 옮겼다. 먼저 야외 수영장 설치를 위해 위치를 잡고 바닥에 방수포를 깔고 야외수영장에 바람을 넣기 시작했다. 이와 더불어 천막을 하나씩 펼친 다음에 모두가 힘을 합해 수영장을 감싸도록 천천히 위치를 맞춰갔다. 천막 위치가 완료되고 랩핑 작업이 시작됐다. 영하의 날씨에 아이들을 따뜻하게 보호해줄 바람막이어서 작업은 꼼꼼하게 천천히 진행되었다. 시간이 점점 흐를수록 메기 체험장의 거대한 위용이 눈앞에 실제로 펼쳐졌다. 준비회의 때 화이트보드에 여러 번 그렸던 그 체험장이 실제로 운동장 가운데 만들어졌다. 왠지 모를 뿌듯함이 밀려왔다. 실내 온도 유지를 위해 열풍기를 돌리고 야외 풀장에 물을 받기 시작했다.

메인 체험장인 메기 잡기 천막을 완성하고 군고구마 통, 보온 물통 및 솥 준비가 이어졌다. 이미 업무분장을 통해 각자 임무에 따라 그

추운 날씨에 아이들을 위해 군고구마 통과 보온 물통을 씻고 솥을 닦는 동안 아버지들 손은 시리다 못해 벌게졌다. 안쓰럽고 고마운 마음에 가슴 찡한 감동을 받을 정도로 각자 그렇게 묵묵히 최선을 다했다. 장작에 불을 붙여서 군고구마를 굽고 어묵탕을 끓이기 시작했다. 보온 물통에도 물을 채워서 끓이기 시작했다. 그때 한겨레 최화진 기자로부터 현장에 도착했다는 연락이 왔다.

2017 미래교육박람회에 참가했을 때 한겨레 최화진 기자가 우리 부스에 관심을 보이며 특별 취재를 요청했다. 그 취재를 이날 행사에 맞춰 진행하게 되었다. 1시간 조금 넘게 오윤재 회장, 주대근 부회장, 나 이렇게 3인의 인터뷰가 이어졌다. 그간의 활동에 대해 다양한 이야기들을 하면서 우리의 활동이 그렇게 하찮거나 작은 활동이 아니었음을 새삼 깨닫게 되었다. 인터뷰를 마치자 시간은 얼추 12시를 향해 가고 있었다. 미리 양해를 해주셔서 급식소에서 간단하게 점심을 해결하고 최종적인 점검에 들어갔다. 최초에 주문한 메기 50마리는 풀장 크기에 비해 적은 것 같아서 급히 50마리를 더 주문했다.

군고구마 통에서는 고구마와 감자가 맛있게 익고 있었고, 솥에서는 어묵들이 보글보글 끓으며 아이들과 학부모들을 기다렸다. 행사 시작 전인데도 벌써 학생들이 운동장에 나타났다. 대형 천막 안에 메기가 놀고 있는 풀장을 보고 신기한 듯 차가운 물에 손을 넣으며 잡으려는 아이들의 모습이 귀엽기만 했다.

1시 30분부터 행사가 시작되었다. 교감 선생님과 아버지회 회장님의 축하말씀에 이어 몸을 풀기 위한 스트레칭이 이어졌다. 메기 잡기 체험은 실내 공간의 제약으로 인해 학년별로 진행했으며, 아이들의 안

발이 얼 것 같아요　　　　　　　　　한겨울에 메기 잡기

전을 위해 장갑과 보관망을 지급했다. 아이들은 메기 잡기 이외에 팽이 돌리기, 투호 놀이, 연날리기, 제기차기, 윷놀이, 줄넘기, 굴렁쇠 돌리기 등 다양한 전통놀이를 친구들과 부모님들과 함께 즐겼다.

　추운 날씨에도 아이들은 서슴없이 야외 풀장으로 뛰어들었다. 열풍기를 틀어 실내 온도는 훈훈했지만 물의 온도는 아주 차가웠다. 안전사고 예방을 위해서 유창수 이사와 조희수 이사가 안전요원으로 투입되어 아이들의 안전을 책임졌다. 체험장 안에서는 연신 괴성, 비명, 함성소리가 터져 나왔고, 아이들은 메기를 잡느라 정신없이 풀장 안을 여기저기 누비고 다녔다. 참여한 학생들은 당연히 신이 났고, 그 모습을 바라보는 학부모와 선생님들 얼굴에도 웃음꽃이 피었다.

　예비 초등학교부터 6학년까지 메기 잡기 체험이 끝나고, 마지막 메기 잡기는 체험만 하는 게 아니라 직접 잡아서 집으로 가져가기로 했다. 단, 반드시 엄마 아빠와 상의해서 허락을 받은 사람만 가지고 갈 것, 또 집으로 가는 길에 화단 등에 무단으로 버리면 내년에 메기 잡기는 없다고 엄포를 놓았다. 아이들은 서로 큰 녀석을 잡겠다고 야단

법석을 피웠고 그 많던 메기들이 한 마리도 남김없이 텅 비어버렸다. 어떤 메기는 욕실에, 어떤 메기는 어항에서, 또는 그날 저녁 멋진 음식으로 자기 역할을 충실히 다한 메기도 있었을 것이다. 중간중간에 아이들과 부모님들에게 군고구마, 핫초코, 어묵탕이 무료로 제공되었다. 눈물 콧물 나게 하는 따가운 연기를 참아가며 장작불을 지킨 아버님들과 어묵탕 등을 만들어주신 어머님들께 다시 한 번 깊이 감사드린다. 행사는 아무런 사고 없이 안전하게 끝났다. 우리의 생각이 꿈이 되어 운동장에서 실행되었다. 아이들에게 또 하나의 잊지 못할 추억을 만들어준 행사는 그렇게 끝이 났다. 우리는 아이들에게 약속한 것들을 실행했다는 사실에 뿌듯했다.

3. 소담초등학교 아버지회 회원들의 한 줄 평

소담초등학교 아버지회 활동을 하면서 내 인생의 터닝포인트를 맞은 것 같다. 경상도 시골에서 태어나 조금은 고지식한 성격으로 보수적으로 세상을 바라보았다. 지금까지 나는 오직 가족을 위해 산업전선이란 전쟁터에서 살아남기 위해 앞만 보고 질주해온 경주마였다. 그러나 아버지회의 다양한 활동 참여와 봉사를 하면서 내 마음에도 변화가 찾아왔다. 인생을 차분히 돌아보게 되었고, 앞으로 남은 인생을 경주마가 아닌 다른 인생의 길도 보게 되었다. 2018년도에는 새로운 길을 나설 준비를 하려 한다. 비영리 사단법인을 설립하여 도서 기증과 더불어 소담초 아버지회와 연계한 겨울 나눔 봉사를 후원인들과 함께 진행하는 것이 바람이다. 내 인생의 새로운 길을 열어준 소담초 아버지회에 감사하며, 나 또한 새로운 계획을 실천과 참여로 하나씩 쌓아나갈 것이다.　　　　　　　_1학년 나리반 천지유의 아빠 천이철

　나는 억울하다. 아버지회를 너무 늦게 알아서. 지금이라도 이 행복한 활동을 위해 셋째를 만들어야 하나? 아버지회를 앞으로도 계속하고 싶다.　　　　_4학년 다솜반 오은서의 아빠 오윤재

　아이를 위해 먼저 보여줘야 하겠다고 시작한 아버지회를 통해 지금은 아이에게 좋은 아빠, 자랑스러운 아빠가 조금씩은 되어가는 것 같다. 또 정 많은 친구들이 많이 생겨 행복하다.　　　　　　　_4학년 다솜반 김우경의 아빠 김정민

　"나 혼자"가 아닌 "우리 함께"라는 것을 자녀와 같이 느끼고 나누고 싶습니다.　　　　　_1학년 가람반 유은우의 아빠 유창수

　사랑하는 모든 소담 아들딸들아 너희가 정말 부럽구나. 이 멋진 아빠 슈퍼맨들이 있으니. 아빠만 믿고 너희 꿈들을 마음껏 펼쳐보렴. 사랑한다! 아빠가.

　　　　　　　　_1학년 다솜반 배지후의 아빠 배상훈

아이들도 행복했지만, 나 스스로도 뿌듯하고 즐거운 아버지회 활동이었다. _2학년 다솜반 김연아의 아빠 김성현

아버지회를 통해 자녀가 다니는 학교에 애착이 생겼고, 좋은 이웃을 만나 정이 넘치는 마을에 살게 되었습니다. 그리고 무엇보다 좋은 아빠가 되는 계기가 되었습니다.

_1학년 마루반 도학도의 아빠 도일영

아이와 함께한 아버지회 1년의 기록을 바라보니 아이도 크고 저도 컸네요. 제가 아버지란 게 뿌듯합니다. 아버지회여~ 영원하라! _1학년 마루반 주이연의 아빠 주대근

4. 앞으로 우리는

"비가 내린 뒤에 땅은 더 굳고, 실패는 성공의 필수조건이다"라는 말이 있다. 우리는 아직 큰 비도 실패도 경험해보지 못하고 이제까지 걸어왔다. 이제 우리는 다시 과거를 돌아보고 이러한 활동이 오랫동안 이어질 수 있게 고민해야 할 2년 차를 맞이한다. 어떤 조직이든 모임이든 2년 차는 분명 힘든 시기이다.

창립 첫해의 그 열정이 계속해서 이어지겠지만, 언제까지 그 열정에만 모든 것을 기대할 수는 없을 것이다.

우린 '빛 좋은 개살구'가 되지 말아야 할 것이다. 진정한 혁신학교란

완전한 학교가 아닌 온전한 학교라는 글을 읽었다. 완벽함을 추구하기보다 아빠들이 학교의 활동에 참여하고 아빠들이 아이들을 위한 활동에 더욱 고민하는 과정을 통해서 우린 점점 온전한 학교로 나아갈 수 있을 것이다.

주변 학교와 사람들이 우리를 바라보는 시선에 얽매이지 말고 우리의 초심이었던 아이들과의 행복한 시간을 어떻게 더 많이 만들어낼 것인가를 더욱 고민해야겠다. 화려한 것도 좋지만, 소소하고 담대하게 소담초등학교 아버지회의 활동들이 계속되기를 바란다.

앞으로도 누구나 쉽게 우리 아버지회의 문을 두드릴 수 있도록 더욱 문턱을 낮추고 열린 마음으로 아버지들의 참여를 기다릴 것이다. 가정과 직장 그리고 아버지회의 활동이 적절한 균형을 맞춰 누구나 부담 없이 참여할 수 있고, 누구나 걱정 없이 주요 직책을 맡을 수 있도록 체계적인 시스템을 갖추어나갈 것이다.

2018년에도 〈얘들아, 아빠랑 학교 가자!〉 5, 6, 7, 8편이 분기별로 진행될 것이다. 아이디어 회의를 통해서 각 분기별 행사의 개략적인 계

소담초 아버지회 회의가 끝나고

획을 수립하여 그대로 시행해나갈 것이다. 학교 교과과정에 참여하는 것에 대해서는 학부모회와 상의하여 좋은 방향으로 의견을 모아볼 생각이다. 또한 대외 공모사업 참여 방안에 대해서는 심도 깊은 논의를 통해 의견을 수렴할 예정이다. 오로지 아이들을 위하고, 아이들이 즐거워하는 다양한 활동을 더 많이 더 깊이 고민할 것이다.

아이는 어제도 자랐으며 오늘도 자라고 있고 내일도 자랄 것이다. 2017년 우리가 함께했던 시간도 언젠가 우리 인생의 소중한 추억이 되어 기억으로 남게 될 것이다. 그때에도 여전히 〈얘들아, 아빠랑 학교 가자!〉를 통해 아이들의 웃음이 끊이지 않는 그런 소담초등학교가 되기를 간절히 바라본다.

우리의 2017년은 그 어느 해보다 열정적이고 치열했으며, 미치도록 열심히 참여했음을 우리 모두가 결코 잊지 않기를 다시금 소망해 본다.

2부

소담초, 서로 다른 시선의
교사 이야기

세종으로 가라

고은영

남의 자리 같다.
애먼 곳에 돗자리 펴고 앉은 기분이다.
하루하루가 가시방석이다.
게다가 낯선 일, 낯선 사람, 밀려드는 업무와 해결해주기 바라는 질문들.
3월이 갓 한두 주 지났을까.
교무실에서 눈물이 꽉 터진다.
눈물이라는 거, 기쁘거나 슬프거나 해야 나오는 거 아닌가.
감정이 없었다고 생각했는데 내가 모르던 다른 종류의 감정이 있었나 보다.
버겁다. 한꺼번에 해결해야 될 것이 너무 많다.
처리하지 못했던 것 같다, 아마도.
그러니까 눈으로 새어 나왔나 보다.

어린 시절, 안녕

"피아노를 그만둬야 할 것 같아. 미안하다."

예상은 했지만 충격이다. 텅 비어버린 것 같다. 피아노를 빼면 나한테는 뭐가 남을까. 한편으론 후련했다. 더는 손을 만지작거리지 않아도 되는구나. 더는 아무도 없는 무서운 밤의 학교에서 혼자 피아노를 치지 않아도 되는구나.

그렇게 피아노 인생은 끝났다.

고3이 됐다. 작은 집으로 이사를 갔다. 집안 살림은 많이 줄어 있었다. 들고 갈 수 있는 물건이 몇 개 없었다. 하지만 아버지를 원망하지 않았다. 다만 내가 앞으로 무얼 해야 할지가 고민이었다. 음대 외에는 생각해본 적이 없었는데, 딱히 하고 싶은 것도, 잘하는 것도 없었다. 그러나 좋은 대학에는 가고 싶었다. 그 외에는 생각해본 적이 없는 삶이었다. 미친 듯이 공부했다. 밥을 먹으면서도, 빗자루를 들고 청소하면서도 손에서 책을 내려놓지 않았다. 쉬는 시간이면 앞 시간 복습과 뒤 시간 예습을 했다.

대학 입학 원서를 쓸 때가 되어 학교에서는 교대와 사대를 추천했다. 부모님도 교대를 가기 원하셨다. 그렇게 교대생이 되었다.

날라리 교대생

한눈에 다 보일 만한 교정. 딱 봐도 모범생이었을 학생들. 지루한 수업이 끝나면 기다렸다는 듯이 선배들은 신입생들을 술자리에 불러 모았다. 뭐가 뭔지 모를 3월이 지나갈 무렵, 학교 밴드에 들어갔다. 어떤 식으로든 음악을 하고 싶었다.

낡은 강당의 쿰쿰한 지하실로 내려가면 한껏 쿨해 보이는 예비역 선배들이 자기마다 악기를 잡고 연주하고 있다. 레드 제플린의 Stairway to heaven, 메탈리카의 Master of puppets. 선배들은 기교를 뽐낼 수 있는 곡들을 보여주고 싶어 하는데 묘하게 박자와 음이 어긋나 있다. 후배들은 강당 옆 잔디밭에 자리를 깔고 앉아 음계 연습을 하고 드럼 치는 아이는 타이어를 두드린다. 그렇게 반년이 지나고 그 밴드를 나왔다.

듣고 싶은 음악을 들으러 시내에 있는 클럽들을 다녔다. 그러다가 기타와 보컬을 만났다. 좋아하는 음악 성향이 비슷함을 서로 확인하고 밴드를 만들었다. 오후에는 서로의 삶을 살고 해가 지면 하늘의 별자리를 읽으며 만나 연습했다. 마땅한 연습실도 없어서 기타리스트의 방에 모여 스피커의 볼륨을 1로 해두고서.

한창 하드코어, 펑크록이 유행하던 그 시절에 우리 밴드는 우울하고 조용한 노래들을 연주했다. 장르로 따지자면 슈게이징, 신발만 쳐다보고 연주한다는 뜻이다. 나름 틈새시장을 공략한 건지 팬들도 있고, 특히 외국인 많은 동네의 클럽에서 연주할 때면 인기가 좀 있었다. 조명과 안개가 깔린 어두운 클럽, 그 어두움 속에서 무대를 바라보는 조용한 사람들. 그 분위기에 취했었나 보다. 학교를 그만두려 했다.

"무슨 소리냐!"

아버지는 씩씩대고 어머니는 몸져누웠다.

하는 수 없이 학교를 그만두지 못했지만 다니지도 못했다. 자취방에 앉아 음악을 듣고 연습하는 날들이 이어졌다. 그러다가 동기들이 임용고시를 보고 졸업을 했다. 내 마음도 쫓겨 밴드를 그만두고 구멍난 학점들을 챙기기 시작했다. 그렇게 6년 만에 교대를 졸업하고 고향인 전북에 발령이 났다. 그것도 집 근처의 학교로.

부산에서의 첫 학교

초임지에서 2년을 근무했다. 밴드 하던 시절에 자주 왕래하던 부산에 가서 살고 싶었다. 어쩌다 기회가 되어 옮기게 되었다. 부산에서 첫 발령지는 45학급의 큰 학교였다. 아파트와 주택, 그리고 바로 옆에 시장을 끼고 있는 서민이 모여 사는 동네였다. 학교 건물은 BTL(민간투자사업)로 재건축을 해서 으리으리하다. 교실이 모여 있는 큰 건물 말고도 체육관이 따로 있어서 저녁이면 배드민턴, 배구클럽들도 운영했다.

매주 수요일이면 선생님들 모두 모여 배구를 했다. 세터는 항상 교장 선생님이다. 맞은편의 센터는 교감 선생님이 맡는다. 배구를 못하는 이들은 코트 가장자리의 의자에 앉아 응원을 하거나 이야기를 나누며 경기가 끝나기를 기다린다.

월요일이면 60명 정도 되는 교원이 모두 시청각실에 모인다. 맨 앞줄에는 교장, 교감 선생님 그리고 행정실장이 앉는다. 그 뒤로 1학년부터 6학년, 그리고 전담교사가 순서대로 앉는다. 앞 사람이 누군지는 모른다. 뒤통수만 보일 뿐이다. 이번 주의 업무 전달을 할 부장들이 일어나면 간신히 얼굴을 본다. 나는 내가 해야 할 일만 받아 적는다.

아침에는 출근하자마자 교실의 컴퓨터를 켜고 업무 메시지를 확인한다. 아이들은 아침활동으로 독서나 한자 쓰기를 하고 동학년 선생님들은 연구실에 모여 차를 마신다. 재테크, 연예인, 남편이나 자녀들 이야기를 나눈다. 9시쯤 되어 "다들 파이팅." 하고 각자의 교실로 돌아간다. 수업은 교과서의 첫 장부터 마지막 장까지 순서대로 한다. 쉬는 시간이면 아이들은 끼리끼리 논다. 나는 컴퓨터를 보고 앉아 업무를 처리한다. 때로 교육청에서 내 업무와 관련된 공문이라도 오면 수업 시간이고 쉬는 시간이고 없다. 아이들에게 학습지를 나눠주거나 교과서의 문제를 풀게 하고 공문 내용을 작성한다. 인터폰이 울린다. "다 됐습니까?" 하는 교감 선생님 목소리. 다시 아이들에게 뭔가를 시켜놓고 마무리해서 출력본을 결재판에 넣어 들고 교무실로 달려간다. 교감, 교장 선생님의 결재를 받고 나면 그제야 휴우.

부산에서의 마지막 학교는 서면의 공구거리에 있었다. 이 학교는 부산교대 수업 실습 지정 학교란다. 학년별로 지도교사가 필요하다고 해서 그것도 맡았다. 100대 교육과정도 한단다. 1학년에 맡을 사람이 없다고 해서 그것도 맡았다. 막 전입해서 업무를 마다할 용기도 없었고 열심히 해야겠다는 투지도 불타오를 때다. 한밤중 퇴근이 잦았고, 아이들보다 컴퓨터 모니터를 더 많이 쳐다봤다. 합창부 아이들을 데리고 행사나 대회에 나갔고, 날마다 방과후에는 교생 지도를 하고, 퇴근 시간이 지나면 100대 교육과정 문서를 만들어냈다. 그 문서들이 쌓인 폴더명은 '100대 맞을래.' 결국 그 한 해를 보내고 만성피로에 체력은 고갈됐다. 위장장애를 얻었고 수면 시각이 8시로 빨라졌다. 나 말고도 여러 동료가 아팠다. 하혈을 하거나 목 디스크, 암을 얻었다.

"내년에는 우리 아무것도 하지 말자."

혁신학교를 만나다

당시 옆 교실에는 나보다 열두 살쯤 많은 선배 교사가 살았다. 전교조였다. 그것도 1984년 전교조 죽이기가 거셀 때 해직됐다가 복귀한 사람이다. 그런 이미지와는 달리 누구보다도 따뜻하고 누구에게나 친절했다. 그녀의 출근 시각은 매우 일렀다. 나도 마찬가지인 터라 아침이면 함께 향 좋은 커피를 내려 마셨다. 아이들에게 따뜻했던 품이 넓은 선배. 힘든 일 겪고 있던 나에게도 많은 조언 해줬던 선배. 그런 따뜻함과 동시에 심지도 굳은 사람이었다. 질풍노도의 시기를 겪던 내가 당신 어렸을 때와 닮았다고 한다. 여기저기 선배를 따라다녔다. 곧 교육감이 바뀔 거란다. 학교 혁신의 바람이 시작될 거라고 말하는 그녀의 눈은 빛났고 때로 눈물이 차올랐다.

부산의 금정산성에 있는 작은 학교에 방문하고 그 학교의 선생님들이 우리 학교에 오기도 했다. 숲 속 시골 학교인 그곳은 여러 해 자율학교를 해왔다. 선생님 한 분 한 분이 모두 철학가였다. 그리고 작은학교교육연대 워크숍에 갔다. 혁신학교의 모태라고 한다. 대한민국의 참교사는 여기 다 모여 있나 싶은 곳이었다. 그리고 또 여러 곳, 여러 사람을 그 선배 따라다니다 많이 만났다.

2015년 4월, 부산에서 처음으로 진보 교육감이 당선됐다. 아무것도 하지 말자던 학교는 혁신학교가 됐다. 교직원 투표에서 단 2표 차이로. 선배는 울었다.

심사를 나왔던 교육청 사람이 나중에 말해줬다. 이곳이 선정된 결정적인 이유는 인터뷰 중 한 교사의 답변 때문이었다고.

"나는 승진가도를 달리던 사람입니다. 그러나 그 선배가 하자는 일이라면 믿고 따라가겠습니다."

나의 롤 모델이 된 그녀를 따르는 사람은 나뿐만이 아니었나 보다.

그리고 2015년. 6학년 담임과 학생다모임을 맡게 됐다. 업무가 없으니 아이들만 바라보면 된다. 당시에 사회 교과서 내용이 5, 6학년이 같았다. 매주 목요일이면 모여서 사회 교과를 중심으로 교육과정 재구성 작업을 했다. 경제, 정치 등 주제를 잡고 하나의 주제당 한두 달을 공부했다. 관련된 책을 서로 읽으며 공부하고 수업 구성을 고민했다. 이 주제에서 아이들이 가져야 할 지식은 무엇인지, 갖춰야 할 태도는 무엇인지, 비판적으로 바라볼 점은 무엇인지, 논의는 끝이 없었다. 가치를 확인하고 내용을 만들었다. 수업을 마치면 다시 모여 나눴다.

아이들은 날마다 배움공책을 쓰고, 모둠일기를 돌려 썼다. 주말을 지내고 나면 주말 지낸 이야기를 써 와서 나눴다. 수학 시간이면 서로 가르치고 배웠다. 앙숙이던 아이들은 2학기가 지나가며 마주 앉아 카드놀이를 하기도 했다. 아침이면 일찍 온 아이들과 고구마나 샌드위치를 나눠 먹었다. 하교 후에는 옆 반 아이들이 놀러 와서 기타를 치며 노래를 같이 부르고 가끔 내가 피아노 연주를 해줬다.

학생다모임은 어려웠다. 뭘 어떻게 해야 하는지 감을 잘 못 잡았고 서툴렀다. 학생 대표는 모든 상을 휩쓸던 가장 공부 잘하는 여자아이가 당선됐는데, 아이들 앞에 서면 한마디도 할 줄 몰랐다. 나도 헤매고 아이들도 헤맸다.

부산에서의 마지막 몇 년간, 남들과는 다른 경험을 했다. 나와는 성정이 다른 사람들 속에서 사는 것을 견디지 못한 것 같다. 꽤 사교적인 나지만, 견디지 못했다.

"우린 원래 그래. 이곳에 왔으면 네가 적응해."

누군가의 이 말에 부산을 떠나기로 결심했던 것 같다.

세종으로 가라

"세종으로 가라."

경기도에서 내부형공모제 교장을 하고 있는 선배가 말했다.

"세종은 학교 혁신을 이제 막 시작했고 동력이 필요하다. 가서 도움이 되라."

내가 가서 뭘 할 수 있단 말인가 싶으면서도 뭐라도 하고 싶은 마음이 들더라. 톱니바퀴의 한 조각으로 살아오다가 혁신학교를 알게 되며 가슴이 뛰었다. 10년여를 시키는 대로, 교과서대로 살아오다가 만난 혁신학교. 교사도 학생도 직접 생각하고 나누며 함께 만들어가는 학교. 아이들을 줄 세우지 않는 곳. 가르치는 자와 배우는 자가 다르지 않은 곳. 중요한 결정을 구성원이 협의하여 만들어내는 곳. 모두가 주인인 곳. 학교가 그런 곳이라니. 듣지도, 보지도 못한 일이다. 한마디로 충격.

세종에는 혁신계열로 시험을 봤다. 일방전입에는 몇 가지 종류가 있는데 이전기관 종사자, 그 배우자 등. 그리고 지금은 없지만 그때는 혁신계열이 있었다. 혁신학교에서 근무한 건 1년뿐이지만 앞으로 학교혁신운동을 해나가겠다고 마음먹은 터라 자연스레 혁신계열로 시험을 봤다. 1차는 서류심사. 이력서와 교육활동계획서를 썼다. 부끄러운 문서다. 그래도 왠지 자신감이 있었다.

"1차 붙었어요. 그런데 2차에서 경쟁률이 2:1이래요."

"2명 중에 1명 뽑는데 거기서 떨어지면 가지 말아야지."

세종에 가라던 선배는 쿨하게 대답했다. 2:1의 경쟁률에도 걱정이 들었다. 한번 가기로 마음먹은 것, 꼭 붙어야 한다는 마음이었다.

2차는 면접이다. 문제는 2개였다. 하나는 배움중심수업에 대한 질문, 다른 하나는 학교 안에서 전문적학습공동체가 어떻게 운영되고 있는지 물었던 것 같다. 심사위원석에 앉은 두 여자분은 깐깐한 얼굴이었고 한 남자분은 시종일관 미소를 띠고 계셨다. 내가 뭐라고 대답했는지는 잘 생각나지 않는다. 믿는 것 없이 편안한 마음만이 있었다.

오래 기다린 것에 비해 면접 시간은 4분으로 짧았다. 마치고 나와서 택시를 잡으려고 대로변으로 나왔다. 그런데 택시가 한 대도 보이지 않는다. 승용차조차 거의 없다. 보이는 사람이라고는 주변 공사장의 인부 몇몇 사람뿐이다. 인터넷으로 콜택시 회사를 찾아 불러놓고 대로변의 벤치에 앉았다. 학교는 어디 있고 사람 사는 곳은 어디에 있는지가 문득 궁금했다. 택시를 타고 이동하는 동안 지나는 풍경에는 아파트와 벌판, 그리고 다시 아파트가 있었다. 세종에 대한 첫 느낌은 황량함이었다.

합격 통보를 받았다. 3월 1일 자 발령이기에 2월에는 이사를 해야 했다. 집은 인터넷으로 알아보고 전화로 계약했다. 어느 학교로 발령날지 모르지만 어디여도 상관없었다.

소담초등학교. 내가 발령받았다는 학교다. 나와 같이 전입하는 사람들 명부를 보니 전부 혁신학교 출신이다.

'아. 교육청에서 소담초등학교를 혁신학교로 만들어보려고 하는구나.'

2월 마지막 주에 소담초등학교에서 근무할 선생님들을 처음 만나게 되었다.

첫 만남

문자 메시지는 다정함과 친절함이 그득했다. 어떤 분인지 참으로 사랑스럽구나. 언덕 위 중국집에서 만나자고 한다. 별실에는 이미 몇 분이 와서 앉아 있다. 다들 젊다. 나보다 나이 많은 사람이 거의 없다. 세종에서 미리 구성된 개교 학교 TF팀인 5명과 혁신학교 출신 7명의 전입 교사가 모두 모였다. TF팀은 첫 만남을 기념하며 꽃을 한 송이씩 선물했다. 식사를 마치고 식당 바로 옆의 카페로 자리를 옮

전입 축하 꽃 한 송이

겼다. TF팀이 먼저 그려온 만들고 싶은 학교에 대한 이야기를 들었다. 전입 교사들은 이사할 집이나 이미 이사 온 집의 이야기들을 했다.

한 선생님이 성과급과 학폭가산점에 대한 이야기를 꺼냈다. 우리 학교는 이 두 가지로 싸우는 일이 없었으면 좋겠다. 그러니 성과급은 나누고 학폭가산점은 모두 신청하지 말자는 내용이었다. 그 취지에는 동의하지만 처음 만난 자리에서 이런 말을 꺼내다니 대단한 사람들이다 싶었다. 눈빛을 보아하니 모두가 동의하는 것도 아닌 것 같았다. 시작하는 때에 우리 열두 명이지만 곧 스무 명, 서른 명으로 늘어날 텐데, 결의를 다져도 무너지리라 생각했다. 아직은 때가 아닌 것이다.

3월 2일이 되어 출근한 곳은 소담초등학교가 아닌 양지고등학교. 소담초등학교는 5월 1일 자 준공을 한단다. 그래서 3, 4월 두 달간은 양지고등학교의 빈 교실 한 칸에서 모두 모여 있었다. TF팀은 행정 처리로 바빴고, 남은 사람들은 학교의 비품을 고르는 일을 했다. 행정실 식구들도 같은 교실에 있었는데, 항상 바빴다. 나는 실무를 하지 않고 있으니 영 한가하다. 그러기를 며칠, 본격적으로 토의, 토론이 시작됐다. 하루 중 반나절쯤은 학교의 내용을 고민했다. 민주적인 학교문화는 어떻게 만드나. 학생자치는, 학부모자치는 어떻게 꾸려나갈까. 교육과정과 수업은 어떤 방향으로 나아가나. 학생평가는 어떻게 해야 하는

신뢰서클

학생자치 강의 후

토의, 토론

가. 지난하기도 하고 의미 있는 시간이었다. 이 시간 속에서 학교 비전이 탄생했다. 어쩌면 뻔한 이야기, 누구나 생각할 수 있는 이야기. 한 문장으로 나타내는 비전이 상식을 뒤엎거나 파격적이기는 어렵지 않으려나. 중요한 건 비전과 연결되는 교육활동이리라.

교가를 만들다

학교 상징인 교표, 교목, 교화 등을 정하며 교가를 만들기 시작했다. 곡은 내가 짓기로 했는데 영 진도가 안 나간다. 가사를 두고 곡을 쓰는 타입이라 가사가 없으니 어려운 것이다. 글 잘 쓰는 정유숙에게 가사 하나 만들어달라고 부탁했다. 유숙이라면 금세 뚝딱 써낼 것 같았는데 의외로 고민이 깊다. 나중에 멋진 거 하나 만들어주겠지 하고 어설프게 초안을 썼다.

일단, 동네에 있는 산 이름은 빼자. 군대의 기풍이 느껴지는 웅장한 가사도 별로야. 뭔가 따뜻하고 다정하면 좋겠다. 친구들, 선생님들과 함께 어울려 지내는 편안한 분위기가 느껴지면 좋겠다. 교화인 민들레와도 관련지어 쓰면 좋겠다. 민들레 홀씨가 멀리 날아 세상 여기저기에 퍼져서 꽃을 피우듯이 아이들도 그러했으면 좋겠다는 마음이 들어갔으면 했다. 이 정도 생각으로 한번 써보자.

거칠게 만든 초안이 소담초 비공식 대표작가인 정유숙의 손을 거쳐서 가사가 완성되었다. 곡은 2/4박자나 4/4박자의 행진곡 느낌은 피하고 굿거리장단으로.

업무지원팀을 만들다

5월이 되어 우리는 소담초등학교로 이사했다. 업무지원팀 시스템을 제안했다. 담임선생님들이 행정이 아닌 교육에 몰입하는 환경을 만들기 위해서였다. 찬성하는 이도 있었지만 반대하는 이도 있었다. 여차

저차해서 만들기로 했다. 나는 인성안전업무를 맡게 됐다.

2학기에 지원팀 인원이 늘어나기 전까지 맡은 업무는 큰 덩어리로만 열 가지는 되었다. 신설한 지 3개월밖에 되지 않아 교실들, 운동장 이곳저곳에 필요한 비품들을 마련하는 것들도 담당자가 따로 없어서 저절로 하게 됐다. 이 중에 학생자치는 학생들이 전입 중이기 때문에 2학기에 시작하기로 해서 계획만 세워둔 상태. 비품업자들은 내가 교사인 줄 모르고 나를 행정실장님이나 계장님으로 부르곤 했다.

2학기가 되니 내년에 생길 학교의 아이들을 임시 수용하기 시작했다. 그러면서 통학버스가 생겼다. 이건 정말 답이 안 보일 정도였다. 원래 학교에서는 작은 행사 하나라도 하려고 치면 전중후로 상당한 업무가 붙는데, 통학버스는 업무량도 양이거니와, 첫날부터 불편함을 말하는 학부모의 민원이다. 이건 어찌 해볼 수 있는 상황이 아니었다.

2016년 9월 6일

아침에는 출근하자마자 방송실에 들러 제습기의 물통을 비우고 공기청정기를 돌린다.

내일모레 있을 토론회 영상 송출이 여의치 않아 방송업자와 유선으로 A/S 처리해가며 혼자 리허설을 했다. 방송은 할 때마다 먹통이다.

교장실에 들러 오늘 할 일들에 대해 면담했다.

아침 근무를 마친 승하차 도우미 선생님과 면담하고 근무

일지를 점검하고 8월 급여 서류를 마무리했다.

학폭연수에 참석하기 위해 출장을 달고 초과 근무를 신청했다.

방송실과 다모임실에 들어갈 시계와 교무실에서 분실물을 보관할 바스켓을 골라 품의를 올렸다.

당신들이 바쁘니 학교에서 심폐소생술 자체 실시하라는 소방서에 전화 걸어 다시 강사를 보내달라고 요청했다.

수요일에 있을 학폭예방교육을 맡아주실 서울의 기관과 통화하여 교육 대상을 변경, 추가했다.

우리 학교 건강검진기관과 연락하여 1학기 동안의 검진 결과를 받아서 인계했다.

1365 나눔포털 세종지부에 전화해서 담당자가 바뀌었으니 연수 한 번 더 와달라고 부탁하여 일정을 잡았다.

오후에 등하굣길 안전교육을 나가는 학급을 찾아 교장 선생님과 연결해드리고 엄한 장소에 나가 있는 신설 학급을 제자리로 안내했다.

학생다모임 대표 후보자들을 모아 소견서를 공유하고 토론회 준비를 하고 선관위 친구들에게 한 주간 매일의 역할을 안내했다.

드디어 각 교실에서 담임선생님들이 쓰실 개인 사물함이 학교에 도착했다. 더불어 학생다모임실과 체육관 샤워실에 있어야 할 비품들도 왔다. 잘 오고 잘 설치됐는지 검수했다.

오후에는 교육청에서 과학실 현장 점검을 와서 컨설팅을

받았다. 학교를 둘러보고 싶다고 해서 이곳저곳 안내를 해드렸다.

그리고 새로 오신 선생님들에게 학교생활 길라잡이가 있어 시청각실 방송을 세팅하고 부장 임명장을 받았다.

교육과정 설명회를 할 강당의 방송과 조명, 냉방을 세팅하고 평가 PT를 속으로 리허설을 해봤다. 강당에 둘 공기청정기들을 모아 와서 작동시켰다.

설명회 때 우리 학교 평가 PT를 하고 낮은 사양의 빔 덕분에 호환되지 않는 PPT와 동영상 세팅을 계속했다. 설명회 마치고 교무실 돌아와서 아직 끝나지 않은 문서 작업들을 마무리했다. 집에 가려고 밤 10시에 일어나는데 내일 방과후학교 컨설팅을 준비해야 해서 아직 퇴근 못 하는 김현진이 남는다.

10시에 퇴근하면서도 미안한 마음을 거두지 못한다. 집에 오는 길에 이상하게 발끝이 얼얼하다. 들여다보니 물집이 잡혀 있다. 잡역부장은 잡역부장이다. 운동 한 번 하지 않고도 이렇게 될 수 있다. 화장 곱게 하고 옷을 차려입어도 그 속은 땀으로 흥건하다.

소담을 세우는 이들은 모두 흙 묻은 오리새끼들이다. 헤엄치느라 물 밑의 갈퀴는 쉴 줄을 모른다. 힘들지만 즐겁다. 투정하지만 행복하다.

처음에는 동료들이 교육에 몰두할 수 있게 돕게 된다는 마음에 기쁘게 시작했다. 하지만 점점 힘겨워하는 나를 본다. 업무의 버거움, 관계의 버거움이 나를 갉아먹고 있다. 이러다가 과로로 쓰러질 수도 있는 거 아닌가 하는 생각이 들고 있었다. 스트레스가 과중하니 삶 전체에 영향을 미쳤다. 나의 삶이 통째로 엉망이 되어버렸다는 것을 뒤늦게 깨달았다.

이렇게 살다가는 나 갑자기 어떻게 되는 거 아닌가 하는 두려움이 스멀스멀 올라오던 때에 일은 하나씩 터졌다. 정말 어떻게든 해야 할 때이다. 힘든 것이 이제는 도를 넘어서, 친한 선배에게 "너무 힘들다. 학교 혁신이고 뭐고 다 관두고 싶다"고 했다가 "지랄한다. 정신 차리고 똑바로 해!"라는 말을 들었다. 정신이 번쩍 든다. 아무튼 어리광쟁이다. 다시 힘을 내본다.

사람들이 떠났다

2016년 2학기에는 글벗초로 가야 할 아이들이 우리 학교를 다니게 됐다. 아파트들은 들어섰으나 학교가 개교하지 못한 탓에 우리 학교로 한 학기 동안 다니게 된 것이다. 학급이 늘어나니 선생님도 늘어났다. 그러다가 2017학년도가 될 때에 빠져나가는 학급 수만큼 선생님들도 글벗으로 함께 옮기게 되었다. 그중에는 개교 멤버도 있었고 중간 발령자도 있었다.

혁신, 혁신 외치며 시끄럽게 살아온 우리 몇몇 때문이 아니었을까. 열정과 의욕이 과했다. 그 안에서 보이지 않는 갈등과 신경전이 있었다. 나만이 아니라 모두들 관계로 인한 피로가 있었다. 그중에서도 특히 교무부장의 피로는 극에 달해 있었던 듯하다. 교무실에서 많은 시간을 그녀와 붙어 있었다. 바로잡고 싶었다. 화해라면 화해를 하고 싶어서 애썼다. 좀 나아지는 듯싶었다. 그런데 떠난다니, 다 내 탓 같았다. 너무 미안해서 붙잡고 빌고 싶었다. 다 내 잘못이라고. 미안하다고. 손잡고 같이하지 못한 나의 부덕함이라고. 그가 말했다. 괜찮다고. 너 때문이 아니라고.

그렇게 떠났다.

예전에 부산에서 옆 반에 있던 선배가 내게 말한 적이 있다.

"너는 관념적으로 과격해."

옳다고 생각하는 것을 밀어붙이는 이 성격 탓이었을 게다. 유연하지 못했기 때문에 주변 사람들을 다치게도 했을 것이다.

사람들을 떠나보내며 다짐했다. 동료들과 함께 가야 한다고. 먼저 가서 기다리는 것도 아니고, 뒤에서 밀어주는 것도 아니다. 나와 다른 모두와 천천히 함께 가야 한다. 당시의 나는 남들을 기다려준다고 생각했다. 참으로 오만방자했다. 이런 사람 곁에서 누가 같이 걷는단 말인가.

이런 말이 있더라. '사람들은 옳은 사람이 아니라 좋은 사람과 같이 일하고 싶어 한다.' 그러나 마냥 좋은 사람 흉내를 낼 수도 없다. 나름의 옳음을 실현하기 위해 좋은 사람이 되기는 해야 하고. 그 옳음 또한 나만의 것이 아닌 우리의 것이 되게 해야 하고. 어려운 숙제를 얻었다.

교무부장이 되다

남의 자리 같다. 애먼 곳에 돗자리 펴고 앉은 기분이다. 하루하루가 가시방석이다. 게다가 낯선 일, 낯선 사람, 밀려드는 업무와 해결해 주기 바라는 질문들. 3월이 갓 한두 주 지났을까. 교무실에서 눈물이 콱 터진다. 눈물이라는 거, 기쁘거나 슬프거나 해야 나오는 거 아닌가. 감정이 없었다고 생각했는데 내가 모르던 다른 종류의 감정이 있었나 보다. 버겁다. 한꺼번에 해결해야 될 것이 너무 많다. 처리하지 못했던 것 같다, 아마도. 그러니까 눈으로 새어 나왔나 보다.

한두 달 지나니 익숙해진다. 다양한 것들에 익숙해진다. 일도, 질문도. 억울함도, 서글픔도. 보람도, 자만도. 칭찬도, 처세도. 그러면서 좀 더 둥글어졌을까나. 처음 봤을 때랑은 많이 달라졌다는 말을 듣는다. 나는 뭐가 달라진 걸까. 요즘 들어 주말이면 찾는 고향에서 오랜만에 만난, 오래된 친구가 말한다. 목소리가 좀 낮아졌단다. 흠.

교무부장이라는 것은 교사들의 편도 아니요, 관리자의 편도 아니다. 굳이 말하자면 교사 편일 것이다. 그런데 교무부장이라면 관리자의 편이라 생각하는 게 보통인 듯하다. 과연 우리 교장, 교감 선생님도 그리 생각하시려나. 툭하면 "그러시면 안 됩니다", "참아주세요"인데.

"혁신학교에서 교무 한다는 거. 그거 참 힘든 일이죠."

학교 혁신이라는 거, 아이들 위한 일인데, 뭐 하고 있는 거지 싶을 때가 여러 번. 내용을 고민해야 하는데 형식에 얽매이고 만다. 학교 일 뒷바라지라는 게 그런 건가 보다. 원래 그랬는지, 교무 하다 보니 그렇게 된 건지, 어느새 행정가적 면모가 빛난다. 이런 사람이 열심히 하면 다른 사람들이 괴로워지는 건데. 나도 모르게 선생님들 괴롭히고 있는 건 아닌지 무섭다. 날마다 돌아보고 꾸짖는다지만, 내가 되기 싫어하던 딱 그런 종류의 인간이 되어가고 있는 건 아닌지, 뚜렷이 판단이 서질 않는다.

복인지 저주인지, 소담에는 딱 되고 싶던 그런 종류의 인간이 많다. 복일까, 저주일까.

'교무부장이라니. 욕먹을 각오하자.' 하고 시작했다. 의외로 들리는 욕은 별로 없다. 들리지 않는 것뿐일지도 모른다. 아마 십중팔구 그러할 것이다. 속마음 잘 숨기지 못하는 나 같은 사람이라 더 그럴 것이다. 그래도 우리 선생님들은 만났다 하면 "교무쌤, 고생이죠. 힘내요." 하신다. 나도 누군가 원망스럽다가도 얼굴 보면 짠한데, 가끔 또는 자주 날 욕하고 원망해도, 만나면 응원하는 말이 참 고맙다.

어쨌거나 감사히 일했다. 그런데 연말이 다 되어 일이 터졌다.

첫 교사회의

성과급과 학교폭력예방유공가산점(이하 학폭점수) 부여에 관한 공문이 연이어 도착했다. 성과급이야 많이 받든 적게 받은 크게 개의치 않으니 되었다. 그러나 학폭점수는 이야기가 다르다. 승진가산점이기 때문이다.

참으로 기가 막힌 정책이다. 머리 한번 잘 썼다. 진정 학교폭력을 예방할 것이라고 결론지어 만들었을까. 정말 그리 믿었다면, 사표 쓰셔야 한다. 아니라는 전제하에, 머리 잘 썼다는 게다.

학폭점수가 생긴 이래 학교폭력 접수 건수는 더 늘었다. 학교에는 학교폭력대책자치위원회라는 것이 있다. 누구나 손쉽게 학폭위의 도마 위에 오를 수 있다. 신고가 된 이후에는 학교는 선택의 여지가 없다. 학폭위를 개최해야만 한다. 다친 아이들의 마음을 어루만지고 서로의 관계를 회복시키기 위한 교사의 생활지도도 위험하다. 자칫하면 학폭위를 피하기 위해 중재를 시도했다고 되레 화를 입기 때문이다.

일단 학폭위가 열리면 사안이 가벼운 것이고, 평소의 생활지도로 가능하다고 생각해도 없었던 일로 하기 어렵다. "학폭아님"을 조치하기 위해서는 교육부에서 기준으로 내려온 몇 가지의 산을 넘어야 하는데, 이 산은 낮기도 낮아서 피해 갈 요량이 없다. 하다못해 1호 서면 사과라도 내려야 하기 일쑤다.

향후 90일 내에 조치에 불복하면 행정심판 또는 소송을 낼 수 있다. 만일 행정심판을 신청했다, 그러면 어떤 그림이 펼쳐지느냐. 학교는 이기기 위하여 해당 학생을 공격해야 한다. 당시의 결정이 정당했음을 증명해야 하기 때문이다. 보통 판사가 구속영장 발부하고 구속적부심에서 그 결정을 뒤집지 않는 것과 비슷하다. 게다가 지금쯤은 툴툴 털고 서로 엎치락뒤치락 잘 지내고 있을 아이들은 다시 태엽을 되감아, 가해 학생과 피해 학생으로 변신해서 서로 싸워야 한다. 아휴, 이후 일은 생각도 하기 싫다. 아무튼, 학교폭력법이 생긴 이래로 학교폭력은 점점 늘고 있다. 학폭점수도 마찬가지다.

학교폭력 발생 건수가 하나도 없는 교실과, 학폭위까지 열게 된 교실. 어떤 교실의 교사를 유공자라고 할 수 있을까? 발생하지 않게 예방한 자인가, 발생하여 고생한 자인가. "유공"이라는 이름, 무엇에 대한 유공인가. 교육청에서 예시로 내려온 기준안에 보면 아래와 같은 내용이 있다.

- 학교폭력 예방 프로그램 운영
- 학교폭력 예방을 위한 학생 상담 활동
- 학교폭력 사안 발생 인지 및 즉시 조치
- 학교폭력 발생 신고 접수 및 조치 내용

이 기준을 만족시키기 위해서 어쩌면 교사는 학생을 부추겨야 할지도 모른다. '자, 건수를 만들자', '별거 아니지만 학폭위에 회부해야지', '평소 생활지도로는 안 되는군. 프로그램을 만들어야겠어' 등. 평소 열심히 생활지도를 한 교사들은 실적을 만들기 위해 나이스에 기록을 해야 한다. 그것도 경쟁자보다 더 많이, 더욱 많이.

소담의 선생님 대부분은 이 정책 자체에는 반대한다. 그런데 점수를 받는 것에는 어째서인지 반대하지 않는다. 두 가지 의견으로 좁힐 수 있을 것 같다.

1. 주는 점수인데 안 받기엔 아깝다.
2. 필요한 사람은 받아야 한다.

우리는 이 점수로 싸우지 말고 공평하게 순번제로 돌아가면서 받자는 논의가 시작되자 몇 가지 이유가 더 붙었다.

1. 개인의 선택권을 박탈하면 안 된다.
2. 자유로운 경쟁은 열심히 하고자 동기를 부여하는 긍정적 요소다.

학교폭력을 예방하는 것은 일상의 생활교육이다. 교사로서 당연한 일을 하는데, 승진가산점이라는 보상을 걸고 경쟁하게 되는 구도. 머리가 떵하다. 정말로 머릿속에서 "뎅!" 소리가 울린다. '민주주의가 무엇인가, 민주적인 학교라면서 왜 개인의 선택권을 빼앗는가', '결과의 평등을 말하다니'…. 이날 가슴 아픈 것은 한 해 잘 지내온 소담 식구들이 갈등을 겪어서가 아니다. 우리는 무엇으로 묶인 식구였던가 하는 안타까움이었다.

차라리 잘되었다. 이번 기회를 통해 서로의 생각을 확인하고 격하게 논의하고 털어야 할 건 털어내면 좋겠다. 우리는 공동체이지만 그 안에서 각자 다른 꿈을 꾸고 살아간다. 우리는 누구도 틀리지 않다.

승진에 대한 이야기를 피해 갈 수 없었다. 누구도 꺼내어 말하지는 않았지만 승진을 준비하는 게 마치 나쁜 일이라고 여기고 있었나 보다. 또는 승진을 준비하는 사람은 나쁜 사람으로 오해받아 괴로웠나 보다. 사실은 그렇지 않다. 아이들과 잘 살고 열심히 교육활동 펼치던 사람이 자연스레 승진하면 얼마나 좋을까. 또는 교육청이나 교육부에 들어가서 학교교육에 이로운 정책을 만들어낼 수 있다면 그 또한 얼마나 소중한 일인가. 참된 교육자가 승진하게 되는 것을 누가 욕하겠나. 그러나 "승진하게 되는"것이 아니라 "승진하기 위해" 사는 것이 문제가 된다. 우리가 승진이 나쁜 것이라는 인식을 갖게 된 이유가 뭔가. 없는 일을 있는 것처럼 꾸며내고, 평소 하지 않던 일을 남들 보여주기 위해 하는 척하고, 배움을 위해서가 아닌 나의 실적을 쌓기 위한 활동을 교육의 이름으로 가장하는, 그런 이들을 봐왔기 때문 아닌가. 현장에서 아이들의 배움에 몰입하는 교사들보다 실적을 만들어낸 교사들이 승진을 해왔으니 보통 사람들에게 보통의 반발감이 형성되는 것은 자연스러운 것 아닌가. 그러므로 언제나 나는 나를 들여다봐야 한다. 내가 지금 하는 일이 교육인지, 연극인지. 행위는 존재를 증명한다. 어쩔 수 없이 나는 그렇게 드러난다.

학폭점수는 승진과 맞닿아 있는 제도다. 1년에 0.1점이니 다른 그 어떤 가산점에도 뒤지지 않는 큰 점수다. 그러니 당장 "필요한" 사람은 절대 양보할 수 없는 가치가 된다.

그렇게 우리는 세 번에 걸쳐 열띤 논의와 토론을 하고 투표를 했다. 그러면서 모두들 지치고 아팠다. 상처를 주고받았다. 그렇지만 대부분 안면에 날린 스트레이트가 아닌 스텝을 밟다가 발에 걸려 넘어진 것들이다. 걸려 넘어진 자는 울고 의도치 않게 걸리게 만든 이는 손잡아 일으켜 세워준다. 교사회의를 모두 마치고 몇몇은 주말에 동네 산에 같이 오르고, 어느 평일 오후에 실과실에서 밀푀유 나베를 만들어 나누어 먹는다. 집에서 만든 죽을 싸 오기도 하고 학교 앞 카페에서 커피를 사 와서 나눠준다. 각자의 방법으로 상처를 봉합해나간다.

그리고 또 아무 일도 없었다는 듯이, 3학년은 소소한 영화제를 열고 5학년은 역사퀴즈를 낸다. 6학년은 자체 축제를 준비하고 1학년은 학습발표회를 연다. 고된 한 주를 지내면서 서로 골이 깊이 파이지는 않을까 조금 걱정했지만 괜찮다. 서로에게 가는 길에 구덩이에 빠지지 않게 삽으로 흙을 퍼 날라 메운다. 몇 개 남은 구덩이는 웅덩이가 되었다. 해가 뜨고 바람이 불며 구멍은 메워지겠지. 우리가 할 일은 열심히 걷는 것이다. 그러면 땅은 다져질 테니까. 그러다 혹시 모르지, 예전의 구덩이였던 그곳을 밟고 지나 누군가에게 다다를지도.

여기에는 문제가 있어요, 같이 해결해봐요

김민이

앞으로 소담초등학교에서 일을 하다 보면 부딪히는 일들이 있을 거다.
이젠 받아들이고 해결하는 자세를 가져보려고 한다.
아직 혁신학교에 대해 '이거다'라고 말하지는 못하지만 최소한
"여기에는 문제가 있어요. 같이 해결해봐요"라고 말할 수 있는 용기.
이게 혁신 아닐까?

'선생님'으로 꿈을 정하다

"선생님. 있잖아요. 제가요 주말에는 어디를 갔다 왔고요."

우리 반 아이들은 나를 선생님이라고 부른다. 그렇다. 나는 지금 세종에 있는 소담초등학교의 교사이다. 내가 지금 이 자리에 있게 된 이유가 뭘까? 잠시 눈을 감고 내 어렸을 때를 떠올려본다.

"칠판에 적은 문제를 연습장에 쓰고 푼 후에 검사 맡으러 나오세요."

수학 시간, 선생님께서 칠판에 수학 문제를 쓰더니 풀어서 검사를 맡으라고 하신다. 나는 오늘도 공책을 펴고 수학 문제를 따라 써 내려간다. 수업 시간에 배운 내용이라 문제 푸는 것에 막힘이 없다. 쭉쭉 답을 써 내려가고 마침내 마지막 문제까지 다 풀었다. 이제 선생님께 가서 검사 맡으면 나의 할 일은 끝나는 것이다.

앞으로 나가 선생님께 검사를 맡는 시간이 되었다. 긴장이 된다. 분명히 여러 번 검산을 했지만 선생님이 들고 있는 빨간 색연필만 보면 떨리는 게 사실이다.

'어? 왜 선생님이 움찔하시지? 틀렸나?'

동그라미를 칠 것 같은데 잠깐 뜸 들이는 것을 보자 내 심장을 콩알만 해진다. 몇 년 동안이나 학교에 다녔으니 익숙해질 만하다만 이 상황만은 그럴 수 없을 것 같다. 그래도 역시나 동그라미가 가득하다. 내가 가지고 있던 무거운 긴장감은 뒤에 있는 친구들에게 남기고 홀가분한 마음으로 자리에 앉았다. 수업을 열심히 들었기 때문에 다 맞을 수 있었다고 내 자신을 칭찬해준다.

잠시 뒤 내 친구 호정이가 나에게로 와서 묻는다.

"민이야, 나 이 문제 어떻게 푸는지 가르쳐줘."

나와 단짝인 친구이다. 문제가 이해가 안 간다면서 나에게 도움을 청한다. 내가 풀었던 방법으로 하나하나 설명해주었다. 마치 내가 뭐라도 된 것 같은 기분이 들었다. 호정이가 나의 말을 귀 기울여 듣는 모습에 입꼬리가 올라간다. 내 설명을 들으면서 이해가 간다는 표정을 짓자 내가 뭔가 된 것같이 뿌듯하다. 이번에는 예진이가 와서 다른 문제를 물어본다. 역시나 내가 아는 것을 설명해준다.

"민이야, 너 선생님 같아. 나중에 선생님 하면 잘할 것 같아."

내가 뭐가 된 것 같다고 느낀 감정의 정체가 선생님인 것 같았다. 친구들이 모르는 것을 알려주는 역할이 마음에 들었다. 알려준 친구가 이해를 했을 때 표정을 보면 뿌듯했다. 그 친구가 고맙다고 이야기해주면 구름 위에 떠 있는 기분이 들었다.

'선생님이 되고 싶다.'

그때부터였던 것 같다.

선생님이 되고 싶다는 막연한 생각에 고등학교 1학년 때 문과를 선택했다. 수능 모의고사를 볼 때면 당연하게 1지망 대학교에 교대를 썼다.

그때를 떠올려보니 부끄러워진다.

진로발달 단계는 자기 이해, 진로 탐색, 의사결정, 진로설계 등 여러 과정을 거친다. 그런데 나는 진로에 대한 깊은 고민이 없었던 거 아닌가? 진로에 대한 초보적인 결정으로 지금 이 자리에 와있다.

나는 초보 신규 교사입니다

고향의 냄새. 첫 발령 학교에 대한 첫인상이다. 학교 주위에 축사가 많아 한겨울에도 가축 배설물 냄새가 난다. 첫 발령지이니 고향의 냄새라고 미화할 수 있었던 것 같다.

6학급의 작은 학교에는 5명의 미혼 선생님, 1명의 특수 선생님, 교감 선생님, 교장 선생님, 그 외에 교직원분들이 계셨다. 나는 같은 신규 교사와 함께 이 학교로 발령을 받아 전담교사가 되었다. 보건, 독서, 영어가 내 업무였다.

3월 오자마자 공문이라는 것을 썼다. 교감 선생님께서 옆에 붙어서 하나하나 설명해주셨다.

"글은 제목이랑 같은 줄에 쓰는겨. 관련 있지? 그건 맨 밑에 있는 번호 보고 쓰면 되는겨. 그래, 그렇게 하는겨. 잘하네."

키보드는 한글 타자를 치고 있는데 외국어처럼 들리는 이유는 뭐였을까? 한글을 처음 배우는 아이처럼 공문을 써 내려가도록 교감 선생님은 곁에서 봐주셨다. 나는 학생이고 교감 선생님은 담임선생님같이 느껴졌다. 그렇게 처음 공문은 완벽하게 완성이 되었다. 하지만 이게 끝이 아니었다. 또 처리해야 할 공문이 있었다. 교감 선생님은 이제 교무실 교감 선생님 자리로 돌아가 앉으셨다.

'다시 가르쳐달라고 하면 안 되겠지?'

나 혼자 하려고 애를 써봐도 이건 해석이 안 되는 외계어 편지였다.

"먼저 기안을 눌러요. 표준서식을 누르고요."

옆에 앉아 있던 선생님이 차근차근 보여주며 설명해주었다.

"3월 한 달 동안은 아무리 가르쳐줘도 기억이 안 날 거예요. 괜찮아요."

정말 3월은 공문을 몇 개를 썼는데도 쓸 때마다 새로웠다. 그때마다 옆에 선생님한테 물어보면서 공문을 썼다.

엄마와 선생님이란 두 가지 역할, 그 시작에 들어오다

오랜 기간 아이와 함께 집에서 지내면서 정이 많이 들었다. 내가 잘못 키워서 그런 걸까? 아니면 모든 아이가 다 그런 걸까? 우리 아이는 나랑 떨어지는 걸 많이 힘들어한다. 어린이집에 처음 보낼 때도 6개월 동안 울었고 원장님이 우는 아이를 달래느라 개별로 데리고 다녔었다. 이제 적응이 된다 싶으면 일주일 방학이라 집에서 쉬고 다시 원에 가면, 아이고야. 또 우는 아이였다. 엄마인 나도 아이가 이렇게 힘들어하니 데리고 있고 싶었지만 보낼 수밖에 없었다. 그렇게 1년 동안 적응한 어린이집에서 1년 6개월을 다니고 앞으로 학교에 다닐 지역인 세종으로 이사를 하게 되었다. 아이가 3개월 동안 적응을 잘하고 있었는데 이제 새로운 학교에 발령이 났다는 소식을 받았다. 아이야, 이제 엄마가 아침에 출근을 한단다. 엄마가 아침에 어린이집에 데려다줄 수 없어. 그리고 늦게 데리러 올 거야. 이 말을 어떻게 한담. 그렇게 아무 말도 못하고 갑자기 출근을 하게 되었다. 어린이집에서 연락이 왔다. 아이가 힘들어한단다. 무슨 일이 있었느냐는 선생님의 말에 조심스럽게 이야기를 꺼낸다. 출근을 하게 되었다고 말이다. 그랬더니 선생님에게 쓴소리를 들었다.

"어머님, 그런 일이 있을 땐 아이에게 미리 이야기를 해주시는 게 좋아요. 그게 힘드셨다면 저희한테라도 미리 말씀해주셨으면 아이가 덜 혼란스러워 했을 거예요."

하아, 맞는 말이었다. 내가 생각이 너무 짧았었다. 그동안 외할머니랑 같이 몇 번 다녀서 잘 다니겠지 생각했었다. 이렇게 엄마가 생각이 짧다. 미안하다. 우리 아가. 그렇게 일주일 동안 힘들어하는 아이가 그 다음 주부터는 고맙게도 안정을 찾아갔다. 우리 아이가 나보다 더 빨리 철이 든다고 해야 할까. 참으로 엄마인 내가 한심했다.

그럼 학교에서는 적응을 잘했을까? 집안이 이런데 그럴 리가 있었을까.

우리 반은 나와 학생 한 명으로 시작해서 하루가 지날 때마다 한 명씩 늘어나는 그런 반이었다. 한 명, 두 명, 세 명, 네 명, 어느 날은 하루에 전학생이 두 명 오기도 했다. 우리 학교는 올해 개교를 했고, 주변 아파트들은 계속 지어지고 있으며, 우리 반 아이들은 입주가 이제 막 시작된 아파트에 이사를 온 아이들이었다. 그렇게 매일매일 자기소개를 하고, 모둠 활동도 제대로 안 되는 6교시까지 수업을 하였다. 그래도 이 교사를 믿고 따라와주는 아이들이 기특하고 고마웠다.

"선생님, 내일은 누가 전학을 올까요? 남자일까요? 여자일까요?"

매일매일 오는 전학생들이지만 자신도 어제까지는 같은 입장이었기 때문이었을까? 서로 잘 이해하려고 노력하고 합이 잘 맞았다.

나는 엄마와 선생님이란 두 가지 역할에 시작에서 우왕좌왕 어느 한곳 제대로 하는 것이 없는데 이 아이들은 새로운 곳에서 잘 지내보려고 노력하는 모습이 존경스러웠다. 늘 선생님이 학생을 가르치는 게 아니라 선생님도 학생한테 배울 수 있다는 사실이 번뜩 떠올랐다. 그래 내가 교대에 다닐 때 그랬었다. 학생들과 함께 배우고 성장하는 교사가 되겠다고 말이다. 그래! 지금 배우자. 나도 이 시작 열심히 해보자.

동료 교사

부장 선생님, 옆 반 선생님, 나. 이렇게 우리 학년은 교사가 세 명이다. 우리 부장 선생님은 바쁘다. 수업 끝나면 매일 회의에 가느라 자리에 없는 경우가 많다. 우리 옆 반 선생님. 나를 많이 챙겨준다. 심지어 올해 신규 선생님인데도 말이다. 얼마나 귀엽고 싹싹한지 우리 동생

색시 삼고 싶을 정도였다. 사담은 여기까지만 하는 걸로 하자.

오랜 시간 교직을 쉬었더니 하나도 모르겠더라. 아이들 지도는 그래도 교대 4년 배웠고, 교사 경력도 있었고, 아이들도 철들었고 해서 구렁이 담 넘듯이 매일 넘고 있었다. 하지만 학교생활이 그게 다인 게 아니지 않은가? 학교 돌아가는 사정을 모르니 이 넓은 학교에 나 혼자 있는 것 같았다. 그런 나에게 찾아온 구세주! 이렇게 말하니 참 좋다. 딱 어울리는 단어다. 반갑게 인사를 하면서 오늘 온 쪽지에 대해서 하나하나 설명을 해준다. 이건 이거고, 저건 저거고. 거기서 끝나는 게 아니라 내가 표정이 어벙벙하니 옆에서 가르쳐준다. 난 전생에 무슨 복을 받았는지, 이렇게 내 옆에는 천사들이 나타나는 건지. 그렇다고 이 천사 선생님이 맡은 교실이 수월하냐. 그건 아니었다. 힘든 일이 있는데도 챙겨주는 거였다. 내가 해줄 수 있는 건 들어주고 맞장구쳐주는 일뿐이었다. 내가 좀 더 교육 경력이 많았다면 이 선생님한테 도움이 되는 말 한마디라도 해줄 수 있지 않았을까? 옆에 있어주는 것뿐인데도 나를 좋아해주는 선생님 덕분에 새로운 학교에 쉽게 적응할 수 있었다.

우리는 뭐든지 함께 했다. 부장 선생님이 바쁘셔서 우리가 도울 수 있는 일이 있으면 할 수 있는 한에서는 해보려고 노력했다. 옆 반 선생님 반에서 내일 있을 수업 준비와 학습지 만들기를 같이 해보기도 하고, 평가에 대해서도 같이 이야기 나누며 교육에 대해 이야기했다.

교무실에는 업무 전담팀이 꾸려져 있었다. 내가 있던 학교와는 다르게 소담초등학교는 담임교사가 학생들에게 집중을 할 수 있도록 전담팀에서 최대한의 업무를 가져가는 업무 체계가 있었다. 자주는 아니지만 가끔씩 내려가는 교무실인데도 갈 때마다 반갑게 인사해주시고 교실생활, 힘든 점에 대해 물어봐주시는 친절한 분들이었다. 마음은 뭐라도 도와드리고 싶었지만 막상 도움을 줄 수 있는 상황에도 시간이 부족했다는 이유로 참여하지 못했던 일이 많아 그분들에게는 미안함이 가득하다.

그리고 가까이 이야기하거나 교류는 없지만 만날 때마다 힘내라고 다독여주시는 다른 학년 선생님들도 계셨다.

그렇게 나의 두 번째 학교인 소담초등학교도 선생님들이 따뜻하고 도움을 많이 받는 학교로 기억될 것 같은 기분이 들었다.

수학여행, 혼돈 그리고 친구

학생들은 즐겁다. 나도 그때는 그랬었던 것 같다. 하지만 지금은 즐겁지가 않다. 일정을 짜는 것부터 시작해서 학습 자료를 준비해야 하는 것들이 부담이 된다. 교사의 일이건만 나는 부담이 된다. 그렇다고 내가 해야 하는 일이 많으냐? 그건 아니었다. 부장 선생님이 다 하셨다. 숙소 예약, 장소 예약, 버스 예약, 계약 등등 모든 것을 맡아 하셨다. 내가 하는 일은 고작 학습 자료 준비하는 것이었다. 그것도 옆반 선생님과 같이 하는 일이었다. 내가 해야만 하는 일인 걸 왜 나는 이리도 부담스럽고 힘들게만 느껴지는지 교사로서 자질이 있는 걸까?

그렇게 온갖 불평을 다하면서 수학여행을 가게 되었다. 학교일 때문에 아이와 떨어져 자는 것이 마음이 쓰였다. 학교에서는 다른 선생님이 대신 가줘도 된다며 배려를 제안했지만 내가 간다고 했다. 그래도 책임감을 가지고 해야 한다고 생각했다.

막상 떠나니 즐거웠을까? 아니다. 힘들었다. 내가 이렇게 통솔력이 없는 교사였구나. 자괴감의 연속이었다. 아이들은 버스를 타자 시작부터 즐거워했다. 하지만 나는 아니었다. '버스인데 이렇게 시끄러워도 되나?' 보통 고속버스를 탈 때는 다른 사람들에게 피해가 되지 않도록 조용히 해야 하는 것이 예절이다. 그런데 지금은 그 예절을 지켜야 하는 것인가? 이것은 특수한 상황인 걸까? 초등학교 때 친구들과 가는 1박 2일 여행은 소중하고 행복한 추억이기 때문에 이해해야 하는 걸까? 그러면 멀미가 나서 나고 싶은 학생들은 어떻게 생각해야 하는 걸까? 나는 담임교사다. 나는 공공예절은 준수하는 것을 가르쳐야 한다. 다른 사람에게 피해를 주면 안 된다고 가르쳐야 한다.

그렇게 버스에서 신난 학생들에게 주의를 주었다. 주의는 5분도 채 가지 않았다. 버스에서 내릴 때 까지 나와 학생들은 계속 불편한 침묵과 즐거운 웃음소리를 번갈아 달렸다. '나도 차라리 학생이고 싶다.'

그렇게 이리저리 여행을 하다 숙소로 돌아와 짐을 풀고 레크리에이션 시간이 되었다. 학생들과 레크리에이션 강사와 합이 잘 맞았다. '수업 시간에도 아이들과 저런 시간을 보내고 싶다.' 그렇게 나도 아이들 틈에 섞여 같이 놀았다. 즐거웠다. 아주 잠시 교사라는 역할을 내려놓았다. 그렇게 하루를 마무리하고 다음 날 아침이 되었다. 아침에 우리 반 소식이 들려왔다. 밤새 아무 탈 없으려니 했건만 아니었다. 우리 반에 장애가 있는 학생이 있는데 그 방에서 그 아이와 관련하여 문제가 있었던 것이다. 교감 선생님이 해결했다고 들었다. 담임교사인 내가 예방하지 못했고, 상황이 발생했을 때 알고 있지 못했으며, 지금 알게 된 순간에도 내가 할 수 있는 게 없다는 것에 무력감이 왔다. 사실 장애가 있는 아이는 실무사 선생님이 옆에서 상시 챙겼다. 나는 다른 아이를 돌보느라 그 아이를 신경 쓰지 못했다. 그 상황이 미안했으며, 그랬었기에 내가 그 아이에게 할 수 있는 말은 "괜찮아?" 한마디였다.

다음 여행 일정은 에버랜드였다. 학생들은 모두 모둠을 만들어 끼리끼리 다녔지만, 우리 반 그 아이는 교사들과 함께 움직였다. 수학여행을 같이 가는 조건이기도 했다. 친구들과 함께하는 것이 큰 의미이지만 우리는 회의 끝에 이런 결정을 내리게 되었다. 아이와 함께 놀이기구를 타기도 밥을 먹기도 했다. 놀이기구를 타면서 즐거워했지만 과연 친구들의 빈자리, 그 추억까지 만들어준 걸까? 나중에 모두 모이는 시간에 친구들을 만났을 때 반가워 달려가는 모습을 아직도 잊을 수가 없다. 그리고 그 친구의 마음을 이해했는지 우리 반 아이들은 누구 하나 빠지지 않고 그 친구와 셀카도 찍고 단체 사진도 찍었다. 우리 반 아이들에게 고마웠다.

내가 학년부장이라니

올해 내가 학년부장을 맡게 되었다. 작년에 그렇게 바쁘게 다녔던 그리고 그렇게 일을 잘하는 학년 부장교사를 떠올렸을 때 나는 이 상황을 받아들일 수가 없었다. 우리 학교는 매우 특수했다. 옆에 새로운 학교가 개교하여 교사의 반이 그곳으로 가야 했다. 물론 이건 작년부터 모두가 알고 있었다. 소담초등학교에 남는 인원으로 올해 학교를 꾸려야 한다. 조금이라도 이 학교를 알고 있는 교사가 학년에 한 명씩 있어 새로 오는 선생님들을 도와주어야 한다. 그때까지는 내가 학년부장이 된다는 생각을 못했다. 내가 학년부장이 된 이유는 새로 온 선생님들을 보고 난 후였다. 그 모습은 내 지난 학기 모습이었다. '낯선 환경, 새로운 사람들과 어떻게 지내야 할까?' 고민 섞인 모습 말이다. 그렇게 내가 학년부장을 맡게 되었다.

모든 게 다 서툴렀다. 혁신학교에 대해 아는 것이라고는 이번에 다녀온 워크숍에서 강의를 통해서 맛보기로 알게 된 것이 다였다. 지난 학기에 이 학교를 다니면서 혁신학교가 뭐가 다른가에 대해 생각할 겨를 없이 '학교'라는 공동체에 적응하기 바빴다. 내가 워크숍에서 혁신학교에 대해 느낀 것은 새로움이었다. 학생들이 중심이 되고 함께하는 교육이라 느꼈고, 올 한해 혁신학교가 된다면 어떤 모습으로 풀어갈지 막막하였지만 기대가 되었었다. 내가 학년부장이 되기 전까지만 해도 말이다. 이 역할이 붙으니 아무것도 생각이 안 났다. 내가 먼저 혁신에 대해 생각해보고 고민하고 이렇게 하고 싶다는 방향을 설정하지 않았다. 그저 동료 교사들이 하는 것을 듣고 그렇다더라 전해주기만 하는 앵무새 역할이었다. 학년부장이 학교에 대해 설명을 하는데 혁신학교의 교육 목표, 만들어진 과정, 이유, 그 속에 있는 의미를 모르고 이야기하니 듣는 입장에서 이해가 될 리가 있었을까? 학년 선생님들은 서투른 내 안내에도 1년 동안 학년을 잘 꾸렸다. 감사하다는 말밖에는 나오지 않는다.

우리 학년은 항상 마지막에 정보를 알게 되는 학년이었다. 학교 일에 대해 교장, 교감, 각 학년 부장교사와 업무전담팀이 주 1회 모여 기획회의를 한다. 회의에서는 학교 주요 행사, 건의 내용 등 중요한 내용에 대한 이야기가 오간다. 교사들이 의견을 내면서 그 자리에서 대부분 결정이 난다. 각 학년 부장교사는 학년 선생님들에게 회의 내용을 알리고 협조를 구하며, 의견을 수합해서 다음 기획회의 때 반영하는 역할이다. 작년 우리 학년 부장교사가 바빴던 이유에 이것이 큰 몫을 했던 것이다. 우리 학년은 이 기획회의에 대한 전달을 제대로 하지 못해 오해가 생기거나 의견을 내지 못하는 경우가 많았다. 작년 우리 학년 부장교사는 나와 같지 않았다. 매주 결정해야 할 사안을 협의하고 어떤 의미인지 제대로 설명해주고 자기 생각까지 이야기했던 당차고 착실한 부장이었다. 아직 학교에 적응하느라 어설픈 나에게 나침반과 같은 역할이 되었었다. 하지만 난 아직 담을 그릇이 작은데 담으려고 하니 넘쳐서 버려지는 것들이 너무 많았던 것이다.

가을 현장체험학습 장소를 결정하고 업체와 통화를 하는 과정에서 내가 맡고 있는 역할이 버겁다고 느꼈었다. 업체와 체험학습 일정을 협의하는데, 이야기가 통하지 않았다. 슬슬 짜증이 밀려왔다. 그러자 옆 반 선생님이 전화기를 받아 대신 통화를 하고 마무리를 지었다. 그동안 다른 선생님이 나에게 말했다.

"선생님 모든 걸 혼자 하려고 하지 마세요. 저희도 같이 할게요."

그 순간 내가 잘못하고 있다는 괴로움이 밀려왔다. 학년부장 역할을 제대로 하지 못하고 있어서 학년 교사들에게 신뢰를 주지 못하고 있다고 말이다. 그게 사실이었다. 학년부장 일인데 학년 교사들이 하고 있는 것들이 많았다. 학년교육과정 재구성, 나이스, 학교행사 안

내, 수행평가 총괄 등등 부장 일은 학년 선생님들이 다 하고 있으면서 정작 부장은 혼자 힘들어하고 있는 셈이었다. 고마웠다. 이런 내 모습을 감싸고 조용히 자기 할 일을 찾아서 해주는 학년 선생님들에게 말이다.

우리 반 장난꾸러기와 만나다

"우리 아이가 선생님이 제일 예쁘대요."

누구나 예쁘다는 이야기를 좋아한다. 나도 그런가 보다. 그렇게 그 아이가 나에게 들어왔다. 우리 시누이 아들과 닮아서 눈이 가는 아이이다.

국어 수업 시간.

"이 카운트 이알피. 사만 원."

어디선가 아침 라디오에서 나오는 광고 노래가 들린다. 그 아이다. 장난을 좋아하는 아이는 수업 시간에 큰 소리로 노래를 불러 다른 친구들의 관심 받는 것을 좋아한다.

'아직 어리니깐 이런 행동들은 당연할 수도 있어. 잘 모르는 걸 거야. 잘 타이르면 괜찮아질 거야.'

타일러보았다. 옆에 가서 꾸준히 설득해보기도 했다.

"선생님, ○○이 지우개 가져가서 안 줘요. ○○이 저 때렸어요. ○○이 저 놀려요."

쉬는 시간, 공부 시간 언제나 그 아이의 이름이 먼저 나온다.

담임교사인 나는 어떻게 해야 하는 걸까?

6학년 때 우리 반 장난꾸러기가 내 짝꿍이었다. 공부 시간에 선생님 말씀 듣고 있으면 나를 꼬집으면서 지우개를 빌려달란다. 싫다고 하면 계속 꼬집고 때리고 했다. 선생님한테 이야기하면 될 텐데 성격이 그렇지 못하여 속으로만 삼켰던 기억이 있다. 쉬는 시간이면 때리고 도망가고, 머리띠 뺏고 누구나 그런 어린 시절이 있겠지. 우리 반 선생님도 알고 있었을 거다. 나한테만 그런 건 아니었으니깐.

지금 그 친구는 뭐 하고 살고 있을까? 무슨 생각으로 장난을 친 걸까? 그렇게 싫다고 하는데도 말이다. 우리 반 아이와 이야기를 해보았다.

"선생님, 저는 친구들이랑 같이 놀고 싶어요. 술래잡기하고 싶어서 때리고 도망가요. 그러면 친구들이 저를 쫓아와요."

해맑게 웃으면서 말하는 아이 마음이 이해가 된다. 내가 도와줄 수 있는 게 없을까? 가정에서도 아이에게 신경을 많이 써주셨다. 나도 최대한 아이 입장에서 들어주려고 노력했다.

"선생님, 요즘에는 ○○이가 착해진 것 같아요. 친구들이랑 잘 놀아요."

"내가 때려서 미안해. 내가 놀려서 미안해."

그 아이는 시간을 주면 먼저 다가와 사과를 한다. 친구들 무리에 들어와 같이 놀기도 한다. 참 대견하고 기특하다.

"선생님이 제일 나빠요. 내 이야기도 안 들어주고."

요즘은 그 아이가 나에게 나쁘다는 말을 자주 한다. 학년 말 정신없어 그 아이에게 신경을 쓰지 못하고, 이야기를 들어주지 못하고 있다.

오히려 다그치고 있는 나를 발견하지만 친구들과는 잘 논다.

아이들은 아이들과 같이 있을 때 성장하는 걸 나도 배웠다. 내가 한 것은 없다. 단지 우리 반 아이들이 참고 기다려주었을 뿐.

아이들은 아이들 안에서 큰다

"울면 안 돼. 울면 안 돼. 산타 할아버지는 우는 아이에게 선물을 안 주신데."

한때 우리 반의 한 아이 때문에 불렀던 노래이다. 왜냐? 울보 아이가 있었기 때문이다. 참 많이 운다. 하기 싫다고, 놀렸다고, 때렸다고 운다. 우는 건 자신의 감정을 솔직하게 표현하는 거니깐 건강한 정신을 가진 아이라고 말해도 되는 걸까?

"으앙."

학습지를 나눠주다가 그 아이 것이 구겨졌다. 운다. 다시 주려고 하다가 그 아이 손과 내 손이 부딪혔다.

"으앙."

"선생님. ○○은 밖에서는 안 그러는 데 우리 교실에서만 애기 같아요."

내 탓이다. 교실에서만 그런다면 내 탓인 거지.

밤에 꿈속에서 그 아이가 나왔다. 깼다가 잠이 안 온다. 그렇게 해결하지 못하고 하루하루를 지냈다.

그 아이는 유독 좋아하는 반 친구가 있다. 우리 반에서 인기 많고,

발표도 열심히 하고, 운동도 잘하는 아이이다. 그 친구와 짝꿍이 되었다. 옆에서 엄마처럼 잘 챙겨주더라. 학습지에 글도 쓰고, 그림도 그린다.

"선생님, 요즘 ○○이가 착해졌어요. 울지도 않고요."

한번은 만들기 시간이었다.

"가위 따위. 풀 따위."

"○○아, 따위라는 말은 쓰는 게 아니야."

"엄마가 그랬어요. 무엇 따위라는 말은 사람 말고 물건이나 동물한테는 써도 된다고요."

평소에 자기 이름, 친구들 이름에 '따위'를 넣어서 말하는 우리 반 아이다. 말을 하면 끝까지 자기의 생각을 말한다.

모둠 활동을 할 때 같이 하지 못하는 모습이 많다. 다른 모둠원이 회의할 때 주로 종이접기, 오리기, 만들기를 하고 있다. 결정이 된 것을 하자고 하면 다른 친구들 마음대로 했다며 참여하지 않는다.

"이번 금요일은 가람반의 날이에요. 모둠 친구들이 선생님이 되어 반 친구들에게 놀이 소개를 하고, 진행하는 거예요."

평소에는 자기 일에 몰두하는 그 아이가 주도적으로 모둠 친구들의 생각을 묻는다. 잘 참여하지 않는 모둠원에게는 참여를 해달라고 부탁한다. 문제가 생기면 나에게 와서 도움을 청한다. 감동이었다. 난 한 게 없는데 그 아이가 스스로 하다니.

혁신학교에 대해 깊게 생각하고 고민하지 못했지만 '혁신'이란 공간에 있으면서 나에게 스며드는 것이 있었나 보다.

"교육 중심에 아이들이 있다."

혁신초등학교

의사소통.

"소담초등학교가 혁신초등학교인 가장 큰 이유가 무엇인가요?"에 대한 답변이다. 우리 학교는 책임자 혼자 결정하는 것보다 교사들이 모여서 같이 고민해서 결정한다.

학교에서 무엇을 고민하고 있는지 알 수 있고, 적극적인 태도가 있으면 나의 이야기도 반영할 수 있는 분위기가 멋있었다. TV 토론회를 직접 보는 방청객의 느낌이었다. '나'도 이 학교의 구성원이지만 한마디 말 꺼내기에는 부족하다고 느꼈기 때문이다.

"선생님 생각은 어때요?"

내 생각을 물어봐주고, 말하지 못해도 동료 교사가 그 상황을 따뜻하게 덮어주려고 노력했다. 아무것도 하고는 있지 않지만 대단하고 선구자적인 집단에 속한 기분이었다.

사건이 터졌다. '학폭가산점'에 대한 회의가 그것이었다. 서로 다른 의견이 하나로 모아지지 않았다. 충격이었다. 서로 감싸고, 위로하고, 도와주려고 했었는데 그것만으로 해결되지 않는구나.

나는 '모든 것은 좋게 좋게 해결하면 되는 거다'라고 생각했다. 그 좋다는 의미는 의견 충돌이 없다는 뜻이다. 즉, 한쪽이 일방적으로 양보해서 피해를 보더라도 충돌 없이 지나가면 문제없다는 생각을 가지고 있었다. 이런 생각만 한다면 겉모습은 평화로워 보일진 모르지만 그 속은 문드러지고 곪아 언젠가는 터지는 결과가 나오겠지.

이번 일을 보면서 생각했다. 내 생각이 잘못되었구나. 겉으로는 서로가 다르고 충돌하는 게 드러나서 불편한 분위기를 보이겠지만 해결하려면 거쳐야 하는 과정인 것을 말이다. 소담초 멋지다.

앞으로 소담초등학교에서 일을 하다 보면 부딪히는 일들이 있을 거다. 이젠 받아들이고 해결하는 자세를 가져보려고 한다. 아직 혁신학교에 대해 '이거다'라고 말하지는 못하지만 최소한 "여기에는 문제가 있어요. 같이 해결해봐요"라고 말할 수 있는 용기. 이게 혁신 아닐까?

햇살과 바람이 공존하는 삶터, 내가 처음 만난 혁신학교

김윤희

아파트 창 너머로 보이는 강변의 유유자적함과
세종시에서 만난 사람들의 여유로움은
나에게 잃어버렸던 느긋함을 일깨워주었다.
금강을 바라보며 그네 벤치에 앉아
아이들과 소리 내어 웃으며
그동안 찾을 수 없었던 여유를 찾았다.
친절한 사람들의 손길에서 사람 냄새가 느껴진다.

처음 만난 학교, 처음 만난 선생님들!

집에서 학교충신이라는 별명을 가진 나는 나중에 커서 초등학교 교사가 되었다. 학교 준비물은 제일 좋은 것, 제일 아끼는 것을 먼저 챙겨 갔고 남보다 숙제도 몇 배는 더 열심히 해 갔다. 선생님이 마냥 좋아서 선생님이 가르쳐주시는 모든 것이 감사했고, 하루하루가 너무나 행복한 학교생활의 연속이었다. 어린 시절 나에게 학교는 나의 우주였고, 나의 전부였다. 나의 선생님들은 나의 미래였다.

학교 근처에 살던 나는 매일 오후 다섯 시가 되면 어김없이 빗자루로 동네를 쓸었다. 퇴근하시는 선생님들이 보이면 한 손에는 빗자루를 든 채 쫓아가 깍듯이 인사를 했다.

"안녕히 가세요."

"착한 녀석이 오늘도 청소를 하고 있구나!"

선생님들께 칭찬을 받는다는 그 기쁨으로 동네 청소부를 자처했다.

"같이 놀자."

대문 밖에서 같이 놀자고 부르는 소리가 들려도 학교 숙제를 다 하지 못한 나는 숙제를 팽개치고 놀 수가 없었다. 삐뚤게 쓴 글자가 있는지, 아니면 실수라도 했을까? 숙제를 하는 데 온갖 정성을 쏟았다. 참고서를 많이 활용한 날은 친구들과 답이 너무 비슷할까 봐 어미 하나라도 다르게 써서 차별화를 두려고 애썼다. 이렇게 열심히 한 숙제를 혹 친구들이 보여달라고 하는 날에는 참 난감했다. 친구가 싫어서도, 이기적이어서도 아니었는데…….

긴 방학이 지나고 개학 전날이었다. 어쩌다 숙제가 밀렸다. 다음 날 개학인데 안 해 갈 수도 없고 밤새 잠이 제대로 오지 않았다. 불을 켜면 잠 안 잔다고 혼날까 봐 언니와 동생이 함께 자는 방에서 새벽에 방문 틈새로 비치는 불빛을 이용해 숙제를 했다. 조금이라도 더 완성도를 높이고 조금이라도 더 노력해서 인정받고 싶었고 숙제를 다 해가야 학교에서 떳떳할 수 있을 것 같았다.

선생님의 말씀은 나에게 법과 같았다. 나뿐만 아니라 다른 친구들도 선생님이 가르쳐주시는 대로 행동해야 한다고 생각했기 때문에 선생님의 가르침에 어긋나는 친구의 잘못도 그냥 넘어갈 수만은 없었다. 결국 사건이 터졌다.

하루는 수업종이 울리기 불과 2분을 남겨두고 급하게 화장실에 가 줄을 섰다. 평소에 지연이를 분신처럼 졸졸 따라다니며 사사건건 지연이 편만 드는 선미가 화장실 두 칸을 짚고 줄을 서지 않는가. 친한 친구 지연이의 자리를 맡아주기 위한 이기적인 행동이었다. 즉시 한 줄만 서라고 했지만 지연이는 듣지 않았다. 선미와 싸웠다. 줄 잘 서 있는 친구에게 내가 괜한 참견을 했다라고 한 선생님은 내 잘못이라고 하셨다. 분해서 연 이틀을 울다가 선생님께 너무 억울하다고 말씀을 드렸다.

다음 날 우리 교실에서 일명 '토끼의 재판'이 열렸다. 그날 있었던 일을 그대로 시연해보라는 선생님의 말씀을 시작으로 서로의 입장을 주고받기 시작했다.

정의는 살아 있었다. 며칠간의 고통 끝에 선생님께서 나의 잘못이 아니라고 결론을 내리셨고 나는 억울함에서 벗어났다. 학생의 억울함에 귀를 기울여주시고 자신의 잘못된 판단을 인정한 우리 선생님은 내가 선생님이 되는 길의 첫 번째 안내자가 되어주셨다.

저학년 봄방학 기간이었다. 담임선생님이 어머니께 전화를 하셨다.

"애가 똑똑한데 자기 나이를 잘 몰라요."

학교 정문 계단에서 가위바위보 놀이를 하다가 학교로 들어가시는 선생님과 마주쳤다.

"안녕하세요?"

"인사를 참 잘하는구나. 이제 몇 살이지?"

"……."

헷갈렸다. 학년은 아직 2학년이지만 1월이 지났으니 나이는 열 살! 아홉 살이라고 말해야 하나 열 살이라고 말해야 하나 고민하느라 대답을 하지 못했었다.

정답만 말해야 된다는 생각에 나름 심각하게 고민했던 것 같다. 내가 더 융통성이 있었더라면 "내년에 3학년이 됩니다"라고 말하면 됐을 텐데……. 지금 생각하면 웃기기도 하지만, 주저하지 않고 답을 할 용기가 필요하다는 중요한 교훈을 주었다. 이는 선생님으로 살아가면서 아이들의 시선을 이해하고 소통할 수 있도록 해준 값진 기억이다.

유달리 나를 예뻐해주시는 선생님이 한 분 떠오른다. 선생님은 깔끔하셨고 똑똑한 분이었다. 열심히 사시는 분이었고 학급 운영도 정말 알차게 잘하셨다. 붓글씨를 잘 쓰셨던 선생님은 배우고 싶어 하는 아이들에게 방과후에도 붓글씨를 가르쳐주셨다. 아이들을 집으로 초대해 정겨운 시간을 함께하기도 하셨다. 여러모로 존경스러운 선생님이셨다.

선생님께서는 다른 친구들보다 나를 많이 신뢰하셨던 듯하다. 그러나 밖으로 표출되는 선생님의 편애는 불편했다. 선생님이 사정이 생겨 출근을 못 하는 날에는 반장이 아닌 나에게 연락을 하셨다. 친구들이 괜히 나를 싫어할까 봐 신경 쓰였고, 그런 상황이 싫었다. 나를 믿어주시는 마음은 고맙지만 주변을 많이 신경 쓰는 소심한 나에게 선생님의 지나친 관심은 감당하기가 좀 버거웠다. 이 일을 계기로 선생님과 나는 점점 멀어졌다.

학교 대표로 대회를 준비할 때도 나는 교실에서 따로 담임선생님과 공부를 하였다. 담임선생님이 담당 선생님한테 그런 내용을 전달하지 않은 것인지 나는 열심히 대회 준비를 하고 있었는데, 당시 대회 담당 선생님이 왜 대회 준비를 하러 오지 않느냐고 물어보셔서 이상하다는 생각을 하기도 했다.

그때도 지금도 그 이유를 정확히 알 수는 없지만 아마도 동료 교사와의 소통 문제, 그리고 학생에 대한 지나친 욕심이 앞섰던 것은 아닐까 생각된다.

교사가 되어 생각해보니, 너무 빈틈없고 자신의 생각에 틀어박혀 남과 소통하지 못한 당시 담임선생님을 다른 선생님들도 동료로서 대하기가 참 힘들었을 것 같다. 지금 나는 교사로서 동료와 어떻게 소통하고 살아가고 있을까 생각해본다.

중학교 2학년이 되던 해 나에게도 사춘기가 찾아왔다. 그때 나는 감수성이 풍부해지고 공부보다 교우관계를 더 신경 썼다. 시험을 앞두고 시집을 읽으며 분위기 잡다가 수학 선생님께 등을 맞았던 기억이 난다. '1등을 놓쳐도, 최고가 아니더라도 행복할 수 있다. 인생에는 뭔가 더 중요한 것이 있다!'라는 생각 때문에 나 자신에게 더 너그러워졌다. 계속되는 사춘기였을까? 고등학교 때 성적과 진로 문제로 방황하던 시간이 있었다. 감사하게도 힘든 시기를 겪고 있는 나에게 중3 때 담임선생님께서 장문의 손 편지를 보내주셨다. "높이 나는 새가 되라"며 나의 과거를 거울삼아 현재를 이겨내고 미래로 나아갈 수 있는 희망과 용기를 주셨다.

이렇듯, 우리는 성인으로 성장하면서 알게 모르게 많은 사람들의 도움과 영향을 받는다. 이를 통해 우리의 인생관이 변화하기도 하고 그 속에서 고통과 좌절, 즐거움과 보람을 경험하기도 한다. 돌이켜 보면, 힘든 고비마다 항상 내 옆에 선생님이 계셨다. 나의 선생님들이 그랬듯, 나도 제자들이 진정한 행복을 찾아 성장해가도록 조력하고 보듬어주어야겠다. 나를 더 내려놓고 아이들의 눈높이에서 소통하는 선생님이 되고 전문성을 키우며 제자들이 걸어가는 길에 먼저 서 있는 교사가 되어야겠다고 다짐한다.

어쩌다 세종

"오늘 오후만 딱 고민해보자."

고민 끝에 세종을 써보기로 했다.

결정은 했지만 시간이 너무 부족했다. 10년간 근무했던 학교에 일일이 연락해서 서류를 팩스로 다 받고 가까스로 마감 직전에 서류를 제출했다.

1차 서류 심사를 통과했다니 마냥 기쁠 줄 알았는데 막상 덜커덕 붙고 나니 여러 가지 걱정이 되었다. 일은 저질러놓고 본다더니 이제 도망갈 수도 없고 진짜 세종이라는 곳에서 살아야 하나? 거기 가면 남편뿐만 아니라 남편 대신 내 곁에서 큰 버팀목이 돼주던 친구도 친정도 없는데.

면접을 보는 날이었다. 허허벌판, 유령도시같이 안개가 자욱한 세종의 토요일 오전 분위기는 다소 음산했다. 인적이라고는 느껴지지 않았다. 면접 장소를 찾아 헤매다 보니 나처럼 면접을 보러 오는 듯한 사람들이 몇몇 눈에 보였다. 자욱한 안개 속에 공사 중인 아파트 철근 구조물 사이로 보이는 부동산 가건물 몇 개가 전부였다. 속 빈 땅콩 같은 세종시의 첫인상 때문에 '혹시나 붙으면 어쩌지?' 이런 곳에서 살 수 있을지 걱정만이 앞섰다.

대기, 또 대기를 한 후 면접고사장으로 들어갔다. 타이머가 돌아가고 다섯 분의 심사위원은 나를 노려보는 듯 차가웠다. 머릿속은 혼비백산이 되었다. 뭐라고 떠들었는지도 모르겠다.

"저의 대답은 여기까지입니다."

더 앉아 있으면 자신감조차 떨어져 보일까 봐 황급히 면접실을 나섰다.

"학교가 변해야 합니다."

궤변을 쏟아내고 나왔는데 문을 닫고 뒤돌아선 순간 컴퓨터에 저장되어 있을 법한 정답이 뇌리를 스쳤다. '떨어졌구나!' 온 가족이 함께 응원을 오고 아이들에게 앞으로 살 곳이라고 구경을 시켜주려고 했는데 막상 떨어진다고 생각하니 너무 부끄럽고 미안했다.

그러나 세종은 나를 버리지 않았고 나는 당당히 합격했다.

합격의 기쁨도 잠시, 유치원은 모집이 끝난 상황이었다. 세종에 유치원 자리가 없다고 해서 집을 급하게 구했다. 집 근처 어린이집에 합격을 하고 1월부터 보내게 되었지만, 근무하던 학교의 학기가 2월에 끝나기 때문에 아이는 세종에 나는 진주에 출근해야만 했다. 아무것도 없는 덩그런 집에 6살 아이는 엄마 대신 할아버지의 손을 잡고 하루이틀 자고 내려오기를 반복했다. 밤이 되면 엄마의 품이 그리워 엄마에게 가겠다고 엉엉 울던 아이의 울음소리는 세종에서 느낀 첫 아픔이었다. 세종에서 근무를 할 수밖에 없는 나로서는 더 이상 선택의 여지도 없었다. 아이 두 명과 아무 연고도 없는 세종에서 살기가 그리 호락호락하지 않았다. 낯선 세종에서의 생활은 힘들었다.

소담초, 혁신학교에 발령이 났다. 세종에서 아이 둘과 어떻게 살지도 막막하기만 한데 신설 혁신학교라니 부담스러웠다.

첫 부임 인사 날, 아이들을 맡길 곳이 없어서 아이들을 데리고 무작정 갔다. 아침밥도 못 먹은 아이들에게 김밥을 사서 먹이려고 하는데 날씨가 너무 추웠다. 차에서 먹이기엔 너무 그림이 비참했다. 행정실에 가서 현관 복도 의자에 앉아 김밥을 좀 먹어야겠다고 양해를 구했다. 여러분이 계셨는데 그중에서 유난히 한 분이 반갑게 두 손을 흔들며 반겨주셨다.

"이리 따라와요. 얘들아, 이리 와."

'와! 진짜 친절한 주무관님이신가 보다.' 따라갔더니 연결된 곳은 교장실이었고 나에게 손을 내민 그분은 바로 교장 선생님이셨다.

"아, 교장 선생님!"

이게 교장 선생님과의 첫 만남이라니 너무 민망했다. 눈치 없이 천진난만한 아들은 교장 선생님이 주시는 과일, 과자를 막 편하게 먹고 교장실을 돌아다닌다. 아이들에게 밥을 먹이니 교장 선생님께서 "엄마도 먹어야 하잖아. 마음 편하게 좀 드셔"라고 배려해주셨다. 세종에서 만난 따뜻한 정을 느낀 첫 순간이었다.

3월 한 달 내내 매일 아침이면 앵무새처럼 '빨리빨리!'를 반복해서 외쳤다. 아이들은 최선을 다해서 준비를 하고 있는데 엄마의 채근은 멈출 줄을 몰랐다. 시간에 쫓기지 않아 엄마의 잔소리가 없는 날이면 아이들은 함박웃음을 지었다. 설령 아침에 콘프레이크를 먹어도 엄마가 소리치지 않으면 아이들은 기분이 좋게 집을 나섰다. 조금씩 적응을 한 아이들은 이제 나보다 먼저 다 챙겨서 집을 나선다. 착한 친구가 많고 친절한 선생님이 너무 좋아서 유치원, 학교에 가는 발걸음이 너무 가볍다. 항상 밝게 웃는 모습이 예쁜 아이들이지만 세종의 정겨운 분위기에 적응하면서 한층 더 행복해 보인다. 잘 적응해주고 잘 지내줘서 참 고맙다.

아이들이 건강하게 잘 지내주면 좋으련만 두 아이가 번갈아가면서 아프기도 한다. 한밤중에 한 아이에게 응급 상황이 생기면 정말 당황스럽다.

새벽에 배가 아프다고 자다 일어난 큰아이가 배를 움켜쥐고 운다. '응급실에 가야 하나, 응급실도 대전까지 나가야 하는데 자고 있는 동생은 어쩌지?' 아이는 자꾸 아파하는데 엄마는 자신도 모르게 아프다고 소리치는 말을 외면하며 응급실 안 가도 괜찮을 거라는 주문을 건다. 다행히 아이가 다시 잠들고 나면 안도의 한숨을 내쉰다. 그런데 또 당장 아침이 걱정이다. '아침에 일어나서 또 아프다고 하면 어쩌지.'

위기가 닥쳤다. 아이는 아침에 일어나 학교 가기가 힘들다고 했다. 학교에 안 가면 봐줄 사람도 없고 나도 출근을 못 하는데 큰일이다. 아프다고 울먹이는 아이를 일으켜 세웠다. 아이가 다리를 절룩거리는데도 성장통이 심해서 그러려니 아이를 학교에 내려놓고 학교로 출근했다. 미안했고 안쓰러웠다. 두 달여를 그렇게 지낸 아이는 자신감이 떨어지고 힘든 자신의 몸을 가누기가 힘들어졌다. 인근의 병원을 여러 군데 다녀도 상태는 쉽게 호전되지 않았다. 아이를 업어서 데려다주고 잘 견디고 있다고 격려하지만 아이의 아픔은 더 심해져만 갔다. 고관절에 물이 차고 발로 걷지 못해 두 개의 손까지 써가며 아이는 자신의 몸과 사투를 벌였던 것이다. 지긋지긋한 소염제를 석 달이나 먹고 물리치료를 받기 위해 병원 다니기를 반복하면서 엄마도 아이도 지쳤다. 엄마로서 잘해주지 못하고 아이에게 많은 것을 바라기만 한 것 같아 죄책감이 온몸을 조여왔다. 긴 몇 달의 몸살 끝에 아이는 다시 제 컨디션을 찾아가기 시작했다. 정말 감사한 일이다.

친정의 도움을 받을 때에 비해서 좋든 나쁘든 아이들과 부대끼는 시간이 확연히 늘었다. 워킹맘으로서 부족한 점도 많고 힘든 점도 있지만 세종에 와서 우리는 진정한 가족이 된 듯하다. 어린 줄만 알았던 아이들이 제법 컸다. 아이들도 엄마의 마음을 조금씩 들여다보기 시작한다. 세종시의 여유로움을 배우려고 하는 엄마의 마음을 아이들도 느꼈는지 엄마에게 마음의 문을 열기 시작했다. 어린 아이들에게 엄마를 이해해주기를 바라고 엄마가 일을 한다는 것을 이해시키기에 바빴던 나의 과거를 반성한다. 힘든 고통 뒤에 더 단단해져가는 나를 느낀다. 진심으로 내 아이가 소중하고 사랑스럽구나. 최선을 다하는 엄마보다 좋은 엄마가 되어야겠다.

세종에 와서 좋은 분들을 많이 만났다. 서로 믿고 아이를 맡아줄 수 있는 이웃도 만났고 마음 터놓고 얘기 나눌 수 있는 친구도 생겼다. 힘든 점이 있을지언정 먼저 손 내밀어주고 함께 일어서주는 지인들이 있기에 이 정도에서 포기하면 안 되겠지! 그동안 힘들었던 경험에서 우러나와 더 성숙한 엄마가 되어가는 나를 느낀다.

아파트 창 너머로 보이는 강변의 유유자적함과 세종시에서 만난 사람들의 여유로움은 나에게 잃어버렸던 느긋함을 일깨워주었다. 금강을 바라보며 그네 벤치에 앉아 아이들과 소리 내어 웃으며 그동안 찾을 수 없었던 여유를 찾았다. 친절한 사람들의 손길에서 사람 냄새가 느껴진다. 처음의 삭막함, 외로움은 사라지고 현재 제2의 고향, 세종에 정을 붙이고 잘 지내고 있음에 감사할 따름이다.

처음 만난 소담 아이들!

"자, 이제 TV를 봅시다."

"선생님 TV가 어디 있어요?"

우리 교실 TV를 두께가 얇은 최신형으로 바꿔주면 나도 아이들도 함박웃음 짓곤 했었는데 수년간 입에 익었던 그 TV가 세종시 새 학교에는 없다. 전자칠판을 활용해 아이들이 앞에 나와 터치를 하고 학습 과제를 해결하며 수업에 주도적으로 참여한다. 최신 첨단 학교 시설을 갖추고 있는 세종시의 교육 환경은 입이 떡 벌어진다. 새 학교, 새 교실, 새 교구가 갖춰진 풍족한 환경에서 아이들은 마음껏 뛰어놀고 꿈을 펼쳐나가고 있다.

세종시에서 첫 담임은 2학년을 맡았다.

사랑스러운 아이들! 저학년 특유의 발랄함이 귀엽다. 칭찬과 격려를 많이 받고 자라서 그런지 밝고 해맑다. 자유로움이 넘친다. '아이들이 이런 기분으로 학교 가서 즐겁구나.' 이 자유분방함을 매력으로 받아들인다.

"선생님, 선땡님!"

교실 여기저기서 아이들이 선생님을 외친다. 맛있는 것을 달라고 떼를 부리기도 하고 잘한 것을 자랑하기도 한다. 새 옷을 입고 와서 기분이 좋아 선생님이 알아봐주기를 바라는 새침데기도 있다. 집에서 있었던 기분 좋은 일을 웃으며 전하기도 한다. 뉴스도 잘 이해하는 연희는 큰 소리로 뉴스 이야기를 하며 친구들의 호기심을 산다. 이런 기분 좋은 외침이라면 언제든지 하하 호호 웃으며 받아주고 같이 공감할 수 있으리라.

　그런데 수업 시작 시간이 되었는데 몇몇 아이들의 얼굴을 보니 도저히 시작할 수가 없다. 놀다가 다쳐서 우는 아이도 있고 친구랑 싸워서 기분이 안 좋은 아이도 있다. 속상해도 조금 참았다가 수업이 끝난 후 이야기하는 아이도 있지만 몇몇 아이들은 속상하다고 큰 소리로 떠든다. 그 소리를 들은 상대방 아이도 자기 입장을 큰 소리로 말한다. 그렇게 시작하여 둘은 주거나 받거니 친구들과 선생님이 다 보는 수업 시간에도 말다툼을 하고 서로를 비아냥거린다. 주변의 친구들은 둘의 다툼에 부채질을 한다. 친한 친구의 편을 들기도 하고, 친구에게 객관적으로 조언을 해준다는 것이 화난 친구의 마음을 더 들쑤셔놓기도 한다. 싸움의 당사자들은 친구들이나 선생님의 시선 따위는 아랑곳하지 않고 오로지 자신들의 화난 감정에만 몰입한 나머지 감정이 좀처럼 수그러들지 않는다. "수업 마치고 쉬는 시간에 이야기하자"라고 해도 화가 난 아이에게는 아무 소용이 없다.

　어른이 보기에 단순하고 어린 존재일 수도 있지만, 자신들의 눈높이에 맞는 나름의 판단력도 있고 어른들이 상상할 수 없는 감정도 있다. 100명 중에 99명이 나쁘다고 하는 아이도 상담을 해보면 다 이유가 있고 아픔이 있다. 그 아이도 행동을 개선하려는 의지가 있고 남들이 자신의 마음을 이해해주기를 바란다. 획일적인 잣대로 모든 아이들을 대할 수 없는 것이 이런 이유에서다. 각자의 개성이 넘치는 아이들, 해가 갈수록 교실에서 만나는 모든 아이들과 잘 지내기란 쉽지 않은 일이다. 때문에 한 학급을 맡아서 잘 이끌어나가고 아이들을 진정한 배움의 장으로 안내하기 위해서는 한 교사의 피나는 노력과 준비가 필요하다.

"다 했어요."

"어디 한번 볼까?"

아무리 인정을 해주려고 해도 이건 완성작이 아니었다. 차근차근 꼼꼼하게 살펴보고 문제를 해결해보자고 권유했다. 뭐가 그리 바쁜지 매일 바쁘다며 리아처럼 빨리빨리 해내는 아이들은 몇 번 반복을 해서 검사를 받으러 나온다. 다 채워지지 않은 결과물을 가지고 와서는 일부러 비워놨다고 하는 아이들도 있다. 은서는 깨끗한 게 좋아서 아무것도 손대지 않는다고 말한다. 지언이는 1초도 생각하지 않고 턱하니 작품을 삐딱하게 붙여놓고는 머쓱하게 웃음 지으며 간다. 교사가 보기에는 정성이 더 필요한데 아이들은 마냥 즐거운 표정으로 흡족해한다.

우리 아이들은 서툴지만 도전해보는 것에도 스스럼이 없다. 도전해보는 용기만으로도 칭찬받아야 하지만 한편 아이들에게 더 높은 도전의식도 일깨워줄 필요가 있다. 서로 존중하고 경청하는 태도로 친구의 활동 모습과 결과를 공유한 후, 나를 되돌아보고 개선해나갈 수 있는 시간을 주었다. 스스로 느낄 수 있는 시간을 많이 가졌다. 만난 지 1년이 되어가는 지금, 자신의 작품을 한 번 더 살펴보는 아이들에게서 배움의 희망을 느낀다.

매번 성공적인 수업을 할 수 있다면 정말 이상적인 교육현장일 것이다. '힘들지라도 모든 아이들의 말에 귀를 기울이고 의견을 진심으로 수용하면서 수업을 진행하고 서로 존중하며 즐거운 분위기를 만들고 싶다'라는 의지는 또다시 교사로서의 끊임없는 성찰과 자기 발전이라는 숙제를 남긴다.

햇살과 바람이 공존하는 삶터, 내가 처음 만난 혁신학교

세종시에 오면서 교육혁신에 대해 가치관을 정립하고 공교육 정상화를 위해서 나도 두 손 걷어붙이고 열심히 일해야겠다는 다짐을 했다. '신도시이기에 마을공동체, 캠퍼스형 학교 등 교육혁신을 이뤄나가기에 참 좋겠다'는 생각이 들어 설레기도 했다.

'당연히 힘들 수도 있겠다'고 예상도 했다. 현실에 부딪혀보니 세종의 신설 혁신학교 분위기는 예상보다 훨씬 더 큰 충격으로 다가왔고 나의 한계를 시험하는 듯했다. 기존에 근무하던 학교와는 다른 점이 많아 적응하기도 녹록지 않았다. 처음 몇 달간은 바보 아닌 바보가 되었다.

정도라고 믿었던 기존 교육현장의 경험과 가르침이 여기에서는 그다지 중요하지 않고, 교육법보다 더 우선시되는 것이 소담초를 만들어가는 사람들의 철학과 의지이다. 가끔 '이렇게 해도 되나' 걱정이 앞설 때도 있다. 그런데 신기하게도 학교가 점점 틀을 잡아가고 있고 일련의 과정들을 되돌아보면 학교가 제대로 굴러가고 있기도 하다.

혁신학교라 민주적인 토론 문화가 활성화되고 있다.

전 학교에서도 교장 선생님께 전달식 회의 말고 주제가 있는 토론식 회의를 해보자고 제안을 하고 시도해보았지만 실패로 끝났다. 2~3개월 이후 자연스럽게 원래 회의 모습으로 되돌아갔다. 나부터 케케묵은 주입식 교육, 전달 방식에 익숙해 있는 데다 기라성 같은 선배 교사 앞에서 말을 잘못했다간 혼날까 봐 내 의견을 말하기가 두려웠다.

여기서는 너, 나, 우리 모두가 각자의 의견을 존중한다. 누군가가 제안을 하면 자신의 생각을 진솔하게 표현하고 모두가 함께 좋은 방안을 모색해본다. 다모임이 시작되면 화기애애한 분위기 조성을 위해 아이스 브레이킹을 한다. 바쁘고 급하게 의논해야 할 안건이 있지만 본론에 들어가기 전에 잠시 틈을 내어 웃음을 지어보고 편안한 마음으로 회의에 열중하게 된다.

기존 학교에서 당연시하던 것도 여기에서는 민주적인 방식으로 하나하나 풀어서 해결을 하려니 힘들기도 하다. 학교를 위해 내놓은 목소리이기는 하지만 나하고 생각이 다르면 서운하고, 내가 생각하는 방향과 다르면 좌절하며, 내가 해왔던 것들과 다르면 벽에 부딪혀 막막하다. 하지만 가족 한 사람의 생각대로 집을 짓는 것이 아니라 소담가족 모두의 의견을 하나하나 들어가며 고심해보고 조금 더딜지라도 제대로 된 혁신학교를 완성해가는 모습이 대견스럽다.

3주체가 모여 회의를 하는 모습도 꽤 자리를 잡았다. 소담초를 잘키워나가기 위해 3주체가 자주 만나 서로의 생각을 공유하고 새로운 학교문화를 만들어가고 있다. 교사나 학생 중심이 아니라 3주체가 같은 출발선상에서 의견을 주고받으며 학교의 발전을 위해 생각을 나눈다. 소담초의 3주체는 꼭짓점이 서로 닿아 완성된 삼각형을 닮아가고 있다. 바퀴가 맞물려 돌아가듯이 3주체가 공존하면서 살아간다. 서로 다른 입장이지만 의견을 나누면서 유기적으로 협동하고 어느 한 곳에 치우침 없이 함께 나아간다.

교직원들은 친절하고 느긋하다. 실수를 해도 너그럽게 이해해준다. 바쁜 일이 있어도 지나가던 동료에게 무슨 일이 있으면 내 일처럼 다가와 걱정해준다. 우리 반 아이가 아니라도 도움이 필요하면 먼저 손을 내밀고 담임선생님께 상황 전달을 해준다. 우리 반 교실 앞이 아니라도 누군가가 청소를 해야 한다면 서로 한 발 먼저 가 있다. 소담초에는 나보다 우리를 생각하는 선한 사람들이 모여 있다. 능력자들이 모여 주어진 틀 속에서 꿈틀거리지 않고 자신 있게 소신을 내세우며 혁신학교의 기틀을 잡아가고 있다. 함께 울고 웃으며 백지에 열정 가득한 소담의 이야기를 만들어가고 있다.

교장, 교감 선생님은 그런 교직원 문화를 관대하게 지켜보면서 격려해주신다. 학생과 교직원, 학부모의 입장을 충분히 듣고 이해해주신다. 아낌없는 지원을 약속하고 작은 것에도 칭찬을 하며 사기를 북돋아주신다.

기존 학교를 혁신학교로 바꾸어나가는 것을 집을 개조하는 것에 비유할 수 있다면 신설 학교를 혁신학교로 세워나가는 것은 새 집을 짓는 것과 다름없다. 보통의 신설 학교는 처음의 구상도에 따라 학교의 모습을 갖추고 학교의 체제를 안정시키고 빠른 시일 내에 완성해나가기 바쁘다.

세종의 신설 혁신학교는 그렇지 않다. 기존 고리타분한 것, 과감히 버려져야 할 것들을 배제하고 우리만의 구상도를 가지고 우리 의견대로 처음 구상도와 달리 학교의 모습을 바꾸어가기도 한다. 튼튼한 기둥을 세울 수 있으면 좋으련만 당장 지금부터 교육활동을 펼쳐야 하는 상황에서는 그 시점에서 최선을 선택할 수밖에 없다. 때로는 시간도 많이 걸리고 학교를 만드는 사람들끼리 의견이 달라 혁신학교 만들기 공사가 지연되기도 한다.

사람마다 생각이 다른 것은 당연하다. 처음 그린 구상도대로 학교를 만들어야 한다고 주장하는 사람과 기존 교육현장에서 배운 기둥을 세워가며 학교를 만들려는 사람들이 부딪힐 수밖에 없다. 법이나 사회 인프라가 뒷받침되지 않으면 혁신의 동력이 주춤할 수 있으므로 제도나 법부터 고쳐나가는 것이 우리가 일구는 혁신학교의 모습을 만드는 지름길이 될 것이다. 그러나 다소 급진적인 교육 혁신은 의견이 다른 사람들의 반발을 사기 쉽다. 개인적으로 의견이 분분하게 갈라지는 화두 때문에 우리의 마음이 다치고 함께 만들어나가는 분위기를 저해한다면, 그런 문제는 조금 뒤의 과제로 남겨놓고 소담초의 특색 있는 교육활동을 정착시키기 위해 심혈을 기울였으면 좋겠다.

소담초는 올해로 두 살 된 혁신학교다. 이제 걸음마를 시작하며 뒤뚱거리는 아이와 같다. 조금 뛰어가려다가 넘어지기도 한다. 그런 과정 속에서 좌절하기도 하고 상처받기도 한다. 모든 노력이 성과로 가시화되지 않아서 그저 안타깝다. 소담초는 세종의 3생활권이 불과 몇 달 사이 크게 변화하는 것처럼 작년과 올해, 지난 학기와 현재가 비교되지 않게 성장하고 있다. 불과 2년 남짓한 기간 동안 근사한 학교의 모습이 완성되어가는 것 같다. 주인들 마음에 들게 우리만의 학교를 만들어보는 것도 괜찮은 일이다.

개인적으로 세종시의 교육현장과 세종시의 특성 자체가 교육혁신이라고 생각한다. 세종시 아이들은 젊은 선생님들의 열정과 전문성, 수업 시간에 살아 있는 아이들, 최고의 교육도시로 만들려고 하는 교육청의 의지가 빛을 발하여 전국 어디와 비교할 수 없이 행복한 학교생활을 하고 있으리라 생각한다.

혁신학교에 적응하고 혁신학교를 잘 이끌어나가기 위해서 관련 서적도 틈틈이 찾아가며 읽어보았고, 외국의 우수한 교육 환경과 성공 사례에 대한 연수도 들었다. 우리나라의 교육제도 자체가 변하지 않고 입시 위주의 기존 학력관을 중시하는 풍토에서 혁신의 움직임이 실패로 전락하기도 하고, 여러 가지 문제로 인한 갈등이 심각하여 조직이 분열되기도 한다. 이런 안타까운 사례가 반복되지 않으려면 우리나라의 혁신학교 자체도 혁신을 해야 한다고 생각한다. 놀이 중심, 협력 중심의 교육만을 강조할 것이 아니라 아이들의 학력을 진정 높이고 찾아줄 수 있는 배움의 방향을 잘 찾았으면 한다.

눈에 보이지 않는 교육의 효과는 지금 당장 드러나는 않는 아이들의 먼 미래가 답을 던져줄 것이니, 너무 성급하게 변화하려고만 하지 말고 매듭을 하나씩 잘 풀어나갔으면 좋겠다. 학생을 대상으로 한 교육에 더 많은 에너지와 심혈을 기울여서 소담초가 혁신학교 우수 사례로서 당당히 자리매김하기를 바란다.

혁신학교의
이슬이 될 '뻔'하다

김현진

소담초에서 가장 일을 많이 하는 것은 학생도 교사도 아닌 뻥튀기 기계다.
소담초 보물 1호로 지정되었다. 학교에 고소한 냄새가 퍼지면 '어떤 행사가 있구나'라고
가늠할 수 있다. 처음에는 축제에서 뻥튀기를 나누어주었는데 올해는 조금 더 진화된 형태로
뻥튀기 사이에 바닐라, 딸기 아이스크림을 넣어서 만든 '뻥스크림'을 나누어줬다.
소담교육가족 축제와 3학년 소소한 영화제를 넘어서 미래교육박람회와
'세종교육공동체한마당'에서도 인정받은 맛이다. 뻥튀기 기계의 후임자로 보물 2호인
군고구마 리어카가 왔다. 뻥스크림으로 채울 수 없는 따스함을 아이들에게 전해줄 것이다.
여름을 시원하게 책임지는 뻥스크림과 겨울을 따스하게 채우는 군고구마 리어카의 콤비는
앞으로도 기대가 된다. 보물이라는 것은 오랫동안 그 가치가 인정되고 전해져야 한다.
그런 의미에서 소담초의 보물은 교사는 아니다. 우리는 떠날 것이고 소담초는
아이들의 모교로 남는다. 제자들의 모교에 오랫동안 구수한 냄새가 퍼지기를 바라본다.
소담초의 이야기는 세종에 있는 어느 혁신학교의 이야기가 아니다.
나의 삶에 대한 이야기이자 나의 제자들이 살아가는 이야기다.

2004년, 2016년의 편지

뚝 뚜욱 뚝.

시간이 떨어진다.

천장이 하얀 병실에서의 유일한 움직임.

작은 유리관 속에서 수액이 나의 시간처럼 떨어지고 있었다.

움직일 수 없었다. 구역질이 밀려왔다. 출산 시에도 끼지 않았던 소변 줄을 달고 간호사가 미음을 먹여주는 대로, 그리고 소변 통을 비워주는 대로 나무 도막처럼 누워 있었다.

별로 아프지도 않은데 머리를 일으킬 수가 없었다. 조금 일어날라치면 어지러움이 밀려왔다. 헛구역질이 났지만 옆에 받쳐놓은 크린랩 비닐봉지는 비어 있었다.

"혈압 잴게요."

중환자실의 간호사들이 바뀌었다. 나이트에 들어가는 모양이다.

어제는 부모님이 왔다.

엄마 생일에 충격적인 뉴스를 던져줬던 아주 착한 딸.

"눈 좀 떠봐라. 엄마 왔다. 괜찮나? 현진아, 현진아."

눈이 흐릿했지만 엄마 냄새였다.

"응. 으응."

간신히 내 의사를 전달하고는 다시 눈을 감았다. 옆에서 남편이 나의 뇌출혈에 대한 경과 보고를 해주었다.

나의 뇌출혈은 엄마보다 아빠에게 더 큰 충격이었다. 아빠도 내가 3살 때 뇌출혈로 쓰러졌었다. 아빠의 소식은 뉴스가 알려줬다. 교회 신도들에 둘러싸인 아빠. 뇌혈관 기형으로 인한 뇌출혈이었다. 아빠는 3차에 걸친 대수술에도, 의사가 마지막을 준비하라는 통보에도 까딱하지 않고 오뚝이처럼 일어났다. 불사신 같았다. 지금 생각해보면 그 생명력이 내 DNA에 새겨진 유일한 우성인자였던 것 같다. 할아버지도 60세에 임종을 준비하라는 부산대학병원 의사의 말을 무시하듯이 살아나셨고 두 번의 임종 준비 해프닝을 보여주시고도 30년을 더 정정하게 살다가 돌아가셨다.

아버지는 그 이후로도 막강한 주량과 탄탄한 근육을 보이며 건강을 과시했다. 오로지 아버지의 이마에 움푹 팬 수술 자국이 그 역사를 증명해주었다. 아버지의 걱정은 그것이었다. 내 딸이 나 때문에 이렇게 되었나? 다행히 그것은 아니었다.

미주 손실성 실신.

과로로 인해 기절을 한 것이었다. 신설 학교 업무, 정보 방과후 부장, 1학년 담임. 모든 것을 떠안으려고 했기에 그 무게감에 조금씩 쓰러져

갔다. 그중에서도 잘해보려는 나의 욕심이 컸으리라.

11월 25일 새벽, 학교에서 보고서를 썼다. 새벽 1시에 교무실에 울린 전화.

"거기 소담초등학교죠? 내일 그 학교를 찾아가려고 하는데 네비에 주소가 안 나와서요. 옛날 주소 좀 알려주세요."

나이 든 남자의 목소리가 들렸다. 그제야 시계를 올려다봤다. 바늘이 새벽 1시를 가리키고 있었다. 검색해서 주소를 알려주고 나서야 문득 떠오른 생각.

'이 시간에 뭐지?'

소름이 돋았다. 집으로 가려고 짐을 챙겼다. 조금이라도 자고 와야 내일 일정에 무리가 없을 듯했다. 수족구 걸린 둘째 딸을 간호하느라 잠도 제대로 자지 못했다. 어제 낮에는 서울 우면동에 100대 방과후학교 면담까지 다녀왔다. 연구회 보고서는 오늘까지 제출이었다. 그리고 오늘은 공주 한옥마을로 체험학습을 떠나는 날이었다.

25일 새벽 4시에 눈이 떠졌다. 다 쓰지 못한 보고서가 떠올랐다. 세수를 하고 화장대 앞에 섰다. 갑자기 세상이 하얘졌다. 그리고 TV가 꺼지듯 꺼져버린 내 정신. 머리에 피를 흘리고 쓰러진 나를 남편이 응급실로 옮겼다.

"머리가 아파. 머리가 아파."

X-ray와 CT를 찍었다. 머릿속에 피가 고였으며 골절이 있었다. 터진 자리도 꿰매었다. 중환자실로 옮겨지며 생각했다.

'우리 반 애들 체험학습 누가 데려가지?'

머리가 흔들려서 느꼈던 구역질도 어느 정도 멈췄다. 전동침대에 몸을 맡긴 채 머리를 들 수도 있었다. 생각을 해도 머리가 아프지 않게 되었다.

'연구회 정산이랑 보고서 어떡하지?'

'아이들 체험학습은 잘 다녀왔을까?'

'내 책상 좀 치우고 올걸. 정신없어서 선생님들 어쩌나.'

'방과후는 어쩌지? 방학 방과후 신청서 나가야 하는데.'

걱정스러웠다. 누구라도 할 수 있는 일이었지만 다른 사람이 원치 않게 일을 떠안게 되는 것이 불편했다. 건강관리 좀 잘할 걸이라는 후회감이 밀려왔다.

걱정과 달리 내가 없는 학교는 잘 돌아갔다. 누구나 할 수 있는 일을 나만이 할 수 있는 일로 착각하며 살았던 것이다. 이제 그것이 불편했다.

동료들이 병문안을 왔다. 나에게 미안해했다.

"너 없어도 학교는 잘 돌아가. 걱정하지 마."

"니가 그렇게 다른 사람들한테 잘하려고 떠안았던 일들을 이번에 아예 주저앉아버려서 오히려 다른 사람에게 피해를 준 거야. 그러니까 적당히 조절하고 살아."

"혁신학교 시작도 하기 전에 이슬로 사라질 뻔했다."

진심으로 걱정해준다는 것을 느낄 수는 있었지만 내가 안 해도 된다는 말은 섭섭하게 들렸다. 피해를 줬다는 말은 뼈아팠다. 그렇지만 사실이었다. 교무부장 선생님은 그 많은 일에다가 방과후 업무까지 떠안았고, 적은 인원의 동료들은 우리 반 보결까지 하고 있었다. 게다가 소변 줄에 기저귀를 하고 누워서 밥도 떠먹여줘야 하는 게 내 현실이었다. 처음에는 그것도 못 버틴 나에 대한 원망, 나 없어도 되는 일에 열과 성을 다했다는 부질없음을 느꼈다.

전두엽에 고인 피가 어느 정도 스며들자 일반 병실로 옮겼다. 6인실에 누워서 5명의 할머니, 아줌마들과 아침 드라마부터 주말 드라마까지 섭렵했다. 할머니의 자식 자랑, 병실 언니의 남편 바람피운 이야기를 듣다 보니 내가 하던 일들이 의미 없어 보였다. 무념무상의 시간을 보냈다. 나중에는 내가 뭐였는지 잊을 정도였다. 학교에는 더 이상 내가 필요 없어 보였다.

하루가 멀다 하고 반 아이들이 영상편지를 보냈다. 그때 우리 반은 아이들이 아파 결석을 하면 '어서 나아서 돌아와. 우리가 널 기다려'라는 영상편지를 보냈다. 아이들은 나에게도 편지를 보냈다. 조르르 서서 한마디씩 힘이 되는 말을 날리는 아이들이 귀여웠다.

"선생님, 아프지 마세요. 선생님이 보고 싶어요. 우리가 응원할게요. 어서 나아서 돌아오세요."

한 달의 병가를 마치고 학교에 돌아갔다. 내 책상 위에 올라와 있던 알약 모양의 편지.

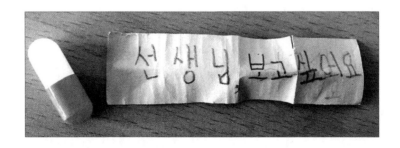

'선생님, 보고 싶어요.'

아이들이었다. 내가 학교에 있는 이유. 2004년에도 지금도 아이들이었다.

어쩌다 교사가 되었다. 1998년 IMF 구제 금융으로 교대의 위상이 높아졌다. 그 때문만은 아니다. 수시로 넣었던 의대를 떨어지고 재수를 할까 생각을 했다. 집에서 재수는 시켜줄 형편이 못 되었다. 해양경찰학과나 해군사관학교도 가고 싶었다. 서울에 있는 대학도 가고 싶었다. 서울에 있는 대학을 보내줄 형편도 아니었다. 엄마가 선생님인 딸이 보고 싶다고 했다. 다녀보다가 재수를 생각해보라는 엄마의 꼬임에 넘어갔다.

임용까지 가는 길은 쉽지 않았다. IMF 시대에 교사의 정년을 낮추고 수요를 예측하지 못하고 명예퇴직을 시켰다. 그래서 교사 수급에 차질이 생겼다. '중초교사 임용안'이 나오자 교대는 동맹휴업에 들어갔다. 중초교사 반대투쟁을 했다. 지하철에 전단을 뿌리고 광화문으로 갔다.

"내가 어렸을 때 선생님한테 많이 맞았는데 그런 교사들은 다 잘려야 돼."

"선생도 선생 나름이야."

"교사 그거 아무나 되면 어때서?"

우리의 목소리를 들어달라고 만난 시민들은 자신의 선생님들을 욕하기에 바빴다. 우리의 투쟁은 환영받지 못했다. '철밥통', '밥그릇 싸움'으로 시민들의 외면을 당했다. 그들이 던지는 말에 할 말이 없어서 부르기만 했던 이 노래가 아직도 내 입가에 맴돈다.

우리가 나중에 선생님이 되면
이 땅의 가장 순박한 아이들 곁으로
흙냄새 가득히 몸에 배어 달려오는
아이들 곁으로 갑시다

우리가 나중에 선생님이 되면
이 땅의 가장 힘겨운 아이들 곁으로
얼굴빛 흙빛이 된 아버지를 둔
아이들 곁으로 갑시다

아이들의 초롱한 눈 속이지 않으며
거짓 없는 학교로 가서
진정 하나 되는 젊은이 될 수 있게 가르치며

우리가 나중에 선생님이 되면
휴전선 아래 있는 아이들 곁으로
우리가 새로이 하나 되기 위하여
몸을 던집시다

청정하던 젊음 백발이 될 때까지 가르치며 삽시다

「우리가 나중에 선생님이 되면」, 도종환

2004년 졸업을 하고 특별한 인연이 되어 사립학교에 기간제로 임용이 되었다. 아이들은 천사 같았고 동료들은 친절했다. 6학급의 작은 학교였다. 학교가 작다 보니 교사의 업무가 많고, 사립학교다 보니 학부모의 기대는 높고 학부모와 학생들을 만족시키기 위한 행사가 많았다. 그러다 보니 기간제 교사들은 2, 3개월을 채우지 못하고 떠나갔다.

5학년 담임을 맡았다. 처음 만난 한 달간은 두 명의 여학생이 수업하는 중에도 엎드려 있고, 다른 아이들은 말도 하지 않았다. 숙제도 하지 않았고 수업에 열심히 참여하지 않았다. 도대체 왜 그러느냐고 물었다. 말은 하지 않았어도 눈빛으로 호감을 보여주던 남자아이가 대답했다.

"선생님도 곧 떠나실 거잖아요."

어질어질했다. 아이들은 그 한 달간 내가 믿을 만한가 아닌가를 주시하고 있었다. 아이들 마음을 얻기 위해 최선을 다했다. 하루 한 시간이라도 아이들이 웃을 수 있도록 수업을 재미있게 준비했다. 웃음이 터지기 시작하니 말문이 터졌고 수업은 내가 꿈꾸던 대로 진행됐다. 그리고 시간을 내서 아이들의 이야기를 많이 들어줬다. 4학년 때 기간제 선생님이 오셨는데 폭력으로 인해서 3개월 만에 나가시고 그다음에는 선생님이 안 구해져서 교장 선생님이 수업을 했다고 했다. 아이들의 상처를 다독이기 위해 수업을 마치고 매일 2시간은 상담을 했다. 치킨 값도 많이 들었다. 그러고는 여름방학을 맞았다.

함께 근무했던 기간제 교사 세 명 중 두 명이 임용 준비를 위해 학교를 떠난다 했다. 나는 남겠다고 했다. 나의 첫 제자들을 떠날 수 없었다.

첫 여름방학을 잘 보내고 개학 전날 청소를 하러 학교에 갔다. 책상 위에 수북이 놓인 편지.

"선생님, 가지 마세요."

나는 가지 않았다. 아이들과 2학기에도 더 지냈다. 나의 첫사랑이었다. 6학년 때는 다른 훌륭한 동료 선생님의 제자들로 졸업을 했지만 그들에게 졸업식 축가를 불러주며 눈물을 펑펑 쏟았다. 잘 자라준 것이 기특했다.

8년이 지나 스무 살을 앞둔 첫 제자들이 모였다. 내 결혼식이었다. 대학 때문에 타지로 떠난 제자들 모두가 모여 이번에는 나에게 축가를 불러줬다. 그날 밤, 아이들은 '현진쌤의 12제자'라며 사진을 보내줬다.

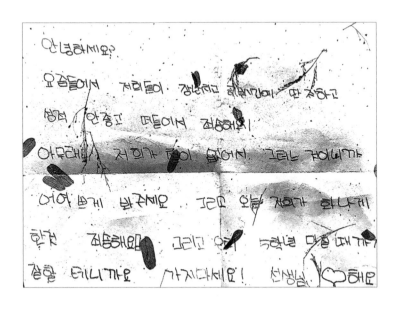

2004년 부산에서도, 2016년 세종에서도 나를 보고 싶어 해준 것은 아이들이었다. 내가 자리를 비울 때 채워준 것은 제자들의 편지였다. 2004년의 편지를 받고 그 아이들의 일 년과 아이들의 모교가 될 학교를 위해 최선을 다하겠다고 마음먹었으며, 2016년도 그랬다. 지금 내 취미는 SNS에서 제자들의 삶을 들여다보는 것이다. 살면서 힘든 것은 없는지 방황하는 아이는 없는지를 살핀다. 그렇다고 먼저 인생에 관여하지는 않는다. 아이들이 도움을 요청하면 즉각 응답한다. 제자들의 삶이 내 삶의 일부가 되었다.

2014년 5월 15일 오후 10시 43분

스승의 날

날 기억해준 많은 제자들아

잊지 않고 찾아주고 메시지 보내줘서 너무너무 고맙다.

너희와 함께한 추억이 새록새록 기억난단다. 당시에는 힘들었던 일들이 지금은 행복한 추억인 걸 보면 너희에게 닥친 힘든 일들도 지나 보면 추억이 될 거야.

두 아이의 엄마가 되고 보니 깨닫는 것들이 많아.

제자들아, 너희는 소중한 존재다. 스스로를 소중히 여기고 자신 있게 살도록 해라.

괴롭히는 이 있으면 안 만나면 되고 죽도록 힘든 일은 하지 말아라.

세상에 목숨보다 중한 것은 없으니 너희의 생명을 위협하는 일 있거든 그때는 포기해도 괜찮다. 부모님이 열 달 동안 뱃속에서 키우고 여태껏 애지중지 키운 너희라는 것을 기억해라.

능력 있는 투자자는 손해 보는 곳에 투자하지 않지만 부모님은 손해 볼 줄 알아도 기꺼이 너희에게 투자하시는 분이다.

스승의 은혜는 하늘 같지만 부모님의 은혜는 우주 만물과 같으니라.

졸업 후에 용돈 아껴 선물 사 오고 편지 써주고 카톡 날려주고 친히 전화까지 해서 목소리 들려줘서 고맙다.

너희가 있었기에 교단에 설 수 있었고 너희가 있었기에 선생님의 삶을 살 수 있었다.

너희가 만나는 모든 이를 스승으로 대하면 한 가지라도 배울 수 있느니라. 개미 한 마리나 들꽃의 생명력, 모든 존재에게 교훈이 있으니 세상 모두를 스승으로 여기도록 하여라.

나아가 너희 스스로가 세상을 평화롭고 행복하게 만드는 스승이 되기를 바란다.

비록 몸매 푹 퍼진 아줌마의 인생을 살고 있지만 너희의 기억 속에는 예쁘게 남아 있다니 위로가 된다. 사랑한다, 제자들아. 너희는 이렇게 사람을 행복하게 만들 줄 아는 가치 있는 사람들이다.

매년 졸업생들이 보내주는 스승의 날 축하 메시지에 감사로 응답했다.

소담초의 이야기는 세종에 있는 어느 혁신학교의 이야기가 아니다.

나의 삶에 대한 이야기이자 나의 제자들이 살아가는 이야기다.

배불뚝이의 세종 합격기

기독교 사립학교에서 근무하며 사역자로서의 교사의 삶을 살았다. 하나님의 말씀을 아이들에게 전했다. 아이들은 성경을 기반으로 한 수업을 들었으며 하나님 사업에 귀하게 쓰이기 위해서 스스로 가치로운 존재가 되고자 했다. 영어, 수학, 음악 등을 열심히 공부했으며 교회 방문을 가서 그동안에 배운 영어 성극, 찬양으로 재능을 나누었다. 아이들 간에 다툼이 일어나면 '네 이웃을 네 몸과 같이 사랑하라'는 말씀으로 아이들의 손을 잡고 기도했으며, 부모를 탓할 때는 '네 부모를 공경하라 그리하면 네 하나님 여호와가 네게 준 땅에서 네 생명이 길리라'는 말로 아이들을 가르쳤다. 그래서 근무하는 동안에 아이들끼리 욕을 하거나 심하게 싸우거나 학교폭력이 일어나는 것을 보지 못했다. 아이들은 피자와 콜라가 앞에 있어도 스스로 먹지 않을 만큼 절제력이 있었고, 배려와 봉사가 몸에 배어 있었다. 혼자 남아 청소할라치면 셔틀버스도 타지 않고 청소를 도와줬다. 정말 천사를 나에게 보내주셨나 하는 착각이 들 정도였다. 동료들도 순수하고 선했다. 첫째를 낳고 회식 자리에 가도 아이를 안을 틈 없이 다들 돌아가면서 아이를 봐줬다.

변화는 나에게서 일어났다. 결혼을 하고 생긴 주변의 가족들이 공립초등학교에 가보는 것이 어떻겠냐고 했다. 그때 사립초등학교에서는 육아휴직도 쉽게 할 수 없고, 육아휴직 수당을 주지 않았다. 그리고 주말에도 학교에 나가서 하는 어린이 예배가 집안의 불화로 번졌다. 그래서 시험을 쳐야겠다고 생각했다.

첫 번째 시험은 첫아이를 낳고 2주 후인 11월 24일에 치러졌다. 산후조리원을 퇴실하는 날이었다. 일찍 퇴실하면 갓난아이를 집에 놔두고 시험 치러 가기 어렵겠다 싶어서 조리원을 오후에 퇴실하기로 했다. 잠시 외출하겠다고 양해를 구하고 시험을 치러 천안으로 갔다. 합격하겠다는 의지보다 요즘 시험 경향은 어떤지 다음에 시험을 칠 수 있을지 정말 내 자신을 '시험'해보았다. 조리원에 있는 동안 책을 잘 보지 못했다. 출산의 고통으로 그전에 보았던 내용도 잊어버렸다. 교육학은 난이도가 있었고 교육과정은 칠 만했다. 답을 쓰는 데는 문제가 없었는데 문제는 다른 데서 발생했다. 출산한 지 2주가 된 산모의 젖이 불기 시작한 것이다. 양해를 구하고 유축을 하러 갈 수도 없는 입장이라 쉬는 시간마다 화장실에 가서 젖을 짜서 버렸다. 시험을 치고 돌아와서는 조리원을 퇴실했다. 너무 돌아오지 않아서 신생아를 버리고 간 줄 알았다는 말을 들었다. 1차는 과락을 겨우 면하고 합격했다.

두 번째는 조금 더 자신감을 가지고 세종으로 쳤다. 대전은 컷이 너무 높을 것 같아 자신이 없었다. 2014년 세종의 티오가 270명이 났다. 접수를 했다. 한국사능력시험 3급을 통과해야 하기에 시험 준비에 앞서 한국사능력시험을 쳤다. 큰별 쌤의 도움으로 한국사능력시험에 통과하고 임용시험 준비를 했다. 시험까지는 20일 정도가 남았다. 학예회 담당이었던 나는 업무와 회의, 리허설에 시달렸지만 개인적인 시험 준비로 학교 업무에 지장을 주지 않기 위해 퇴근 시간 이후에 집중했다. 첫째를 낳았을 때보다 낫겠지 싶었는데 웬걸 상황은 더 열악했다. 6시 퇴근하고 첫째를 어린이집에서 데리고 와서 밥 먹이고 남편에게 인계하면 8시, 둘째를 임신한 몸으로 새벽 2시까지 공부를 했다. 혼자 공부하면 집중하지 못할 것 같아 인강을 들었다. 돈이 아까워서라도 듣겠지 싶었다. 어쨌거나 1차에 합격했다.

2차 시험은 1월 7, 8, 9일에 치러졌다. 임신 8개월이었다. 둘째라 가득 부른 배를 지고 2차 시험을 치러 갔다. 수업 시연을 하는 날 추첨을 하는데 27번을 뽑았다. 29번이 마지막이었다. 아침 6시 30분에 나와서 집에 도착하니 저녁 7시 30분이었다. 배가 남산만 하여 남들처럼 엎드려서 잠을 잘 수도 없었다. 속이 더부룩해서 점심을 먹기도 힘들었다. 나중에 교육감을 만날 기회가 있다면 임용시험에서 임산부, 출산부 우대 정책을 내달라고 건의하려고 했다. 결국 가까스로 최종 합격을 했다. 뒤에 10명 남은 260등이었다. 그러고는 발령까지 1년을 기다려서 세종시의 공립초등학교 선생님이 되었다. 나 스스로도 대견했던 시험 합격을 수기로 남기고 싶었다. '역시 대단해'라는 인정도 받고 싶었다. 그러나 임용 카페에 올라온 합격기에 꼬리를 내렸다. 2차 시험이 있던 1월 7일 새벽 5시에 출산하고 8시에 시험을 치르러 간 경기도 수험생의 글이 모두를 압도했다. 2차가 있는 3일 동안 양호실에 누워있다가 1번으로 시험을 치르고 합격했다는 후일담이 있었다. 나는 새발의 피였다鳥足之血.

2015년 2월 27일에 임명장을 받으러 갔다. 11년을 기다려 받은 임명장이었다. 이날 임명장을 받은 이는 유·초·중·고 합쳐서 400여 명. 최교진 교육감이 한 사람 한 사람 손을 잡아주며 직접 임명장을 전달했

시험장 전경   임명장 수여식

다. 그의 등은 땀으로 젖어 겉옷까지 얼룩으로 물들었다. 순수하게 축
하하고 함께 가자는 의미로 손을 잡아주고 있었다. 후배 교사에게 하
는 인사가 아니었다. 세종 교육을 위한 동지로 우리를 대했던 것 같다.
현재에도 나중에도 내가 세종시 교육청을 위해 열정적이라면 그날 잡
았던 손이 뜨거웠기 때문이리라.

세종에서 만난 친구

살다 보면 삶 자체로도 가르침을 주는 친구들을 만난다. 흔히 삶의
스승이라고 하면 나이가 많거나 인생 경험이 많은 사람들이 그 위치
에 서 있는데, 내가 만난 이 세 사람은 타고난 듯 자신의 삶에서 나에
게 영감을 주었다. 엄마 같은 헌신적인 사랑으로 나를 대해주었던 베
스트 프렌드 박가영, 사람에 대한 예의를 보여준 안수경, 그리고 세종
에서 만난 친구 정유숙.

가영이는 고등학교 친구이다. 가영이는 대가 없는 헌신적인 우정이 무엇인지 나에게 보여주었다. 가영이 이전의 친구들은 내가 공부를 가르쳐줘서, 먹을 걸 사줘서, 선생님들이 인정해서 친구가 되고 싶어 했다. 가영이는 그냥 나를 좋아해줬다. 연인들끼리만 하는 질문이겠지만 궁금해서 가영이한테 물어본 적이 있다.

"넌 내가 왜 좋으냐?"

"네가 김현진이니까."

교실 급식이 3학년 때부터 시작되어서 2학년 때까지 도시락을 싸가지고 다녔는데 나는 꽤 입맛이 까다로웠다. 엄마는 몸집이 자그마한 내가 밥을 잘 먹고 다니기를 바랐는데 점심은 도시락을 먹고 저녁은 거의 남긴 채로 돌아가서 엄마와 실랑이를 많이 했다. 그래서 내린 엄마의 결단, 저녁은 사 먹으라고 돈을 주셨다. 도시락을 2개나 들고 다니는 것도 귀찮은 일이고 해서 저녁마다 학교 매점에서 라면이나 칼국수를 사 먹고는 했다. 가영이는 '우리 현진이 잘 먹어야 공부 잘한다'고 도시락을 싸 와서 나에게 밥을 먹였다. 2학년이 되어 나는 이과, 가영이는 문과로 반이 달랐음에도 우리는 저녁을 같이 먹었다. 가영이의 도시락은 어마어마했다. 자주 싸 오던 수육과 상추, 오향장육에서부터 강된장과 오이고추 등 잘 차려진 밥상을 대접받는 듯했다. 가영이 엄마는 한식, 중식, 일식 요리사 자격증이 있었는데 그 혜택은 내가 다 받아서 내 살과 피가 되었다.

경기도로 시집가서 자주 만날 수 없지만 명절에 만나도 어제 만난 듯 반갑다. 딸 셋에 어려운 살림으로 고생하는 게 안쓰럽기도 하다. 언젠가 통화를 하며 '엄마들 모임 있어서 화장을 하려고 화장품을 여는

데 다 오래돼서 쓸 게 없더라. 내가 왜 이렇고 사나 싶다'는 말에 화장품을 사 보냈다. 애기를 낳았을 때는 기저귀 가방이라도 좋은 걸 쓰라고 나도 들고 다니지 않는 명품 가방을 보냈다. 서로 어려운 살림이지만 곳간 털어 상대의 곳간을 채워주는 친구로 남았다. "나는 헐벗어도 너는 그 시절처럼 반짝반짝 빛나라"는 것이 가영이를 대하는 내 마음이다.

교실에서 단짝이었던 여자아이들이 서로 눈을 흘기며 싸우는 것을 보면 한마디 한다.

"너희가 우정을 알아?"

수경이는 대학 시절 신문사에 우리 동기들보다는 늦게 들어온 수습기자였다. 신문사 선배들로부터 교육을 받을 때나 다른 신문사 기자들과 만날 때 원칙과 논리를 따져가며 선배들을 당황스럽게 만들곤 했었다. 수경이는 창백하다시피 하얀 피부에 긴 생머리, 야리야리한 몸, 온실의 화초 같았다. 곱게 자라 보여 오래 버티지 못할 거라 했다. 신문사 생활은 해본 사람들은 알겠지만 잘 씻지도 못하고, 잘 먹지도 못한다. 길에서 생활할 때도 많고, 대학교 운동장에서 신문지 하나 덮고 자야 할 때도 있었다. 그러나 그녀는 야생화처럼 그 상황을 버텨내면서도 아름다웠다. 어디에서 잠들어도 머리카락 하나 흐트러지지 않았고, 얼굴은 팩을 한 듯 보송보송했다. 군더더기 없이 글을 잘 썼으며 취재원이 아무리 높은 사람이라도 개의치 않고 인터뷰했다. 그런 당당한 그녀가 좋았다.

수경이는 대학의 소식들을 주로 실었다. 분야는 달랐지만 우리 신문에 소외된 사람들의 이야기를 싣자는 것이 공통된 의견이었다. 우리는 청춘을 걸고 펜으로 투쟁을 해야 민족이 해방되고 조국이 통일된다는 생각으로 사진을 찍고, 취재를 가고, 기사를 썼다. 마감을 할 때면 2주 동안 신문사의 오래된 소파에서 쪽잠을 자며 밤을 새웠다.

사회부 기자로서 봤던 세상은 가혹했고 그것을 바꾸기에는 내 힘이 너무 약했다. 결국 신문사를 나왔다. 수경이는 편집국장이 되었다. 선배들도 졸업하고 신문사에는 사람이 없었다. 후배 하나와 둘이서 신문을 낼 때도 마감일을 지켰다. 수경이는 학점 관리와 임용도 준비하며 모든 것을 해냈다. 수경이는 정말 강한 사람이었다. 주변 사람들은 모두 수경이와 특별한 관계를 맺고 싶어 했고 그녀는 자신과 맺은 모든 인연을 중요하게 생각했다. 그 인연이 깊든 얕든 간에 모두를 잘 챙겼다. 아우라가 있는 사람이었다.

그와 비슷한 아우라를 세종에서 만났다. 교육감과의 공감 데이트를 하는 날이었다. 몇 명의 여교사가 커피숍에 모여 앉았다. 임명장을 받은 지 얼마 안 되어서 아는 사람이 없었다. 교육감에게 마지막으로 할 말이 없냐고 하기에 한두 명의 선생님이 말을 꺼냈다. 대부분은 교육감이 바뀌고 나서 좋아진 교육 환경과 근무 여건에 대해서 감사의 말을 전했다. 눈물을 흘리는 사람도 있었다. 그러고는 침묵이 흘렀다. 그러자 모두의 이야기를 듣고 싶다고 이런 자리도 어렵게 오지 않았느냐고 해서 돌아가며 한마디씩 했다. '어떤 말을 해야 하지?'라는 생각에 말할 거리를 찾고 있는데, 나보다 어려 보이는 여교사가 말할 차례가 되었다.

"'꽃 한 송이 핀다고 봄인가요. 다 같이 피어야 봄이지요'라는 노래처럼 한 송이 꽃에 봄을 바라는 것은 우리의 착각일 수 있을 겁니다.

그런데 사람이 하나 바뀌었는데 세종 교육 전체가 바뀔 수 있는 것은 그 사람이 어떤 사람인가에 따라 다른 것 같습니다. 감사합니다."

길지도 않았다. 상급자에게 잘 보이려고 애써 꾸미지도 않았다. 앞에서 했던 그 모든 말을 시적으로 풀어내는 그녀에게 반했다. 그녀가 바로 정유숙이다. 이후로도 연수나 모임에서 마주쳤다. 초등혁신학교 연구회를 하며 주기적으로 만나게 되었다. 혁신학교나 교육과정 재구성, 교육철학이라는 단어들이 들어 있는 연수에서는 항상 마주쳤다. 연구회나 연수에서 자주 모둠 활동을 하며 이야기를 나눴다. 얇고 얇은 나의 지식에 비하면 깊은 지혜가 있는 사람이었다. 자신의 정의로움을 글로 풀어내는 능력이 있었다. 또 만날 것 같았다.

꿈꾸면 이루어지리라

초등혁신학교연구회의 마지막 날이었다. 학교 혁신과 배움중심수업이 무엇인지 궁금해서 들어오게 된 연구회였다. 전국에서 내로라하는 혁신학교 선생님들이 자신들의 사례를 들며 강의했다. 일 년간 강의를 듣고 있지만 사례들이 나에게는 새롭지 않았다. 사립학교에 처음 근무하게 된 2004년부터 수업의 형태는 배움 중심이었고 학생 중심 프로젝트는 일상이었다. 아이들은 학교에서 제시하는 프로젝트 수업뿐만 아니라 개인 프로젝트를 진행하고 일 년이 지나면 소논문을 쓰거나 발표를 했다. 사립초는 학교 비전이나 철학이 교사들의 생각에 달린 것이 아니라 설립 목적을 따르고 그 생각에 동의하는 교사들이 모이는 형태가 되기에 재구성이 더 빨리 이루어진 것이 아닌가 하는 개인적인 분석을 했다.

"오늘이 초등 혁신학교 연구회의 마지막 날입니다. 지금까지 만나지 않은 선생님들과 모둠 구성을 해보시고, 선생님들이 새로운 학교를 만든다고 생각하면서 학교의 비전을 세워보세요."

5주 동안 연수를 받았는데 5명의 강사가 모두 달랐다. 그래서 오는 강사마다 강의 내용이 비슷했다. 학교의 현실, 우리가 원하는 학교, 교사상, 학생상, 학부모상, 학교의 비전은 이제 달달 외울 정도였다. 포스트잇이 지겨울 정도였다. 마지막에 만들었던 모둠에는 정유숙, 조윤정과 다른 두 명의 선생님이 함께했다. 강의를 오랜 시간 함께 들었기에 학교 혁신에 대한 생각의 차이가 많지 않았다.

'그래, 마지막으로 정말 현실감 있게 해보자'라며 현재 학교의 현실을 토론하고, 교사상, 학생상, 학부모상을 세웠다. 학교철학과 비전을 세우며 모둠 선생님들과 생각을 맞춰갔다.

"우리 이렇게 같이 학교에 들어가면 좋겠어요."

"맞아요. 신설 학교에 들어가서 우리가 세운 비전으로 학교를 만들면 좋겠어요."

신설 학교. 맞다. 생각을 못 했다. 기존 학교에 들어가서 학교의 문화를 바꾸는 것보다 학교가 세워질 때부터 시작하면 쉽지 않겠는가? 세종시는 모든 것이 새롭다. 도시가 세워졌고 사람들이 들어왔다. 아파트가 세워졌고 아이들이 들어왔다. 학교가 생기기 시작했다. 세종의 신설 학교는 건물을 짓고 개교를 하기 전에 개교 준비팀이 구성된다.

"신설 학교 TF는 보통 교무, 연구를 할 사람들 두 명이 들어가잖아요. 그 두 명이 만든 학교 비전과 철학에 왜 뒤에 들어온 사람들이 따라야 할까요?"

"맞아요, 학교교육과정은 대부분 다른 학교에서 가져온 것을 연구나 교무가 편집만 다르게 해서 만들잖아요."

"그래서 정성식 선생님이 캐비닛 교육과정이라고 하셨잖아요."

이야기를 나누다가 머릿속에 느낌표가 그려졌다. '이게 초등혁신학교연구회가 할 일이구나!'

"선생님, 우리가 만든 학교 비전으로 교육감님께 제안해보면 어떨까요?"

"교육감님께서 들어주시겠어요?"

"그냥 제안하는 것만으로도 의미가 있지 않을까요? 우리가 모여서 관리자 뒷담화나 하고 학교의 고리타분함을 토로하라고 이 모임에 온 것 같지는 않아요. 안 읽으시더라도 한번 해봅시다. 함께 하실 분 있나요?"

제안만 하려고 했다. 두 명이 만들어내는 교육과정을 학교 구성원들이 만들 수 있는 기회라도 주어지기를 바랐을 뿐이다. 함께 제안할 사람들을 찾았다. 마지막에 모둠을 구성했던 사람들 중 정유숙, 조윤정, 김사다 선생님이 함께하기로 했다.

우리의 이야기는 속도가 붙었다. 이미 학교를 만들고 있는 느낌이 들었다. 처음에 학교의 철학과 비전을 정할 때보다 훨씬 진지하면서 사실적인 이야기들을 주고받았다.

교육청 주차장을 나서면서 셋은 부족하다는 생각이 들었다. 김은진, 조계현 선생님을 만났다. 이런 제안 어떠냐고 의견을 물었고 이렇게 제안하는 멤버가 구성되었다. 우리는 새로운 학교 준비모임이라고 이름을 짓고, 커피숍이나 집에서 만나면서 제안서를 써나갔다.

주요 내용은 혁신 철학을 공유하고 있는 혁신학교연구회 회원 중심의 소담초등학교 개교 준비 TF팀과 소담초등학교의 1년간의 준비과정을 거친 2017년 혁신학교 지정을 제안했다. 그리고 교감, 교무행정사 중심의 교무업무지원팀을 구성함으로서 담임을 아이들의 품으로 보내자는 것이었다.

소담초 주변에는 소담유, 소담중, 소담고가 가까이에 있고, 근처에 주민센터와 복합커뮤니티가 있기 때문에 지리적으로도 좋은 여건으로 마을교육공동체를 구성할 수 있음을 제안서에 담았다. 학부모 대표, 학생 대표, 교원 등으로 구성된 의사결정기구 형태인 교육과정 운영위원회의 모델을 제안했다.

닥치고 혁신이라는 생각은 없었다. '내 아이가 다닐 학교, 내가 보내고 싶은 학교'를 만들고 싶었다. 제안서를 썼던 무모한 도전 정신은 연수 중 들었던 이 시에서 영감을 얻었다.

나 하나 꽃피어
풀밭이 달라지겠느냐고
말하지 말아라.
네가 꽃피고 나도 꽃피면
결국 풀밭이 온통
꽃밭이 되는 것 아니겠느냐

나 하나 물들어

산이 달라지겠느냐고도

말하지 말아라

내가 물들고 너도 물들면

결국 온 산이 활활

타오르는 것 아니겠느냐

_〈나 하나 꽃피어〉, 조동화

　당시에는 듣고 배운 내용들로 좋은 것만 짜깁기하듯 제안서를 썼으나 지금 보면 이루었거나 이루고 있는 것들이 많다. TF팀이 구성되어 생각을 맞추어가며 학교철학 등을 정하고 이루려는 노력이 첫 번째이다. 구성원이 함께 정한 비전과 철학, 학교상이므로 말에 그치는 것이 아니라 현장에서 구현하려고 서로 노력한다. 두 번째는 만장일치로 정해진 혁신학교 공모였다. 혁신학교로 지정된 것보다 기뻤던 일이었다.

　현재 진행되고 있는 일은 학교 중심의 마을교육공동체이다. 학부모회의 회원들이 아이들을 놀게 하자며 금요일마다 '아띠 놀이터'를 연다. 아이들과 시간을 보내기 위해 요리를 하고, 학년의 행사를 돕기 위해 아이스크림을 푼다. 아버지회는 '아이에게 아빠를, 아빠에게 아이를, 엄마에게 자유를'이라는 슬로건으로 아이들과 학교에서 캠핑을 하고, 자전거 라이딩을 했다. 여기에 그치지 않고 마을 사람들과 함께 인문학 콘서트를 즐겼다. 학생회도 소담초 재학생들을 위해 세월호 기념행사, 크리스마스 행사를 했다. 1학년 아이들은 소담유치원 아이들을 초대해서 학교 구경을 시켜주고 그림책을 읽어줬다. 소담중학교 축제에서 소담초 댄스팀이 축하공연을 했다. 소담고 봉사동아리는 소담초 동생들에게 체육동아리 활동을 지도해준다. 소담유치원이 혁신유치원으로 선정되자 소담초 선생님들이 축하와 환영의 현수막을 걸었다. 마을교육공동체가 영글어진 학교에서는 우스운 수준일지 모른다. 그렇지만 기대되는 것은 곧 복합커뮤니티가 생긴다는 환경적인 변화와 올해 애쓴 사람들이 대표직을 기꺼이 내려놓고 내년 사람들에게 힘을 실어주는 모습이다. 그리고 뻥튀기 기계와 군고구마 리어카 콤비의 활약이다.

교육과정 위원회는 현재 학부모, 학생, 교사 연석회의의 모습으로 진행되고 있다. 월 1회 학부모, 학생 대의원들과 소담초 부장단이 함께 회의를 열고 있다. 1, 2학기 교육과정 평가회를 거치며 서로를 평가하고 불만을 말하기보다는 각자 자체 평가하고 개선 사항을 말하는 것을 보면 학교의 주체들로 모습을 잡아가는 것 같다. 2학기 평가에서는 구성원들의 가이드라인과 약속의 필요성을 언급하고 자신들의 역할을 찾아가고 있다.

아이러니하게도 제안서에 이름을 올린 사람 중에는 나만 남았다. 제안서에 썼던 내용은 유우석 선생님도 알고 있는데, 2017년에 왔다. 그런데 하나하나 이루어지고 있는 것을 보면 내가 제안서를 잘 썼거나 혁신학교의 일반적인 내용이거나 혹은 내가 미래를 내다보거나……. 희한하다.

센 언니 고은영, 더 센 언니 김현진

발표가 나기 전부터 제안서를 제출했던 우리 팀은 미리 만나서 새로운 학교에 대한 청사진을 세웠다. 같이 발령이 날지도 모르는 상황이지만 안 되더라도 좋은 경험이라고 생각했다. 커피숍에서 자주 만났다. 커피 값이 많이 들었다. 그래서 집으로 옮겼다. 집에서 밥도 해 먹어가며 이야기를 나눴다. 경기도 혁신학교의 교육계획서는 모두 훑어보았다. 혁신학교 책도 다시 정독했다. 민주주의와 교육도 장을 나눠서 읽고 요약 발표했다. 소담초 공사 현장에 가서 공사가 어떻게 이루어지고 있는지도 보았다. 드디어 2016년 2월 개교 지원팀 발표가 났다. 소담초 개교 지원 TF 조계현, 조윤정, 김사다, 김현진, 정유숙. 우리의 바람이 통했다.

3월 1일부터 기존의 학교와 소담초에 겸임 발령 처리가 되었다. 임시 사무실은 양지고등학교에 마련되었고 이후 전입 교사가 발표되었다. 다른 지역에서 이미 혁신학교를 거친 분들이 온다고 했다. 부산, 전북 등지에서 혁신학교 실무 경험이 있기에 혁신학교에 대한 우리의 얄팍한 지식을 들킬까 봐 긴장했다. 전입 교사들의 연락처를 어렵게 구했다. 환영회를 한다는 문자를 보냈다.

2월 24일, 맛있다고 평판이 난 중국집에서 만나기로 했다. 꽃도 한 송이씩 준비했다. 세게 보이려고 눈에 화장도 넣었다. 꿀리면 안 된다. 한 명 한 명 들어왔다. 어색한 웃음으로 만났다. 모두 순수하고 선한 인상이다. 긴장감도 비친다. 그런데 그중에 센 언니가 하나 들어온다. 고은영. 부산에서 왔다고 한다. 동향이다.

"어? 저도 부산 사람인데요?"

"저는 부산 사람은 아니고요, 정읍 사람이에요."

너와는 지연을 맺지 않겠다는 듯 단호하다. 뭐지? 저 여자. 기에 눌린다. 신문사에 자주 봤던 운동권 언니들의 얼굴을 하고 있다. 소주에 밥을 말아 먹을 수 있는 기가 느껴진다.

밥을 먹고 커피숍으로 갔다. 이전 학교의 경험과 세종에 오게 된 이야기들을 들었다. 센 언니가 입을 열었다. '새로운 학교, 행복한 아이들.' 세종의 교육 비전이 마음에 들어서 왔다고 한다. 보기보다 철학적이다. 게다가 세종 교육 비전이 마음에 들다니. 남편 따라온 것도 아니고 집 때문도 아니다. 게다가 싱글이다.

우리는 소담초에 들어가게 된 과정을 짧게 설명했다. 과정이 감격적이었는지 기에 눌려서였는지 몰라도 설명하는 목소리가 떨린다.

"오랫동안 우리가 논의한 과정과 결과는 있지만 그 모든 것을 내려놓으려고 합니다. 선생님들과 같이 그 모든 작업을 다시 할 것이고, 여러분의 의견을 듣고 함께 결정하겠습니다."

조계현 선생님이 전입 교사들에게 자신들의 경험을 나누어주기를 요청했다. 분위기는 화기애애했고, 전입 교사들도 역할을 다하겠다고 화답했다. 그 와중에 내가 물을 끼얹었다.

"우리는 소담초의 모든 존재가 존중받기를 바랍니다. 그래서 아이들 줄 세우기를 하지 않았으면 하는 바람이 있습니다. 아이들에게 상을 줌으로써 경쟁 구도를 만들지 않을 것이고 6년 동안 박수만 쳐야 하는 아이들을 만들고 싶지 않습니다. 그것은 교사도 마찬가집니다. 학폭가산점이나 성과급같이 교사를 경쟁 구도로 만드는 그 모든 것과

개교 TF와 전입 교원의 만남

멀어졌으면 합니다. 그래서 다 같이 손잡고 갔으면 하는 바람입니다."

남녀가 선을 보듯 다들 조심스럽게 입을 열었다. '혼자의 몸이 아니기 때문에 부부끼리 상의해보겠다'부터 '결정되는 대로 따르고 싶다'까지, 서로 주뼛거리고 있으니 센 언니가 나섰다.

"선생님 생각에는 어느 정도 동의합니다. 그렇지만 지금 확정하기에는 성급한 감이 있다고 보입니다. 업무분장이나 학년 배정이 어느 정도 이루어지고 서로 생각이 공유된 후에 다시 이야기를 나누어봐야 할 것 같은데. 어떠세요?"

맞는 말이었다. 저 언니 대단한데? 깔끔하게 상황을 정리하는 능력이 있었다. 그리고 더 불편해질 수 있는 상황을 잘 전환했다.

그녀와 시간을 보내며 처음에 세다고 말한 첫인상은 변했다. 털털하고 활달했다. 그녀의 말버릇처럼 '어, 그건 제가 잘못한 것 같으네요. 알려줘서 고마워요'라며 성숙한 모습을 보였다. 흔히 센 언니들은 의견에 대한 반대를 받아들이지 못한다. 의견을 인격으로 보기 때문이다. 그렇게 보자면 나는 센 언니가 맞다. 나는 오래도록 자신의 존재를 신념과 신조로 증명해 보이는 집단에서 생활했다. 내 집단을 옹호

하고 보호해야만 했다.

짐작컨대 그녀는 의견과 인격을 따로 보았음이 확실하다. 올해 교무부장을 하며 많은 의견을 듣고 수용했으며 다른 의견들을 잘 들어주었다. 또 애매한 상황에서 잘 전환했다. 혁신학교는 누구나 이야기하는 학교다. 다양한 의견이 공존한다. 생동감이 넘치는 회의가 많지만 피로도도 크다. 혁신학교 교무 하는 건 참 피곤하겠다.

학년교육과정에서 하고 싶은 교육활동 아이디어가 떠오르면, "이런 거 해보면 어때?"라고 그녀에게 묻는다. 그러면 말려준다. 이 언니가 말리지 않았으면 올해도 내가 쓰러졌거나 동학년 선생님들이 쓰러졌거나.

1학년 선생님입니다

"선생님, 왜 저한테 색연필 빌려주세요? 제가 예뻐서요?"

우리 반 개구쟁이와 마주 앉아 내년 달력을 색칠했다. 색연필도 개구쟁이라서 이리저리 튀어 다니고 몇 색이 남지 않았다. 그래서 내 색연필을 꺼내서 함께 색칠했다.

"그 색이 예쁘구나. 어울리게 잘하는걸? 선생님은 여기 색칠해도 되니?"

"거긴 금색이 어울릴 것 같아요. 이걸로 칠하세요."

상황이 역전됐다. 내가 빌려준 색연필로 자기 그림을 칠하라고 역할을 준다. 전학 온 지 얼마 되지 않았지만 잘 적응해주고 스스로 행동을 조절하려는 모습이 귀엽다.

어느 학교나 1학년은 교사들에게 기피 학년이다. 가방을 정리하고 자리에 앉아서 연필을 쥐는 것부터 가르쳐야 한다. 배려나 양보에 대한 개념이 없어서 다툼도 자주 일어나고 수시로 고자질을 해서 정신적으로 피로하다. 놀이에 빠져서 화장실 가는 타이밍을 놓치면 변기 앞에서 실수를 하거나 대변을 누고 뒤처리가 잘 안 되서 팬티에 묻히면 냄새가 진동한다. 주변 친구들이 모르게 찾아내서 엉덩이를 씻기고 옷도 갈아입혀야 한다. 그렇지 않으면 그 친구는 '똥싸개나 오줌싸개'라는 별명으로 1년을 살아야 한다.

전북교육청에서 학습연구년 특별연수 교사들이 교실 방문을 한 적이 있었다. 그날은 학부모 참여수업이 있어 하루 종일 정신이 없었다. 5교시 수학 수업과 종례하는 모습까지 보고 가신 선생님들이 '1학년인데도 수업에 잘 참여하고 안정적인 모습이 보기 좋았다. 내 자신을 반성하게 되었다'고 피드백을 해주셨다. 교사들이 보아도 1학년은 앉아만 있으면 잘하는 것으로 생각된다.

소담초의 첫 입학생이었다. 2016년은 5월 1일 개교해서 전입생이 5월 20일에 왔다. 입학생이 없었으므로 2017년에 제1회 입학식을 하게 됐다. 소담초 교육의 가치는 이 아이들에게서 발현될 것이라고 생각했다. 온전히 6년 동안 소담초 학생으로 살아갈 테니까. 그래서 부린 욕심도 많았다. 신규 교사와 전입 교사, 복직 교사로 이루어진 올해의 학년 구성을 생각한다면 좀 천천히 갔었어야 했다. 하지만 동료 선생님들은 '배운다고 생각하고 해볼게요'라며 잘 따라와주었다.

2017년 2월부터 만나서 1학년 교육과정 재구성을 연구했다. 성취기

준들을 풀어놓고 소담초의 교육철학과 우리 생각의 중첩점을 찾아냈다. '소담이의 탐구생활 시리즈'로 전체 교육과정을 재구성하고, 온책읽기와 주제 활동을 넣어 풍성하게 만들었다. 오카리나를 학년 전체가 부르고, 학부모 공개수업도 '공동 수업 연구'를 했다. 1학기 학부모 공개수업은 엄마의 역할에 관한 것이었는데, 선생님들이 전문적학습공동체 시간에 '엄마의 나무 수화'를 배워서 아이들에게 가르쳐주었다. 아이들은 부모님 앞에서 공연을 했고, 부모님들은 아이들이 학교에 잘 적응해주고 성장한 것을 기특해하며 눈물을 흘렸다.

'다 같이 돌자 동네 한 바퀴'라는 주제 활동을 하는 날이었다. 입학 초 적응 활동과 관련된 주제 활동이었다. 4월 7일 저녁에 아이들을 다시 학교로 불러서 공동체 놀이를 하고 과자를 나누어 먹었다. 새샘마을 2단지와 5단지를 돌며 아이들을 데려다주는 걸로 활동이 마무리되었다. 그런데 한 아이가 데려다주면 귀신같이 다시 뒤에 나타나고 나타나고를 반복했다. 중간에 길을 잃을까 싶어서 다시 집 앞까지 데려다줬다.

"이제 집에 들어가면 안 되겠니? 우리 5단지로 이동할 거야."

"선생님, 너무 재미있어요!"

덕분에 5단지 아이들은 다리가 아팠고, 툴툴거렸다. 비난의 화살이 그 아이에게로 향할까 싶어서 아이스크림 하나씩 물려서 데려다줬다.

"기다림의 열매는 단 거야."

요즘 운동회는 체육대회의 형태가 많다. 학생 수가 늘어나고 학교 규모가 커지면 학년별 체육행사로 끝날 것 같았다. 두 번째 주제가 '소담이의 가족 탐구생활'이었다. 아이들에게 우리가 했던 추억의 운동회를 경험시켜주고 싶었다. 그래서 박을 만들었다. 박을 구입하려면 80만 원이 들었다. 내가 신규 교사 때 선배들에게 전수받은 박 만들기 비법을 후배들에게 전수했다. 그러진 않겠지만 혹시 나중에 필요하면 그들이 그 후배들에게 전수하겠지.

신규 선생님이 숟가락을 들지도 못하는 아이에게 밥을 떠먹이는 모습, 상처받은 얼굴로 등교한 아이에게 마음 쓰며 가슴 아파하는 모습, 생활 공책을 만들며 늦은 밤까지 야근하는 모습을 보면 감동적이다. 나야 학년을 선택할 기회도 있었지만 동료들은 그런 기회조차 갖지 못하고 1학년 담임선생님이 되었다. 힘들겠다고 말을 던지는 나에게 "어느 학년이나 잘해야 하는 거잖아요. 힘들지 않아요. 뭐든 해볼게요"라는 후배의 말에 멘토인 류상일 선생님의 말씀이 떠올랐다.

"교사는 학생에 대한 선택권이 없다. 어떤 학생을 맡건 그 학생에 맞춰야 하는 것이 교사의 전문성이고, 그래서 교사는 끊임없이 배워야 하는 존재다."

여자아이들이 머리를 맞대고 색종이로 뭔가를 만들더니 꾸깃꾸깃한 종이를 내민다.

편지다. 그것도 연애편지. 살면서 이렇게 많은 연애편지를 받은 적이 없다. 사랑한다는 글을 색종이, 종합장, 하물며 교과서 귀퉁이에 적어서 찢어준다. 내가 예쁘든 못생겼든, 돈이 많든 적든 간에 사랑해주는 1학년 아이들. 1학년의 응석을 받아줄 이유가 충분하다.

학교에서는 3월의 시간은 더디 흐르고 12월의 시간은 쏜살같이

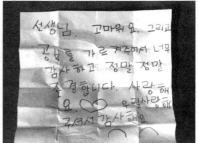

색종이 편지

빠르다. 1학년의 12월은 다른 학년의 4월과 같다. 3월에 아이들과 규칙을 세우고 마음을 맞추면 4월은 내 마음과 같이 움직여준다. 개떡같이 말해도 찰떡같이 알아듣는다. 그래서 헤어지기가 아쉽다. 이대로 1년만 더 같이 살아준다면 많은 것들을 할 수 있을 것 같다. 그래도 이제는 헤어져야 할 시간. 급식 시간에 밥 친구였던 아이가 한 말이다.

"시간 참 빠르다. 이러다가 곧 군대 가겠네."

정말 군대 갈 때가 되어도 내가 기억이 날까? 초등학교를 졸업하면 대개 6학년 선생님만 찾는다. 나도 1학년 선생님을 떠올려보면 참 친절했다는 생각은 들지만 얼굴도 이름도 기억이 나지 않는다. 코 닦아주고 눈물 닦아준 것, 보이지도 않는 상처에 밴드 발라준 것 기억 못해도 괜찮다. 나는 1학년 선생님이니까.

소담, 새로운 학교

유우석

"그래, 인생 뭐 있어?"
갑작스럽게 휴직을 결정했다.
'여보, 나 바람 좀 쐬고 올게'라는 말을 하고 길거리를 헤매다가 결정한 것이다.
육아휴직.
나를 아는 사람들 중에 내가 육아를 위해 휴직했다고 생각하는 사람은 없다.
어쨌든 나는 공식적으로 육아휴직을 했다.
휴직? 직을 쉰다는 것인데 틀린 말이다.
마냥 쉬는 것은 불가능하다.
쉼 자체가 끊임없이 다른 일을 만들어내기 때문이다.
나 역시 오랫동안 마음에 담아두었던 글을 썼고, 책도 내게 되었다.
휴직? 직을 쉰다는 것인데 반은 맞고 반은 틀리다.
그 직에서 조금 떨어져 세상을 본다는 것이다.
그리고 그 세상에 다른 일을 찾아간다.

다행히 철들지 않았다

아버지가 그렇게 무너질지 몰랐다.

아버지는 마을에서 손꼽히는 장정이었다. 혹여 마을에 큰일이라도 생기면 힘 쏟기를 마다하지 않았다. 그런 아버지가 무너졌다. 장정이란 젊고 힘이 세다는 뜻이지 스스로의 삶을 책임진다는 것은 아니었던 모양이다.

아버지가 무너진 건 혼자만의 일이 아니었다. 집이 조금씩 무너지더니 어머니도 무너졌다. 감당해야 할 일이 많았다. 다행스럽게도 나는 철들지 않았다. 먼저 논을 팔았다. 공부도 해야겠고, 부채도 있었기 때문이다. 논 판 돈으로 부채를 갚고 삼천만 원이 남았다. 내가 스스로 돈을 벌 때까지 버텨야 되는 돈이었다.

교대생, 그리고 교사가 되다

진로를 고민하다 우여곡절 끝에 교대생이 되었다. 여느 대학교와 교대는 조금 다르다. 굳이 표현하자면 고등학생과 대학생의 중간쯤 되겠다.

교대생이 된 후 많은 일을 내가 결정해야 했다. 삼천만 원의 쓰임새도. 먼저 등록금을 냈다. 입학금까지 백만 원가량이었다. 입학 장학금을 받고, 기숙사까지 들어가니 목돈을 쓸 일이 많지 않을 것 같았다.

돈이 두둑하니 차를 사기로 마음먹었다. 곧장 대구에 있는 중고차 시장으로 가서 거의 오백만 원을 주고 차를 샀다. 길이 복잡한 대구 시내를 뺑뺑 돌았다. 운전도 서투른 데다 길도 모르니 세 시간여를 우회전만 했다. 온몸이 땀으로 범벅이 된 다음에야 '거창'이라는 시외버스를 발견하고 대구를 탈출할 수 있었다. 운전 실력은 늘었지만 각종 보험, 기름 등 차 값보다 더 많은 돈이 나갔다.

2학년을 마치고 나니 남은 돈이 거의 없었다. 종잣돈 삼천만 원에, 적지 않은 누나의 용돈에, 그리고 남은 논을 대여하여 받은 돈까지. 2년 동안 꽤 많은 돈을 날려 보냈다. 절반은 도로에 뿌렸다.

기숙사까지 나오고 나니 다달이 나가는 방세도 아까웠다. 다시 들어갈 수도 없었다. 전세를 찾아봤더니 당시 학교 주변 괜찮은 원룸 전세 아파트가 천만 원 정도 되었다 곧장 고향으로 내려가 부모님 때부터 거래를 하던 농협을 찾아 토지 담보로 천만 원을 대출받았다.

졸업을 하고 교사가 되었을 때는 빈털터리였다. 어쩜 타이밍도 그리 기가 막힌지. 그래도 사랑하는 사람을 만나 용케 결혼도 했다.

"여보, 이거 뭐야?"

아내 손에는 농협 마크가 들어간 우편물이 쥐어져 있었다. 한눈에 눈치챘다. 대출금 갚으라는 독촉장이었다.

"이거 말고 또 있어?"

"없어. 이게 전부야."

"진짜?"

"아니, 학자금 대출 조금. 이자도 거의 없는 거야."

오랜 기간 혼자만 알고 있던 대출금 고민도 끝이 났다. 아내는 대출금 문제를 한 번도 꺼내지 않았다.

가정생활이야 이러했지만 학교에서는 제법 열정적인 교사였다. 졸업한 지 십여 년이 지난 제자들과도 가끔 연락을 한다. 겨울이면 찜질방에서 만나기도 했다. 그리고 몇 해 전에는 첫 제자들의 초대를 받아 사진관에서 단체 기념사진을 찍고, 근사한 오리고기도 얻어먹었다.

마흔을 2년 앞두고 마흔앓이를 했다. 마흔이면 자기 인생에 책임을 져야 되는 것 아닌가.

"그래, 인생 뭐 있어?"

갑작스럽게 휴직을 결정했다. '여보, 나 바람 좀 쐬고 올게'라는 말을 하고 길거리를 헤매다가 결정한 것이다. 그것도 육아휴직. 나를 아는 사람들 중에 내가 육아를 위해 휴직했다고 생각하는 사람은 없다. 어쨌든 나는 육아휴직을 했다.

육아휴직을 하는 동안 외유를 했다. 그리고 글을 썼다. 글을 쓴 이유는 간단하다. 육아를 열심히 하지 않는 이유를 만들 수 없었기 때문이다. 글이라도 써야지. 그렇게 들락날락 외유를 마치고 돌아왔다.

"놀면 뭐 하니? 와서 일 좀 해."

이 한마디에 졸지에 다시 일을 시작했다. 민선 제2기 교육감인수위에 들어갔다. 그곳에서 딱히 바쁜 것도 없는데 철이 바뀌는지 모르고 살았다. 마흔앓이? 그런 건 생각지도 못했다. 2개월 동안 인수위를 거치고, 6개월을 혁신기획단에서, 그다음에 학교혁신지원센터에서 2년을 보냈다. 혁신학교가 내 업무였다. 모든 것을 새로 시작하는 세종시에서, 혁신학교에 직간접적으로 참여하게 된 것은 뿌듯한 일임이 틀림없다. 그때가 2014년 6월 9일부터 2017년 2월 28일까지였다.

소담초를 만드는 사람들

2015년 당시 내가 근무한 사무실에는 큼지막한 세종시 지도가 걸려 있었다. 2019년에 개교할 학교까지 표시된 학교 현황 지도였다. 쉬는 시간이면 그 지도를 보며 학교 혁신을 어떻게 만들어갈 것인가 가벼운 이야기들이 오갔다.

2016년 개교할 학교를 살피던 중 소담동의 학교가 눈에 들어왔다. 유·초·중·고가 모여 있는 유일한 학군이었다. 게다가 바로 옆에 복합커뮤니티센터라는 거대한 주민 시설이 있었다.

꿈이었고 생각이었다. 개인의 성취를 이룰 때에도 어마어마한 열정과 노력이 들어간다. 그것은 개인의 성취라는 손에 쥐는 달콤함이 있기 때문이다. 그러나 학교라는 조직을, 한 개의 학교가 아니라 여러 개의 학교를 통해 성취를 이룬다는 것은 조금 다른 문제다. 눈에 보이지 않고 나중에도 수치화할 수 없어 딱히 누구의 성과라고 할 수도 없는데, 어마어마한 사람들의 열정과 노력이 들어가야 하기 때문이다.

상처받고, 좌절하고, 깨지고, 돌아서는 사람과의 결별, 사사로운 인정과의 싸움 등 지난한 과정이 있을 것이기 때문이다. 이건 내가 여러 조직을 만드는 데 주도해보고, 참여해보고, 유지하면서 느낀 경험이다. 그래서 꿈이라 생각하는 것이다. 그러나 신기하게도 이러한 사람들이 있다.

그즈음 김현진 선생님에게서 연락이 왔다.

'소담초를 만드는 사람들'이라고 새로운 학교를 만들 꿈을 꾸고 있다고 했다. 제안서도 만들고 있단다.

"제안서 좀 봅시다."

'교육감에 바란다' 게시판에 올렸다. 그리고 그 소식은 즉각 전달되었다. '이러한 움직임이 있다는 것은 큰 감동이다. 이것을 정책적으로 어떻게 풀어낼 수 있는지 검토해달라'는 것이었다.

그해 학습공동체 모형 개교 학교 신설 TF가 만들어졌다. 물론 그 당시에는 개인이 개교 TF로 신청하여 소담초등학교 TF가 되었으며, 그다음 해에는 학습공동체 자체 신청으로 개교를 준비하는 팀이 만들어졌다.

소담초는 5월 개교를 앞두고, 3월 인사발령을 통해 여러 선생님들이 합류했다. 공사 중이라 양지고에 더부살이를 하면서 내용을 조금씩 채워나갔다.

이따금 소식을 들었다. 교가를 만들었다는 이야기, 5월 개교를 하고 전교생 한 명인 학교가 되었다는 이야기, 또 한 명이 전학을 왔다는 이야기, 혁신학교를 준비하는 과정이 순탄하지 못하다는 이야기, 사람들 사이에 의견차가 있다는 이야기 등등.

혁신학교 업무를 하며 온갖 모습의 혁신학교를 보게 되었다. 주로 그 안에 있는 사람을 만나고 이야기를 나누었다. 어떻게 갈등이 생기고 그것을 조율해가는지, 그리고 회복하는지. 또 어떻게 깨지는지. 모두 안에는 사람이 있었다. 내가 살아 있음을 증명해내려는 사람이 있었고, 그것을 증명해내는 방법들은 제각기 달랐다.

마침 2014년 6월 민선 제2기 교육감인수위에 들어가 두 달간의 활동, 2015년 2월까지 상근 혁신기획단, 2015년 혁신지원센터 근무를 하며 지쳐 있었다. 계절이 바뀜을 모르는 철부지로 사는 것이 힘들었다. 현장으로 나가려고 했다가 우여곡절 끝에 2016년을 맞아 다시 시작했고 2017년이 왔다. 소담초를 선택했다. 2월 어색한 동거, 3월은 현실이 되었다. 나는 내 방식대로 책임감을 가지고 있었다. 적어도 소담초가 나를 선택한 것이 아니라 내가 선택했기 때문이다.

교사로 돌아와, 과학 시간으로 아이들을 만나다

3년 만에 외유를 마치고 학교로 갔다. 제자리도 돌아간 듯하다. 그렇다고 맞춤형 제자리는 아닌 듯, 3년 만에 간 곳은 변화가 있었다. 세종 동지역의 학교가 많이 개교되면서 특히 젊은 교사가 많아졌다.

4학년 담임을 신청했다. 처음 교직에 들어왔을 때 4학년 담임을 했고, 그때 만난 아이들을 지금도 만나고 있다. 그 아름다운 추억을 다시 꺼내 보자고 4학년 담임을 신청했다.

하지만 담임은 아니다. 과학 시간에 아이들을 만나는 교과전담이다.

초등 교사의 삶은 지식을 가르치는 일로 끝나지 않는다. 20여 명 아이들의 학교생활 대부분을 온전히 같이한다. 실제 수업보다 수업 외적인 부분이 훨씬 크다. 교과전담교사는 이런 부분에서 해방(?)되지만 어쨌든 해방됨으로써 느끼는 소외감도 있다.

과학 시간이었다. 무게를 어림하여 재고, 그것이 맞는지 확인하는 수업이었다. 어림해야 할 물건은 바나나였다. 즉. 한 개의 바나나의 무게를 재고, 세 개의 바나나의 무게를 예상해보는 것이었다. 물론 비슷비슷하지만 크기가 조금씩 달라 정확한 무게 측정이 어렵다. 그래도 그런 것들을 감안하여 어림해보는 것이다. 가장 근사치로 맞춘 모둠에게는 실험한 바나나를 선물로 주기로 했다.

수업이 끝나고 쉬는 시간에 가장 근사치로 맞춘 모둠과 바나나를 먹었다. 물론 바나나가 많으면 다 같이 먹을 텐데. 변명하자면 70여 명이 먹을 바나나를 사 오기도 어려웠고, 바나나를 잘라 먹기에도 애매했다. 그래도 여유분의 바나나를 사 오긴 했지만.

바나나를 먹은 아이들이 돌아간 지 30초쯤 지났을까?

"선생님, 바나나 주세요!"

네 명의 남학생이 문을 열고 얼굴을 내밀었다. 솔직히 말하면, 나는 이런 아이들이 좋다. 그러나 좋다는 표현은 안 된다.

"바나나 없어. 만약 있다고 해도 너희들만 줄 수 없잖아."

엄한 척한다.

"선생님, 절대 말 안 할게요."

"그래도 안 돼. '절대' 안 한다는 말은 꼭 말하겠다는 뜻이야. 어떻게 믿어?"

이쯤 되면 밀당이다. 아이들은 '이거 조금만 더 조르면 되겠는데?'라는 생각을 본능적으로 한다.

"우리 진짜 말 안 해요. 먹고 나서 손도 깨끗이 씻고, 입도 씻을 거예요."

"흠, 그래?"

아이들이 나를 빤히 쳐다본다. 시간만 더 있으면 밀당을 더 해볼 텐데.

"좋아. 그럼 너희들을 믿어본다. 믿어도 되겠지?"

네 명의 아이들을 한 명씩 번갈아 봤다. 사나이의 약속이라는 뜻이고 우리는 공범자라는 뜻이다.

"두목님."

그 사건 이후, 4학년 녀석 한 명이 나를 보고 이렇게 부른다.

츤데레 해바라기 비밀 프로젝트

4학년 과학 식물의 한살이를 살펴보는 '식물 기르기' 단원이었다. 주로 강낭콩이나 나팔꽃 등을 기른다. 강낭콩이나 나팔꽃은 실내에서도 잘 자라고 관찰하기가 쉽기 때문이다. 그래서 강낭콩은 강낭콩대로 심고, 기왕이면 우리 학교 화단도 예쁘게 만들고 싶었다.

아이들과 같이 우리 학교 주변에 어떤 식물이 자라고 있는지 둘러

2017년 4월 28일 금요일의 소담초 아침 풍경

보았다. 옮겨 심은 지 얼마 되지 않은 나무는 아직 지지대를 떼지 못했다. 줄 지어 자란 몇 가지 식물들도 있었다. 아직 정비가 채 되지 않은 모습이었다.

"지금 우리 학교 화단의 모습이야. 나중에 아름다운 모습으로 바꾸려면 뭐가 필요할까?"

아이들의 입에서 여러 가지 꽃들의 이름이 나왔다. 그중에 귀에 불쑥 들어온 이름. 해바라기.

노랗게 핀 해바라기! 어른 키보다 높이 자란 진노랑 해바라기가 화단 전체를 노랗게 물들이는 상상만으로도 뿌듯했다.

다음 과학 시간에 간단한 PPT를 준비하여 보여주었다.

"우리 학교가 노란 해바라기로 채워진다면 얼마나 아름다울까?"

아이들은 해바라기가 만발한 사진이 나오면 환호성을 지르고 황무지 땅이 나오면 마치 탄식하듯 아쉬운 소리를 내었다. 이미 아이들은 세상에서 가장 아름다운 정원을 가진 학교의 학생이 되어 있었다.

"그런데 준비해야 할 것이 두 가지, 약속 한 가지가 필요해."

"?"

"해바라기 씨야. 물론 해바라기 씨를 살 수도 있지만, 우리는 주변에서 구한 해바라기 씨만 심을 거야. 사 오면 안 돼. 선생님도 구해 올게."

"우리 집에 해바라기 씨 있어요. 햄스터 먹이요."

"할머니 집에 해바라기 씨 있어요."

"사 오면 안 돼요? 어디서 파는지 아는데."

"괜찮아. 사 오지 않아도 돼. 친구들 것을 모아서 같이 심을 거야. 혹시 집에 해바라기 씨가 있으면 가져와. 같이 심자."

"만약 우리가 해바라기 키우기에
성공한다면 이렇게 될 거야."

"하지만 우리가 무조건 성공한다는
보장은 없어. 실패할지도 몰라."

"하지만 학교를 아름답게 가꾸려고
노력하는 것 자체가 아름다운 일이야.

"내년에 못 하면 그다음에.
우리는 도전 하는 사람이야."

"두 번째는 해바라기 씨를 어떻게 키워야 되는지 조사해 오는 거야. 언제 심어야 되는지, 어떻게 심어야 되는지, 어떻게 길러야 되는지 알아야 잘 키울 수 있잖아. 숙제는 아니야. 혹시 조사해 올 수 있는 친구가 있으면 인터넷 검색해도 되고 책을 찾아봐도 돼. 종이에 써도 되고, 혹시 PPT를 만들 수 있는 친구는 그렇게 해 와도 돼."

"PPT 할 줄 몰라요."

"괜찮아. 숙제 아니야."

"언제까지 해야 돼요?"

"다음 과학 시간."

"PPT 할 줄 아는데 어떻게 가져와요?"

"USB 아니?"

"알아요."

"오케이."

"마지막으로 약속 한 가지는 비밀로 하자는 거야. 이리저리 소문내고 하는 것보다 나중에 노란 해바라기가 학교를 물들였을 때 알려주는 거야. 어때?"

"우리 선생님께도 말하면 안 돼요?"

"조금만 참아줘."

"엄마한테도 안 돼요?"

"(고민) 엄마한테 얘기하는 건 좋아. 하지만 엄마에게 부탁해. 다른 사람에게 말하지 말아달라고."

"그럼 츤데레네요."

"츤데레? 그게 뭐니?"

츤데레 해바라기 비밀 프로젝트

누가: 4학년 전체
중요한 점: 시치미(착한 일은 아무도 모르게 하라)
무슨 미션인가: 해바라기가 자라고 꽃이 피는 아름다운 학교 만들기

누가 키우나: 씨는 4학년이 뿌리지만 키우는 것은 자연의 몫
만약 누가 밟아 죽는다 해도 어쩔 수 없음.

어떻게 : 이렇게

그날부터 우리 프로젝트는 츤데레 해바라기 비밀 프로젝트가 되었다. 나중에 알았지만 츤데레는 '아닌 척하기'라는 인터넷 용어였다.

다음 과학 시간에 십시일반 모은 해바라기 씨가 어른 손으로 두 움큼은 되었다. 적어도 천 개는 넘었다. 아마 이 중에 반만, 아니 반에 반만 성공하더라도 학교가 온통 노란색으로 물들 것이다. 해바라기 씨는 빛깔과 모양이 조금씩 달랐다.

숙제 아닌 숙제를 준비해 온 친구도 여럿 있었다. PPT를 준비한 친구도 있었고, 종이에 빼곡하게 채워 온 친구도 있었다.

물통과 모종삽을 가지고 화단으로 나갔다. 아이들의 손에 해바라기 씨를 한 줌씩 쥐어주었다. 아이들은 화단 곳곳, 심어도 나지 않을 곳에도 심었다. 어때, 자기만의 장소에 자기만의 해바라기를 갖고 싶을 뿐이다. 아이들은 정성스레 심었다.

점심을 먹고 종종 해바라기를 씨를 심은 곳으로 아이들이 왔다. '쉿', 해바라기 씨는 4학년만 아는 비밀이기 때문에 어슬렁거리다가 교실로 들어갔다.

"선생님, 오늘도 싹이 나지 않았어요."

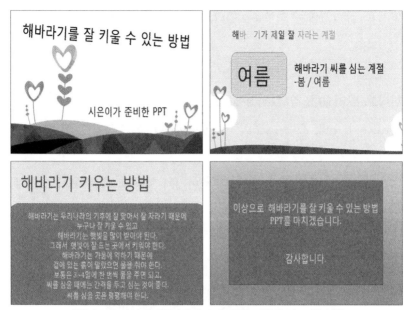

4학년 시은이가 준비한 '해바라기 키우는 방법' 자료 중 일부

싹은 쉽사리 나지 않았다. 다른 싹을 해바라기로 오인하고 좋아하기도 했다. 그러다 아닌 것을 알고 아이들은 실망했고, 관심을 갖는 아이들도 줄어들었다.

"선생님, 싹이 났어요."

점심을 먹고 있는데 여학생 두 명이 다가왔다.

"그래?"

이미 나조차도 기대를 하지 않을 때였다.

"진짜예요. 잎에 해바라기 씨가 달려 있어요."

사실인가 보다. 점심을 먹고 화단으로 갔다. 풀들 중에 가늘게 자란 해바라기, 진짜 해바라기 껍질이 매달려 있었다. 하지만 잃어버린 관심을 살리기에는 역부족이었다. 더 이상의 해바라기를 찾아볼 수 없었다.

특단의 대책이 필요했다. 주변 사람들이 해바라기는 모종을 심어야 한다고 알려줬다. 장날 시장에 갔는데 해바라기를 팔진 않았다. 대부분 고추나 수박, 옥수수 등 밭작물을 팔았다. 하긴 누가 장에 와서 해바라기 씨를 사겠나 싶었다.

그래서 인터넷에 찾아보았더니 해바라기 모종을 파는 곳이 있었다. 주문했다. 모종 200개.

마음 같아선 혼자 몰래 200개의 모종을 심고 싶었으나 엄두가 나지 않았다.

"얘들아, 너희들의 도움이 필요해. 해바라기 씨는 몇 개 나지 않았지만 포기할 순 없잖아."

다시 아이들과 해바라기 모종을 심었다. 모종을 심으며 전에 심었던 씨의 흔적을 찾기도 했다. 아이들은 해바라기 한 그루 한 그루에 정성껏 물도 주었다.

해바라기 심는 모습

해바라기가 핀 모습

해바라기는 금방이라도 땅에 뿌리를 깊게 박고 튼튼한 줄기를 세울 것 같았다. 그래서 무럭무럭 어른 키만큼 자라 크고 멋진 노란 꽃을 뽑낼 것만 같았다.

그런데 해바라기는 생각만큼 크지 않았고 줄기가 굵어지지도 않았다. 모종보다 조금 더 크더니 꽃이 피기 시작했다. 이상했다. 벌써 꽃이 피면 안 되는데.

그제야 부랴부랴 모종을 산 인터넷 사이트를 찾아보았다.

'왜성해바라기(관상용해바라기)로서 아메리카 원산이며 관상용으로 흔히 심는 귀화식물이다. 1년생 초본이며 전체적으로 굳은 털이 있고 왜성으로 키가 작음'이라고 적혀 있는 것을 보았다.

'휴, 이제 뭐라고 해야 하지.'

씨를 가져오고, 해바라기를 키우는 방법을 알아 오고, 천 개 가까운 씨를 심고, 급기야 다시 모종을 심기도 했다. 그리고 아이들에게 '너희들은 우리 학교를 아름답게 꾸민 사람들이야'라고 용기도 주었는데.

다음 날, 급식실에서 점심을 먹고 학교 건물 밖으로 걸어가고 있었다. 4학년 남자아이들 서너 명이 모여 있었다. 그 아이들과 얘기를 하면서 건물 한 바퀴를 돌며 해바라기가 있는 곳으로 갔다.

"얘들아, 선생님은 여기가 해바라기 밭이 될 줄 알았어. 피긴 폈는데 기대만큼은 아니야."

"괜찮아요. 내년이 있잖아요."

사람을 만나다

소담초 지리산 원정대

"지리산 갑시다."

한마디에 지리산에 갔다. 어쩌면 각자의 생각은 달랐을지 모르겠다. 아는 사람은 알겠지만 주말에 1박 2일 지리산을 간다는 것은 쉬운 일이 아니다. 달콤한 주말 내내 산길을 헤매면서 다녀야 하는데. 아니면 잘 몰랐을 것이다. 제아무리 높은 산이라도 하늘 아래 있고, 가다 보면 끝나겠지.

우여곡절 끝에 다섯 명의 지리산 원정대가 꾸려졌다. 단체 온라인 방을 만들어 생각이 아닌 현실임을 공지하고 지리산 편지를 띄웠다.

소담초를 찾고자 하는 선생님께 미리 알려드립니다.

말 한마디가 현실이 되는 학교, 혹은 말 한 번 잘못했다가 죽을 고생할 수도 있는 학교. 언제 무슨 일이 벌어질지 모르는 학교, 설마 이게 학교에서 가능할까가 이루어지는 학교, 조심하시라.

또한 말 한마디로 좋은 동료들과 소중한 시간을 보낼 수 있는 학교이기도 하니 안심하시라.

떠나기 전 '지리산 편지'

그러고 보니 마지막 지리산 편지가 7~8년 전이었네요. 그동안 세월이 그만큼 흘렀다는 뜻이고, 그 세월 속에 저도 있었다는 뜻입니다.

뭐, 늙었다는 말입니다. 2003년? 2004년인가? 처음 같이 가던 선생님이 지금의 내 나이였거든요. 그러니까 지금 그 선생님은 50대 중반이 넘었겠네요.

돌이켜 보면 고생했던 기억이 많아요. 여름에 비를 맞거나 겨울에 눈을 만나면 점점 몸이 늘어지고 힘이 빠지거든요. 저녁이 되어 이슬을 맞아도. 한번은 무릎이 아파 고생했지요. 처음으로 아이젠(미끄럼방지)을 했는데 익숙지 않아 그런지 무릎에 무리가 갔나 봐요. 내려오는 길 내내 한쪽 다리를 끌면서 왔던 기억도 있어요. 다른 사람들은? 잘 다녀요. 사실 평상시 움직일 만큼 움직이는 사람이면 그리 무리가 될 정도는 아닌데, 제가 워낙 불규칙적인 생활과 음주를 겸하다 보니.

고생만 하면 왜 가겠어요. 음 교감! 교감 선생님 할 때 교감 말고. 얼른 사전을 찾아봤더니 '서로 접촉하여 사상이나 감정 따위를 함께 나누어 가짐'이라고 되어 있네요. 맞아요. 딱 이런 느낌이에요. 2박 3일 산에 있다 보면 같이 올라간 사람들과는 앞서거니 뒤서거니 하며 자주 만나요. 그리고 잠잘 산장에서도 만나고요. 알지 못하는 사람이지만 묘한 동질감도 들고.

참, 산에 올라가는 동안에는 씻지 못합니다. 설거지 당연히 못 합니다. 양치는 요령껏 해야 하고, 짐은 그대로 들고 갔다가 그대로, 혹은 뱃속에 넣고 와야 합니다. 물론 화장실은 있습니다. 푸세식으로.

아, 준비물.

준비물은 가볍게. 한 번도 사용하지 않을 물건은 가져가지 말고.

먼저 옷은 올라갈 때 편안한 옷-올라갈 땐 더워요. 몸이 차가우면 따뜻하게. 음, 문제는 땀이 났을 때 괜찮은지가 중요합니다. 참고로 제가 면 속옷과 겉옷을 입고 갔다가 땀에 젖은 옷이 얼어서 고생했다는.

신발은 눈이 있으면 반드시 등산화가 필요하지만 꼭 그렇지는 않아요. 약간 두꺼운 운동화도 괜찮습니다. 눈이 있으면 물이 스며듭니다.

옷은 갈아입을 옷을 들고 가도 되지만 굳이 하루 정도야. 다른 가방 하나 챙겨 오세요. 제 차에 실어놓고. 하산해서 갈아입어요. 양말은 챙기시길.

다녀온 후 '지리산 편지 2'

하루만 지나도 먼일처럼 느껴지죠. 예전 같으면 오랫동안 회자될 이야기도 지금은 하루나 이틀이 지나면 지난날이 되고. 그만큼 많은 일이 벌어지고 있다는 뜻일 겁니다. 또 한편으로 수없이 많은 일이 벌어지는데, 그걸 비집고 의미 있는 일 하나를 만들었네요.

세종으로 돌아오는 길에 지혜샘이랑 이야기를 했어요. 학교를 변화시키는 것은 무엇일까. 보통의 직장은 위에서 아래로의 전달이고, 단기적 혹은 장기적으로 목적도 분명하고. 그러나 학교는 넓게, 그리고 느슨하게 펼쳐져 있는데 무엇이 학교를 혹은 교육을 변화시키는가. 이런 이야기를 했는데 뚜렷한 생각이 나지 않았어요. 분명히 학교는 변하는데 말이죠. '우리 아이들에게 별을 보여주고 싶다.' 이런 생각을 하는, 선생님이란 특별한 직업을 선택했기 때문일까.

'낄끼빠빠.'

처음에 '낄낄빠빠'라고 썼다가 속으로 '낄 때 끼고 빠질 때 빠진다?' 그럼 '낄끼빠빠'잖아. 검색해보니 맞네요. '꼰대'라는 말이 있잖아요. 기성세대. 어느 날 내가 기성세대구나 하는 생각을 합니다. '꼰대' 얘

촛대봉에서 장터목 산장으로 가는 길   세석에서 점심을 먹으며

기를 해보면 예전 어릴 적에 반공교육을 심하게 받았지요. 아마 반공교육의 끝물 정도 되겠네요. 반공 미술, 웅변, 글쓰기 등등

그래서 한동안 북한 사람들은 머리에 뿔 달린 줄 알았어요. 지금 생각해보면 어이없지만 초등학교 때만 해도 정말 뿔이 달린 괴물로 생각했죠. 그리고 청소년이 되었을 때 아니라는 것을 알았어요.

신규 발령을 받았을 때 학년부장 선생님께 그랬지요.

"나는 어릴 적 학교에서 배우길 북한 사람들은 뿔이 달린 줄 알았다. 그런데 아니더라. 그 당시 어른인 선생님들은 알았을 거 아니냐. 그럼 잘못 가르친 거 사과해야 하지 않냐."

물론 공손하게요. 그 선생님은 당황해서 이런저런 얘길 해주었지요. 슬픈 '기성세대'였어요. 최선을 다해 살아왔는데, 본인이 그런 것도 아닌데.

고생고생하며 산에 왔는데 정상은 밟아봐야지.

'그런 게 어덨어?'

'2리터 생수병.'

어떤 일을 계속하다 보면 노하우가 생겨요. 자신만의 노하우. 등산 갈 때 내 노하우는 '무게를 줄여'였어요. 그래서 가면 최대한 줄여줄여, 불편해도 한순간이야. 고생하려고 왔지, 호강하려고 왔어? 등등 짐을 줄이기 위한 많은 근거들을 스스로 만들어가는 거죠.

음, 일요일 새벽에 천왕봉에 갔다가 내려오는데 배가 고픈 거예요. 물도 없어 입술이 마르고, 흠흠.

2리터 생수병을 지고 가는 용기에 감탄을.

1박 2일 그리고 지리산, '운칠기삼'이라는 말을 좋아해요. 어떤 일을 수행함에 혹은 사람의 인생의 복을 누림에 '운이 7이고, 기(재주)가 3이다'라는 뜻인데. 쉽게 동의하지 못할 수도 있지만, 저는 사람이 어떻게 사는가를 볼 때 가장 영향을 많이 미치는 것이 '사람'이라고 생각해요. 그런데 '사람'은 어떻게 만나는가. 구체적으로 부모를 만나고, 형제를 만나고, 살면서 친구를 만나고, 혹은 직장 동료를 만나는 것이 다 '운' 아닌가. 하는 생각을 합니다.

운이 좋은 사람은 좋은 사람을 많이 만나는 사람이지요. 수많은 일상 중에 이틀이었지만 그래도 의미를 부여하며.

다녀온 후 'RE: 지리산 편지'

대학로에 꽤 자주 가던 맥줏집이 있었어요. 흑맥주를 주로 팔던 집인데 돈 없는 대학생들이 가는 곳 치고는 분위기가 제법 근사했죠. 산악부 선후배와 1박 2일이나 2박 3일 산행을 마친 저녁, 매우 후줄근한 모습으로 말쑥한 사람들 틈에 어색하게 앉아 있던 기억이 납니다. 뭐 심각한 얘기를 하는 것도 아닌데 거기서는 다들 분위기를 좀 잡고 말없이 마른 김을 집어 먹었어요. 지금 생각하면 좀 웃긴데, 그러고 있다 보면 뭐랄까. 생고생이나 다름없던 우리의 산행이 조금은 품위 있게 매듭지어지는 그런 느낌이랄까요.

사실 산을 오르면서도 거창한 생각을 하지는 않죠. 그러다 우석샘 말처럼 다 지나간 부끄러운 기억이 불쑥 생각나기도 하고, 혼자 시답잖은 생각도 하고. 누구처럼 '이 길이 내 인생 같다'는 어록을 만들어 내기도 하죠. 바로 그 첫날 오르막에서 그 집 이름이 갑자기 떠올랐어요. 어두운 골목에서 빛나던 동그란 간판에 '따로 또 같이'라고 적혀 있었죠.

'따로 또 같이.'

산을 걷다 보면 혼자가 되는 순간이 와요. 발걸음이 느렸던 저는 특히 그랬죠. 그렇게 땅만 보고 한참을 가다 보면 앞서간 사람을 만나게 돼있어요. 기다리고 있거든요. 그러면 잠시 모여 짐을 내려놓고 쉬면서 우리가 했던 것처럼 이런저런 이야기를 해요. 얼마를 왔다거나, 얼마가 남았다거나, 잠깐 떨어진 사이에 벌어졌던 일들. 가지고 있던 간식도 나눠 먹고. 그러다 다시 배낭을 메고 걷기 시작. 말 그대로 '따로 또 같이'인 거죠.

왜 계속 산을 갔느냐는 물음에 뒤늦게 답을 하나 찾자면, 그게 좋았던 것 같아요. 각자 걸어가다 어느 지점에서 만나고 또 말없이 길을 나서는 그 단순한 반복이 묘하게 지루하지 않고 재밌어요. 그건 나중에 제가 앞쪽에 서게 됐을 때도 마찬가지였던 거 같아요.

내려와서 보니, 많은 일이 그렇지만 학교야말로 정말 '따로 또 같이' 하는 곳이란 생각이 듭니다. 아주 혼연일체일 필요도 없고 그렇다고 아주 혼자도 아닌. 각자 나름으로 애쓰다 중간중간 만나 이야기 나누고, 다시 툴툴 일어서 길 나서는 순간에 살짝 불어오는 바람과 새 기분이 바로 변화의 시작 아닐까.

그러고 보니 학교 정문에서 보이는 '홀로서기와 함께하기로 삶을 가꾸는 우리' 문구도 달리 보이네요. 거짓말 조금 보태서 이게 바로 그 '따로 또 같이' 아닌가요? 맞죠? 그러니까 저는 아주 오래전부터 소담인이 되기 위한 준비를 해왔다고 자신 있게 말할 수 있어요. 마른안주에 흑맥주를 마시며 말이죠.

'그 일을 또 하고 싶습니다.'

이 무슨 군대에서나 들을 법한 고백인가 싶지요. 그런데 살면서 이 말을 진심으로 하는 경우가 정말 드물지 않나요? 다른 사람은 모르겠는데 저는 그렇거든요. 뭘 한 번 하고 나면 싫증을 금방 느껴서 두 번째 하는 게 쉽지가 않아요. 그래서 저는 두 번째부터가 '진짜'라고 생각해요. 첫 번째는 멋모르고 했더라도, 돌아서서 '어, 이거 또 하고 싶은데?' 생각이 들면 '내가 이 일을 좋아하는구나' 그때 깨닫는 거죠.

홀로서기와 함께하기로 삶을 가꾸던 시절

만약 우리가 다시 배낭을 싸서 지리산에 간다면, 짐작건대 좋아서일 거예요. 흠흠. 무슨 말이냐면, 샘들이랑 다시 산에 가고 싶다는 말입니다. 아마 그때는 승훈샘이 2리터 생수병을 과감하게 두고 갈지도 몰라요. 두 번째니까요.

미리 말해두지만 우리가 어디서고 다시 만나게 된다면 그건 순전히 '좋아서'예요.

저도 뒤늦게 지리산 이틀에 아주 많은 의미를 부여하며.

이지혜

또 다른 이야기, 〈소담초 김현진 선생님의 불로그〉.
친절하고 단호한 줌마샘의 교실 이야기 중 지리산 여행 이야기.
https://m.blog.naver.com/PostView.nhn?blogId=aninsomnia&logNo=221138
191406&navType=tl

망할 민주주의, 일주일 체험판

성과급과 학교폭력유공가산점에 대한 논의가 평화롭던 소담초 모든 이슈를 휩쓸었다. 어쨌든 이 잔인한 정책은 짚고 넘어가야 했다. 어찌할 수 없다고 해도 무엇이 문제인지. 우린 어떤 생각으로 살아야 하는지. 교사는 어떤 존재인지 스스로 한 번쯤은 짚고 넘어가야 한다.

논의, 재논의, 재재논의 등 우여곡절 끝에 토론회에 나가기로 했다. 토론은 상대가 있어야 제맛이니.

토론에 나가기 십여 분 전, 1학년 나리반 이지혜 선생님이 교무실로 찾아왔다. 이지혜 선생님은 올해 처음으로 소담초로 발령받은 선생님이다. 그리고 재논의에 대한 요청을 한 선생님이기도 하다.

"제가 나가도 되나요?"

뜻밖의 제안이다.

"같이 나가면 좋죠. 토론을 제안한 6학년 선생님들께 얘기해서 상대편 토론자가 동의하면 가능할 것 같은데요."

토론이 시작되기 전 동의를 받고 같이 나갔다. 이지혜 선생님은 적극적인 반론보다 사례를 제시했다. 아이들과 비슷한 상황을 놓고 이야기를 나눠봤다는 것이다. '청소를 잘한 친구에게 상을 주겠다. 하지만 다 줄 수는 없고 일부분만 주겠다고,' 많은 이야기가 오갔으며 최종적으로 많은 아이들이 선택한 결론은 무작위 추첨이었다는 말을 재반론으로 대신하였다. 토론자로 나가 있는 나도 흥미로웠다. 어떤 삶이 상대편과 현재 나와의 거리를 만들었을까?

결과는 내 제안과는 반대로 기준안을 만들어 하자는 의견이 우세했다. 인정했다. 결과를 인정하는 것은 당연하다.

토론이 끝난 후, 파트너 이지혜 선생님에게 톡을 보냈다.

'든든했습니다. 그리고 오늘 일을 잊지 맙시다. 난 내 생각이 맞음을 앞으로도 증명해나갈 거예요. 선생님도 그러시길.'

답 톡이 왔다.

'확신도 있었고, 핑계 대지 않고 끝까지 목소리를 내고 싶은 마음도 들었어요. 좋은 경험이었습니다.'

짜장면으로 시작했지만 끝은 창대하리라

소담초 아버지회의 첫 행사인 학교 캠핑 인사말에서 한 말이다. 소담초 '소담가족다모임'이라는 학부모와 '소담초 아버지회'는 최고다. 그리고 얼마 전에는 통합하였다. 소담가족다모임으로.

이제 책임감이다. 소담초 학부모회는 소담초만의 문제가 아니다. 이 걸음을 많은 학교가 밟아갈 것이다. 서산대사의 시처럼.

답설야중거

서산대사

눈 내린 들판을 걸을 때
모름지기 어지러이 걷지 마라.
오늘 내가 걸은 발자국이
뒷사람의 길이 될 것이니.

소담, 학교다운 학교

소담초등학교는 2015 세종초등혁신교육연구회에서 출발한 신설 학교 개교 준비 TF팀과 전국 단위에서 전입한 혁신역량을 지닌 교사들이 모여 혁신학교의 기틀을 마련해왔다. 우리의 논의는 교육을 왜 하는가(철학), 무엇을 담는가(내용), 어떻게 할까(방법), 무엇을 이루나(학력)에 대한 측면에서 이루어졌다. 이 바탕에는 담임교사제도의 유한성을 넘어 6년간 학교를 다녀야 하는 아이들 삶의 연속성을 바라보자는 신념이 담겨 있다. 우리 아이들이 본교를 졸업할 때 어떤 모습으로 자라길 바라는가에 대한 깊이 있는 고민을 통해, "아이들은 자기 삶을 꾸리고, 타인을 경험하러 학교에 온다"는 결론을 얻었다.

이에 '홀로서기와 함께하기로 삶을 가꾸는 교육'이란 학교 비전을 설정하였고, 같은 맥락에서 '배울 힘을 키우는 아이, 나눌 품을 넓히는 아이'라는 학생상을 지표화하였다. 교육 목표와 비전, 철학은 학교 상징을 통해 좀 더 선명해졌다. 자생력과 선한 영향력을 뜻하는 민들레와 소담하게 열매 맺는 매실나무가 교화와 교목으로 각각 정해졌고, 교표도 자립과 상생의 가치를 담아 시각화하였다. 철학에 근거하여 구성원이 공동 창작한 교가 '멀리멀리 날아서'의 노랫말은 아래와 같다.

산과 들과 강물이 저마다 그러하듯
내 숨 쉬고 내 빛깔로 내 삶을 살아가네.
나의 마음 홀씨 되어 멀리멀리 날아서
한 송이 민들레 되어 배움의 뜻 펼치네.
배울 힘 키우고 나눌 품 넓혀 삶을 가꾸는 사람이 되자
홀로서서 함께하는 소담초등학교.

학교철학을 아이들에 앞서 교사들이 먼저 구현해야 한다는 성찰은 소명의식과 책임의식을 부추겼다. 먼저, 참여한 만큼 성장하는 학교문화를 만들기 위해 애썼다. 협의문화를 바꾸고, 그 안에서 구성원 모두 자기 숨을 쉬고 자기 목소리를 내어 우리 것을 만들어보고자 하였다.

출처: 〈2017학년도 신규 혁신학교 공모 운영계획서〉 일부 발췌

내 맘도 이와 같다.

소담초 탈출 프로젝트

이지현

"시작은 '라' 음이야. 한번 쳐봐."
"'라'가 어디예요?"
종현이는 계이름을 대강 아는 듯했는데, 석현이는 잘 모르는 눈치다.
"검은 건반의 위치를 주의 깊게 봐. 여기가 '라'야. 잘 보고 따라 해야 해."
'이거 치기 어려울 텐데……' 하는 생각이 들었지만 묻어두고,
곡의 첫 마디 오른손 부분을 쳐줬다.
둘이 같이 몇 번 연습을 하더니, 친다.
곡의 멜로디를 아는 상태이다 보니 틀리면 틀린 줄 알고 다시 친다.
서투름이 보이는 손놀림이 참 귀엽다.
"선생님, 다음 부분 또 알려주세요!"

소담초 탈출 프로젝트

2016년 2월, 타 지역에서의 짧았던 교사 생활을 마치고 세종시에 왔다. 갑자기 세종시에 오게 된 이유를 묻는다면, 별건 없다. 그냥 가족들과 이사를 오게 되어 임용을 다시 보았고, 감사하게도 바로 합격했기 때문이다. 합격 소식을 듣고 그 당시 동료 선생님들에게 이야기하자, 선생님들은 세종시의 여러 소문에 대해 이야기를 해주었다.

"내가 아는 누구는 신규인데 부장이래. 일하느라 너무 힘들어서 울면서 퇴근한대."

"세종시 교사들은 야근을 얼마나 하는지 월급이 다른 지역의 두 배라는데?"

"세종 학부모들이 그렇게 힘들대."

당시 내가 생활했던 지역도 발령 전엔 좋지 않은 소문이 무성했다. '업무가 어마어마하다', '모 선생님은 힘들기로 유명하다' 등. 하지만 막상 지내보니 꽤 좋은 곳이었기 때문에 세종도 '소문만 그렇지 않을까?'라는 기대를 잠시나마 해보았다. 하지만 정말 잠시였다. 역시나 간이 콩알만 한 나는 '힘들면 다시 돌아와야지!'라는 우스운 다짐을 하며 걱정을 한가득 짊어지고 그곳을 떠나왔다.

다행인 것일까? 발령은 바로 나지 않았다. 대신 이런저런 일들을 하며 무시무시할 것 같은 학교생활은 잠시 잊고 지냈다. 6개월 동안 카페 알바를 하며 커피도 내려보고, 대낮에 도서관에서 책도 읽고, 교사였다면 꿈도 못 꾸었을 6월의 여행도 훌쩍 떠나는 등 끝이 있는 백수의 삶을 즐겁게 누렸다. 물론 알바를 하면서 만난 여러 사람들 덕분에 '교사들이 힘들다는 소문이 어느 정도는 사실이겠구나'라는 걱정을 이따금 한 적은 있지만.

2016년 9월, 행복한 백수의 생활을 끝마치고 드디어 소담초등학교로 발령을 받았다. 마음은 행복했지만 통장은 슬펐던 지난 6개월이었는데, 이제 몸과 마음은 힘들고 통장이 덜 슬퍼지는 생활의 시작이구나. 그런데 웬걸, 소담초에서의 생활은 생각했던 것과는 많이 달랐다.

학교 물정 잘 모르는 신규로서, 가장 놀랐던 것은 '업무지원팀'의 존재였다. 학년에서 꼭 해야 할 것들을 제외한 대부분의 업무는 모두 지원팀에 속한 선생님들이 맡아 하게 된다는 것이다. 수업과 크게 관련 없는 수많은 업무들로 고통받는 담임선생님들의 부담을 덜어줄 수 있도록, 그래서 오롯이 아이들에게만 집중할 수 있도록 하기 위함이었다. 충격이었다. 이런 학교가 다 있구나.

회의 분위기도 달랐다. 이전 학교에서의 회의는 '전달'이었다. 얼굴도 잘 보이지 않는 시청각실에 모여 각 부서별로 전달 사항을 이야기하고, 받아 적고, 교감·교장 선생님 말씀을 전달받았다. 하지만 소담초에서는 '다모임'이라는 이름으로, 모두 모여 이야기 나눌 수 있는 공식적인 자리가 마련되어 있다. 학교 구성원들의 의견을 최대한 듣기위해 노력하고, 선생님들이 하고자 하는 일들이 교육적으로 가치가 있다면 새로운 시도일지라도 최대한 지지해주는 그런 멋있는 학교가 우리 학교였다. 발령 후 6개월간 학교에 대한 만족감은 세상 높았고, 여기서 무조건 5년 꽉 채우고 가야겠다고 혼자 다짐도 했다.

'이 학교에서 얼른 나가야겠다!'

유토피아 같은 학교였는데, 갑자기 이렇게 탈출해야겠다는 생각을 하게 된 것은 올해 2월 중순쯤, 혁신학교 워크숍에서부터였다. 혁신학교로서 첫발을 내딛는 우리 학교를 위해 그동안 해왔던 생각들을 이야기하고, 아이디어를 공유하고, 우리 학교의 방향에 대해 고민해보는 자리였다. 많은 선생님들이 학교를 위해 그토록 힘을 쏟고 있던 그 시간에, 나는 여기를 떠나야겠다는 생각을 했다. 그 3일간 내 모습이 땅으로 꺼지고 싶을 만큼 작게 느껴졌기 때문이었다.

평소 나는 '묻어가는 사람'이었다. 묻어가기에 적합한 특성 삼박자를 아주 잘 갖추고 있다. 우선 눈치를 많이 본다. 다른 사람들의 눈에비치는 내 모습이 중요하기 때문에 무언가를 쉽게 이야기하기가 힘들다. 내가 어떤 의견을 제시했을 때 상대방이 나와 다른 생각을 하면어떡하나 하는 생각에 눈치를 먼저 보고, 말을 할지 말지는 그 이후에생각한다. 그렇게 눈치를 보다 보니 맞장구는 또 참 잘 친다.

또, 무엇인가를 생각하는 것 자체가 힘들다. 기억력이 떨어져 겪었던 일들을 떠올리는 것도 힘들거니와, 그걸 바탕으로 나만의 어떤 확고한 생각을 만들어내는 것도 어렵다. 교사로서 참 부끄럽지만, '쟤는 참 생각 없이 산다'의 '쟤'가 아마 나일 것이다. 그냥 이래도 좋고 저래도 좋은 줏대 없는 사람이 나다.

수줍음도 많다. 사람들 앞에서 말을 해야 하는 시간이 다가오면 얼굴은 빨개지고 팔다리는 오들오들 떨리고 심장은 쿵쾅쿵쾅 뛴다. 그래서 가능하면 말을 꼭 해야 하는 자리를 피한다. 거참 내가 나를 봐도 참 속 터진다. 성격이 이렇다 보니 내 의견을 많은 사람들 앞에서 이야기하는 일은 정말 손에 꼽을 정도였다.

그런 내게 워크숍의 분위기는 엄청난 부담으로 다가왔다. 모두 둘러앉아 돌아가며 자신의 생각을 이야기하고, 떠오르는 아이디어를 말하는 그 시간들은 나를 작아지게 만들었다. 심지어 있었던 일들을 이야기하는 것조차 버거웠다. 내 자신이 싫어지는 순간이었다.

"우리 ＿＿＿＿에 대해 돌아가며 이야기를 해 봐요."

"저는 패스하겠습니다."

모두 한마디씩 이야기를 하던 와중에 나는 '패스'를 외쳤다. 그 자리에 있던 많은 선생님들 중에 그걸 말한 사람은 나밖에 없었다. 생각이 나지 않는데 뭘 말해야 하는 것인가. 정말 부끄러워서 쥐구멍이 있다면 숨고 싶었다. 그 부끄러운 시간들이 워크숍 기간 내내 지속되었다.

워크숍이 모두 마무리되고, 정신을 차려 보니 드는 생각은 빨리 소담초를 떠나야겠다는 것이었다. 내가 작아 보이기 시작하자 그때부터 정말 한없이 작아졌다. '왜 나는 저런 생각을 못하지? 왜 이렇게 한심하지?'라는 생각이 꼬리를 물고 이어졌고, 자괴감이 들었다. 내 스스로에게 자신이 없다 보니 그 이후에 하는 모든 활동들이 힘들기만 했다.

그렇게 힘든 상태로 새 학년을 맞이했다.

그 이후로 1년이 금방 지나갔다. 현재 나는 아직도 '묻어가기 적합한' 부족한 사람이다. 여전히 여러 사람 앞에서 말하는 것은 힘들고, 다른 선생님들을 보면서 '나는 왜 저렇게 생각하지 못할까?' 하고 씁쓸해한다. 사실 겉으로 봤을 때 달라진 것은 별로 없다.

달라진 것은 내 마음가짐이었다. 2017년을 마무리한 지금, 소담초 탈출 의지는 거의 사라졌다. 여전히 힘듦에도 불구하고 계속 남아 있어야겠다고 생각한 이유는 내가 달라지고 있다는 것을 느꼈기 때문이다. 처음 '탈출!'을 외쳤을 때는 나에게 닥친 그 상황을 회피하려고만 했다. 그냥 마음 편하게 묻어가는 것을 추구하며 그 방법은 이곳을 벗어나는 것이라고 생각했던 것이다.

지금은 아니다. 내가 힘들다고 징징거렸던 그 시간들이 실은 많은 선생님들이 우리 아이들을, 학교를, 심지어 동료들을 위해 힘썼던 시간이라는 것을 안다. 우리 학교에 얼마나 훌륭한 선생님들이 많은가. 그리고 그분들에게 배울 점은 또 얼마나 많은가. 힘들다는 생각은 배워야겠다는 생각으로 바뀌었다. 그리고 지금도, 어설프지만 열심히 꽁무니를 좇으려고 노력하고 있다.

곧 소담초와 함께하는 세 번째 해가 시작된다. 2018년에는 소담초에서 또 어떤 힘든 시간을 겪게 될까 사실 두렵기도 하다. 하지만 최선을 다해 그 시간들을 보낼 것이다. 넘어지기도 하고 성장통도 겪으며 그렇게 살다 보면 어느새 한 뼘 더 성장해 있겠지. 아직 갈 길이 먼 초보 교사는 이렇게 꿈을 꾼다. 그리고 이는 소담초이기 때문에 가능한 것이므로, 내가 이곳에 있다는 사실에 또 한 번 감사함을 느낀다. 소담초 탈출 프로젝트는, 그렇게 기분 좋게 기권을 외쳤다.

피아노 치는 아이들

끼워 맞추자면, 피아노와는 나름 오랜 인연이 있다. 말도 못하던 어린 아기 때, 자주 울던 나를 달래는 방법 중 하나는 집 근처 피아노 학원 앞에 가는 것이었다고 들었다. 울다가도 피아노 소리를 들으면 울음을 그쳤다고 하니 기억은 안 나지만 참 신기한 일이다.

피아노를 처음 배운 건 일곱 살 때였다. 그토록 좋아했던 피아노를 배우게 되었건만, 역시 강제성을 띠면 즐길 수는 없는 법인가 보다. 몇 년 피아노를 배웠지만 실력은 그저 그랬고, 늘었던 건 피아노 한 번 치고 동그라미 세 개씩 칠하는 기술이랄까. 게다가 피아노 선생님은 어찌나 무섭던지 피아노가 싫어질 지경이었다. 당시 부모님께서 거금을 들여 사주셨던 피아노에는 먼지가 쌓였고, 결국 얼마 못 가 피아노 학원을 그만두었다. 그러고는 그간 질렸는지 한동안 피아노 뚜껑은 열지도 않았다.

다시 피아노에 열정이 불붙게 된 계기는 고등학교 1학년 때 영화 한 편을 본 후부터였다. 음악 선생님께서 보여주셨던 〈말할 수 없는 비밀〉이라는 피아노 영화였는데, 주인공의 엄청난 피아노 실력과 판타스틱하고도 애절한 스토리에 홀딱 빠져서 몇 번이고 돌려 봤다. 특히 인상 깊었던 부분은 주인공과 라이벌의 피아노 배틀 장면이었는데, 피아노 치는 주인공이 너무 멋져서 정말 친구들과 입 벌리며 봤다. 얼마나 집중해서 봤는지 피아노 소리와 주인공 손이 맞지 않아서 라이브가 아니라는 것을 눈치챘을 정도였다. 그 이후 나와 내 친구들 몇 명은 음악실 청소를 도맡아 하며 쉴 새 없이 피아노를 뚱땅거렸다. 인터넷을 뒤져 악보를 받았고, 먼지 쌓인 피아노 뚜껑도 오랜만에 열었다. 처음에는 손이 굳어 힘들었지만 다행히도 점점 풀려 연습에 탄력을 받기 시작했다. 그렇게 연습하다 보니 몇 곡 빼고는 어느 정도 칠 수 있게 되었고, 저 깊은 곳에 숨어 있던 피아노에 대한 흥미가 되살아나기 시작했다.

어쩌다 보니 그때 이후로는 계속 피아노와 밀접한 관계를 유지하고 있다. 피아노에 다시 흥미가 생긴 덕에 대학교에서도 심화 전공으로 음악을 선택했고 분과로 피아노를 배웠으며, 피아노로 졸업 연주회도 했다. 선생님이 된 지금도 교실에서 작은 피아노와 함께 지낸다. 생각해보니 내가 좋아하는 것과 삶을 같이할 수 있다는 것이 새삼 참 감사하게 느껴진다.

올해 맡은 아이들은 피아노와 음악을 참 좋아한다. 노래도 신나게 잘 부르고, 몇 아이들은 배우고 있는 악기를 가져와 친구들에게 들려주기도 한다. 피아노 치는 것도 좋아해서 우리 교실에서는 피아노 소리가 끊이질 않는다. 피아노를 서로 치려고 하다가 종종 싸움이 나기도 하지만, 하루 열기 시간에 서툴게 연습한 피아노를 들려준다거나 친구와 함께 연탄곡을 치는 아이들을 보면 참 행복하다. 그 와중에 특히 더 행복하고 뿌듯했던 시간이 있었는데, 바로 우리 반 두 장난꾸러기들에게 피아노를 가르쳐준 시간들이었다.

석현과 종현, 이름도 비슷한 귀염둥이 장난꾸러기들은 대부분의 방과 후 시간을 교실에서 함께 보내곤 한다. 그런데 어느 날, 친구가 멋지게 피아노곡 'summer'를 치는 모습을 보고는 내게 와서 그 곡을 가르쳐달란다. 아이들에게 피아노를 가르치는 것은 처음이라, 재미있겠다 싶었다.

"시작은 '라' 음이야. 한번 쳐봐."

"'라'가 어디예요?"

종현이는 계이름을 대강 아는 듯했는데, 석현이는 잘 모르는 눈치다.

"검은 건반의 위치를 주의 깊게 봐. 여기가 '라'야. 잘 보고 따라 해야 해."

'이거 치기 어려울 텐데……' 하는 생각이 들었지만 묻어두고, 곡의 첫 마디 오른손 부분을 쳐줬다. 둘이 같이 몇 번 연습을 하더니, 친다. 곡의 멜로디를 아는 상태이다 보니 틀리면 틀린 줄 알고 다시 친다. 서투름이 보이는 손놀림이 참 귀엽다.

"선생님, 다음 부분 또 알려주세요!"

"다음은 앞에 쳤던 부분과 비슷해. 이 부분이 여기서는 '라파-'로 바뀌는 것 빼고는 다 똑같지."

둘이 또 어깨를 맞대고 열심히 연습을 한다. 이번에는 바뀌는 부분이 좀 헷갈리는지 더 오랜 시간을 연습하고 또 연습한다. 그렇게 결국 다음 부분도 꼼지락꼼지락 연주를 완성했다. 그런데 이 녀석들, 욕심이 생기는 모양이다.

"선생님, 이제 왼손도 알려주세요."

"왼손? 같이 칠 수 있겠어?"

"일단 해볼래요."

한 손씩 피아노 치는 종현과 석현

그렇게 왼손 부분을 또 알려줬다. 오른손과 같이 치지는 못하고 일단 왼손만 연습하는데, 익숙한 멜로디가 아니다 보니 좀 더 까다로운 모양이다. 그래도 진지하게 연습을 한다. 그걸 보니 문득 내 모습이 떠올랐다. 연습하고 또 연습해 성취감을 맛보고 더 배우고자 하는 모습들이 꼭 고등학교 시절 피아노에 다시 빠진 내 모습 같아서 기특하고 뭉클했다. 그 기특한 모습들이 꽤 오랜 시간 지속되었다.

며칠이 지난 어느 날, 복도에 나가 있는데 서툴지만 익숙한 음악이 들렸다. 두 아이들이 연습한 그 곡이었다. 양손의 소리가 함께 들리기에 교실을 들여다보니, 참으로 귀여운 모습이 눈에 들어왔다. 석현이와 종현이가 각각 한 손씩 맡아서 함께 피아노를 치고 있었던 것이다. 아직 양손을 함께 치기 어렵다 보니 이러한 귀여운 생각을 한 것이었다. 둘의 속도가 달라 미묘하게 박자가 안 맞았는데, 그 소리조차 너무 귀여웠다.

그 이후로도 둘의 연습은 계속되었다. 그리고 양손 연습도 시작되었다. 두 귀염둥이는 틈만 나면 피아노 앞에 서서 피아노를 뚱땅거렸다. 심지어 종현이는 집에서도 연습하고 있다고 했다. 그래서 그런지 실력이 꾸준히 늘었다. 그렇게 곡 연습을 시작한 지 몇 주 후, 결국 둘은 아주 어려운 부분을 제외한 나머지 곡을 양손으로 칠 수 있게 되었다.

"선생님! 영상 찍어주세요."

"와, 잘 치네! 클래스팅에 올려야지."

"올리지 마세요."

부끄러워했지만, 싫은 표정은 아니었다. 내 얼굴도 마음도 함박웃음으로 가득 찼다. 처음 시작할 때는 '칠 수 있을까?' 생각했는데 두 아이들은 해냈다. 차근차근 연습해서 결국에는 목표에 도달한 아이들의 모습이 참으로 기특하고 사랑스러웠다.

너무 열심히 쳤기 때문일까, 최근 교실에 있던 피아노가 갑자기 망가졌다. 지난번에는 전원이 켜지지 않기에 어댑터를 새로 사서 바꿨는데, 이번에는 전원만 켜지고 소리가 나지 않는다. 한쪽 스피커가 예전부터 말썽이더니, 다른 한쪽도 뒤따라간 듯했다. 피아노를 좋아하는 아이들에게는 참으로 아쉬운 일이 아닐 수 없었다. 나도 마찬가지였다. 음악 시간에 피아노 반주를 해줄 수 없어 슬프고, 아이들과 피아노를 통해 소통하지 못해 속상했다. 얼마 전 종현이와 석현이가 '캐리비안의 해적' 노래의 계이름을 적어달라고 해서 적어줬는데, 피아노가 고장이 나는 바람에 듣지 못하고 있다. 아침마다 시은이와 '학교 가는 길'도 함께 쳤는데 그것 또한 못 하고 있다. 이걸 고치려면 택배로 피아노 회사에 보내야 한다고 한다. 보낼 엄두가 나지 않는다는 핑계로 차일피일 미루고 있는데 괜스레 아이들에게 미안한 마음이 든다. 내년에 아이들을 보내기 전에는 꼭 고쳐야지.

올해 아이들과는 유난히 잘 맞았다. 그렇게 느낀 데에는 피아노와 음악이 꽤나 몫을 했다고 생각한다. 거기에 뭘 그렇게 의미부여를 하느냐고 하겠지만, 함께 노래 부르고 어깨를 맞대며 피아노를 쳤던 그 순간들 덕분에 아이들도 나도 있는 힘껏 마음을 열 수 있었던 것이 아니었을까. 고장 난 피아노를 물끄러미 보고 있자니, 올해가 끝나가는 것이 참으로 아쉬울 따름이다.

후기 겸 번외, 소담 에세이 탈출 프로젝트

처음부터 탈출하고 싶었다, 소담 에세이팀.

시작은 '학년별 소담 에세이'였다. 학년에서 돌아가며 에세이를 쓰고, 이를 정리한다고 했다.

'우리 학년에서는 누가 쓰지?'

1학년부터 순서대로 쓰는 것이었기에, 언젠간 4학년의 순서가 돌아오게 되어 있었다. 무얼 써야 하나, 양은 얼마나 써야 하나. 부담이었다. 누군가는 써야 했기 때문에 준비를 해야 했지만, 준비하는 순간 에세이는 그 사람의 차지가 될 것 같았다. 눈치게임을 시작했으나 부담감에 아무도 입 밖으로 '1!'을 외치지 않았다.

다행히 학년별 에세이는 2학년에서 멈췄다. 감사하게도 3학년에서는 에세이를 쓰지 않았고, 4학년에서는 '3학년 선생님들이 쓰지 않아서'

라는 핑계를 댈 수 있었다.

그렇게 끝난 줄 알았던 소담 에세이는 12월 초 다시 시작되었다. 어느 날 저녁, 혼자 남아 있던 어두운 4층 복도에 누군가 찾아왔다. 유우석 선생님이었다.

"소담 에세이 써보는 것 어때요?"

"선생님, 저는 글재주가 없어요. 아시잖아요, 저 말도 잘 못하는 걸요."

"말하는 것과 글 쓰는 것은 달라요. 같이 해봅시다."

'함께 하자'와 '못 한다'의 반복이었다. 그렇게 거절을 다섯 번 정도 했다.

"좋아요 그럼. 일단 들어와서 써보고, 도저히 못 하겠다면 그때 나가는 걸로 합시다."

"알겠습니다. 그런데 저 아마 80퍼센트 확률로 중간에 나가게 될 거예요."

평소에 거절도 잘 못 하는데, 저렇게까지 말씀하시니 더 이상 거절할 수가 없었다. 그렇게 그날부터, 소담 에세이팀에 합류했다.

합류는 했는데, 아무리 생각해도 내가 글을 잘 쓸 수 있을 것 같지 않았다. 당장 뭘 써야 할지도 모르겠는데, 그 긴 글은 또 어찌 쓰느냐는 말이다. 이를 어쩌나, 지금이라도 합류하겠다는 말을 취소할까 하며 발만 동동 구르다가 아무 준비도 없이 첫 모임 날이 되었다.

첫 모임은 학교 근처 카페에서 가졌다. 어떤 주제를 어떤 순서로 풀어낼 것인지 대강 흐름을 잡아서 만나기로 했는데, 나는 시간이 없었다는 핑계로 정리 안 된 주제 두어 개만 대충 들고 갔다. 그런데 역시 소담초 선생님들, '글'을 써 왔다. 난 주제도 제대로 생각 못 했는데, 글이라니……. 기가 팍 죽었다. 나가고 싶은 마음이 절실해졌다. 돌아가면서 자신의 글을 소개하고, 함께 읽고 이야기를 나누었다. 그리고 내 차례가 되었다.

"음……. 저는 여길 나가야겠어요."

웃으며 농담처럼 이야기를 꺼냈지만, 진심이었다. 이왕 얘기 꺼낸 거, 왜 나가고 싶어 하는지 설명을 하고 싶었다. 그래서 나온 것이 혁신학교 워크숍 이야기였다.

"제 성격은 이렇고, 워크숍 때 어쩌고저쩌고 해서 힘들었어요. 그리고……."

정말 나가고 싶었고, 진심을 다해 이야기했다.

"그 주제 좋다. 그 내용을 담아서 쓰면 정말 좋은 글이 되겠어요."

"제목은 '소담초 탈출 프로젝트'로 하면 좋겠네."

친절한 선생님들은 내 이야기를 듣고 이렇게 결론을 내려주었다. 순

열심히 회의해용~

간 멍해졌다. 그렇게 첫 번째 탈출 시도는 실패했다.

그 이후에도 시도는 계속되었다. 유우석 선생님을 만날 때마다 나가고 싶다고 떼를 썼다. 하지만 그때마다 선생님은 '노No!'를 외쳤다. 지금 생각해보면 선생님은 내 성격을 잘 알고 계셨다. 안 된다고 하면 나가지 못하는 소심이는, 결국 글을 쓰기 시작했다.

쓰다 보니 선생님들과의 진도 차이가 어마어마했다. 내가 열 줄 쓰고 끙끙대고 있을 때, 다른 선생님들은 열 몇 장을 썼다. 내가 겨우 다섯 장을 쓰고 머리를 싸맬 때, 단체 채팅방에는 몇십 장의 글들이 주르륵 올라왔다. 에라 모르겠다 하는 심정으로 노트북을 덮었다.

그 이후로도 찔끔 쓰고 덮기를 반복했다. 기한은 다가오는데 글은 잘 써지지 않았다. 그리고 그 과정에서 참으로 많은 반성을 했다. '그동안 너무 글쓰기를 멀리하고 살았구나, 짧은 글이라도 조금씩 쓰는 연습을 해야지. 좀 더 연습한 후에 다시 소담 에세이에 도전해야지'라고. 이런 생각을 유우석 선생님께 전하고는 마지막 탈출을 시도했다.

그리고 실패했다. 끝까지 나가고자 했던 나를 선생님들은 격려와 칭찬으로 몇 번이고 막아주었다. 원망과 감사가 공존했다. 그 이후, 힘겨운 시간들을 보낸 끝에 드디어 에세이를 마무리 지었다. 마음속에 있던 무거운 짐이 다 빠져나간 듯 홀가분했다. 그리고 그 자리는 다 썼다는 성취감 한 움큼, 다른 사람들의 반응에 대한 걱정 한 움큼, 부끄러움 한 움큼으로 채워졌다. 부끄러운 글이지만 훌륭한 선생님들의 글 사이에 살짝 끼워질 수 있게 된 것에 대한 기쁨도 한 움큼 생겼다.

나에게는 큰 도전이었다. 그 도전은 절반만 성공했다고 생각한다.

글을 쓰면서도 끊임없이 자신이 없었고, 의지를 놓지 않기 위해 많은 선생님들의 도움을 받아야만 했기 때문이다. 심지어 시작조차 자발적이지 못했다. 다음 에세이를 쓸 때는 부디 내 의지로 당당하게 쓸 수 있기를, 그래서 스스로가 온전한 성공을 했다고 느낄 수 있기를 바란다.

오늘 소담

이지혜

한 선생님이 우리 학교는 올해가 개교 2년 차,
혁신학교 1년 차라는 말을 했고, 혁신학교라고 해서 아직 특별히 다른 건 없다고 했다.
처음엔 내가 잘못 들은 건가 하고 무대를 올려다보았다.
혁신학교에 대해 궁금증과 우려를 잔뜩 가지고 오셨을 학부모님께 확신에 차서
우리 학교의 좋은 점을 이야기해도 모자랄 것 같은데 아직 별다를 게 없다는 소박한 말이라니.
뒤에서 이야기를 듣는 내가 오히려 혼자 당황을 했다. 그런데 그 말이 곱씹을수록 좋았다.
처음으로 이 학교에 설렜다.

서른 지나,
제주에 가겠다는 말에도
선생님이 되어야겠다는 말에도
세종에 가야 한다는 말에도
가족들은 그저 알았다, 알았다 할 뿐이었다.

덕분에 이렇게 짧은 글이나마 내어놓는다.

구룡령에서 시작된 이야기

그럼 구룡령에서 기다릴게요.

정확히는 구룡령 휴게소. 일주일 뒤 그곳에서 보자 하고 길을 나섰다. 우리가 그날 그곳에 도착할지는 장담할 수 없지만 하는 수 없었다. 일단 산에 들어가면 전화는 먹통이 될 것이고 구룡령 다음은 한계령인데 거기는 일정상 정말 불가능했다.

스물셋, 대학 4학년. 나는 모 대학 산악부의 주장이었다. 15년 전에도 이미 인기가 없어 사그라져가던, 오래된 이름이 더 크게 느껴지던 동아리였다. 그 동아리를 붙들고 대학 4년을 보냈다. 하나뿐이던 동기 김선봉이 떠난 주장 자리를 당연히 내가 해야 할 일로 알고 채웠다.

1학년 남자 한 명, 2학년 남자 한 명, 그리고 나. 셋이 강의실 하나를 빌려 장비를 펼쳐놓고 며칠간 짐을 꾸렸다. 그때는 겁이 없었다. 생각을 많이 하지 않고 행동으로 바로바로 옮기던 때다. 그래도 셋으로는 막막했다. 졸업한 선배들을 찾아가 무조건 산에 와달라고 했다. 사람이 없으니 도와달라고 했다. 직장 때문에 올지 말지 망설이던 선배에게 구룡령에서 기다리겠다 말하고 제대로 대답도 듣지 않고 와버렸다.

장마가 시작되는 여름이었고, 날은 덥거나 혹은 비가 억수같이 내렸다. 짐을 줄이고 줄였으나 셋이 나눠 지기에는 많은 양이었다. 내일 해질 때까지 부지런히 걸어야 겨우 구룡령에 도착할 수 있는 속도였다. 무리를 해서 걸었다. 다행히 어둡기 전에 휴게소에 도착했다.

기다리는 사람은 없었다. 그곳을 지나쳐 조금을 더 가서 그날 텐트를 쳤다. 저녁을 해 먹고 후배 둘을 남겨둔 채 랜턴 하나를 챙겨 다시 휴게소로 갔다. 선배가 늦게라도 올지 모른다.

말이 휴게소지 산장 같은 작은 건물이 하나 있고 1층에는 비빔밥 같은 것을 팔고 2층에 주인이 살고 있는 모양이었다. 식당 의자에 오래 앉아 있는 내 눈치를 계속 살피던 주인이 이 시간에 누가 오겠느냐고 하면서 2층에 방이 있다고 했다. 내가 답이 없자 문을 닫아야 한다고 말했다. 불 꺼진 휴게소 밖에서 칠흑같이 어두운 여름밤에 홀로. 굽이굽이 아홉 굽이라는 구룡령 굽은 길을 물끄러미 바라보며 한참을 서 있었다. 그때 했던 걱정이 산악부의 미래였는지, 나의 앞날이었는지, 내일의 날씨였는지 이제는 기억나지 않는다.

희미하게 노랫소리가 먼저 들렸다. 이윽고 불빛이 하나 고갯길을 따라 그리며 올라왔다. 소리가 점점 커지더니 차 한 대가 멈춰 섰다. 선배였다. 자정이 넘은 시간. 트렁크에서 배낭을 주섬주섬 꺼내고 내게 뭔가를 건넨다. 참외가 들어 있었다. 말없이 봉지를 받아 들었다. '이

거 무거운데…….'

그해 여름엔 유난히 비가 많이 왔다. 우리는 그 비를 함께 맞으며 점봉산을 넘고 한계령을 지나 설악을 걸었다. 선배는 예정했던 여름휴가보다 하루를 더 쓰고서야 속초 근방에서 우리와 헤어졌다. 그길로 구룡령에 두고 온 차를 찾아 서울로 간다는 그에게 내가 물었다.

"그 노래 뭐예요?"

"아, 제주도 푸른 밤."

그것이 마지막 산행이었다. 뒤늦은 취업 준비를 시작했고 이듬해 졸업을 했다. 더 이상 산에는 가지 않았지만 대신 성시경의 '제주도의 푸른 밤'을 종종 들었다. 앞길이 막막할 때, 구룡령에서 들려오던 그 노랫소리를 생각한다. 다 잘될 것만 같다.

그 노래 때문이었을까. 7년 뒤, 정말 다 잘될 줄로 믿고 제주로 떠났다. 그리고 선생님이 되었다. 제주의 푸른 밤은 평화롭고 아름다웠다. 제주에서의 많은 이야기를 뒤로하고 이곳 세종으로 왔다.

그리고 올해 소담에서 오래전 구룡령 길을 떠올리게 하는 순간과 동료들을 만났다. 생각지도 못한 일이다. 책에서 본, 세계는 두 번 진행된다는 말은 사실이었다. 계속 걷다 보니 어제의 나를 만나고, 오늘의 나는 내일 어딘가에서 기다리고 있을 것이다.

누가 뭐라던, 자신들만의 이야기를 묵묵히 써 내려가는 사람들, 다수가 아닌 소수, 서로의 가치를 소중히 여기며 함께 걸어가는 사람들을 알고 있다. 나도 함께 걷고 싶다. 이번엔 내가, 기꺼이 늦은 밤 불 밝혀 나타나는 존재라면 더욱 좋겠다.

그때는 맞고 지금은 틀리다

서른 살에 다니던 회사를 그만두었다. 첫 직장이었다. 퇴사를 하루 앞두고 그동안 함께 일해온 선배와 짧은 대화를 나눴다.

"니는 책임감이 강하잖아. 어디 가든 잘할 거다."

부산 사투리를 쓰던 무뚝뚝한 선배가 웬일로 따뜻한 말을 했다. 이직할 곳을 정하지 않고 퇴사하는 나를 걱정해 그냥 한 말이다. 그래도 그 말 한마디가 힘이 되었다.

소담초에서 신규 교사로 일 년을 보냈다. 우리 학교는 선생님이 학생들에게 집중할 수 있게 만드는 학교니 마음껏 뜻을 펼쳐보라는 여러 선생님의 격려는 사실이었다. 학년 일을 제외하고 내게 주어진 학교 업무가 따로 없었다. 다른 학교로 발령 난 동기들이 그 말을 듣고 놀라워했다.

이전 직장과도 많이 달랐다. 사내 조직도에서 내가 속한 곳을 찾으려면 한참을 클릭해서 내려가야 했다. 촘촘한 그곳에서 책임을 다한다는 건 주어진 일을 효율적으로 끝까지 해내는 것을 의미했다. 적어도 내가 이해한 바는 그러했고, 이해한 바대로 효율적으로 끝까지 해내려 애썼다.

당시 밖에서 바라본 교직은 안정된 직장, 좋은 근무 환경, 상대적으로 적은 스트레스로 비쳐졌다. 안으로 들어와 보니 그 말은 어느 정도는 사실이고 어느 정도는 과장되어 있었다. '일반 회사와 비교해서 학교는 어때요? 힘들어요?' 이런 질문을 받을 때면 어떻게 말해야 할지 모르겠다. 다만 선생님이라는 직업이 가지는 무게가 남다르다는 것을 느낀다.

　학교 선생님 몇 분과 온책읽기 연구회를 함께했다. 『정의란 무엇인가』 책을 읽고 교직관과 관련한 대화를 나누다 사람들이 교직에 대해 너무 쉽게 말하고 폄하하는 것 같다는 이야기로 옮겨 갔다. 방학이나 이른 퇴근 시간 등의 이미지가 교직은 편한 직업이라는 인식으로 이어져 공격을 자주 받게 된다는 것이다. 마음 같아선 '그럼 너도 선생님을 하면 되잖아'라고 되받아주고 싶다는 말도 나왔다. 오죽 답답하면 그럴까. 그 마음도 이해가 된다.

　그런데 그렇게 말하지 않았으면 좋겠다. '너도 여기 안전한 곳으로 들어와'라고 말하기보다는 같이 문제를 해결할 방법을 찾는 편이면 좋겠다. 내가 느낀 선생님의 사회적 역할과 책임은 그런 것이었다. 교직이 좋은 일자리로 비쳐질수록 그만큼 사회가 팍팍해져가는 것이라 생각한다. 모두가 느끼듯 실제로 사람들의 삶이 많이 팍팍하다. 예전의 나보다 훨씬 더 노력하는 지금의 20대들이 좋은 일자리를 구하기가 몇 배는 어렵다.

　우리가 가진 것이 많으니 내어놓자는 배부른 소리가 아니다. 내가 이룬 성취가 오롯이 내 것이라 말할 수 없다는 말이다. 얻은 자가 있다면 빼앗긴 자가 있고 이룬 자가 있다면 실패한 자가 있다. 지금 두 손에 쥐고 있는 것이 어쩌면 우리가 가르치는 아이들의 미래를 담보로 얻은 것을 수도 있고, 알지 못하는 누군가의 희생을 갈아서 만들어진 것일 수 있다. 힘들어도 밖의 소리에 귀를 기울여야 한다.

　전에는 한 번도 이런 생각을 해보지 않았다. 나밖에 몰랐다. 주변을 돌아보지 않고 살았고 내게 그런 의무가 있다고도 생각지 않았다. 펑계를 대자면 나 하나 챙기며 살기에도 너무 바쁘고 힘들었다. 회사에서 하루하루 책임을 다했지만 그것은 어디까지나 나를 위한 책임이었다. 아이들 앞에 선 선생님이 되어서야 겨우 진짜 책임이 무엇인지 생각하게 되었다.

다행이다. 책임에는 함께 가자는 의미가 들어 있었다. 그러니 내게 책임감이 강하다던 선배의 말은 그때는 맞고 지금은 틀리다.

이 글을 쓰면서도 당장 실천하고 있는 일은 없기에 많이 부끄럽다. 교사로서 할 수 있는 일이 무엇인지 찾아가는 중이다. 우리 학교의 비전이 '홀로서기와 함께하기로 삶을 가꾸는 교육'이다. 무척 마음에 든다. 더 훌륭한 것은 학교의 문화가 구성원이 책임을 질 수 있도록 민주적이고 자율적이라는 것이다. 2017 소담교육과정 책자 앞부분에 적힌 학교철학을 아이들에 앞서 교사들이 먼저 구현해야 한다는 성찰은 소명의식과 책임의식을 부추겼다. 이 부분에 밑줄을 다시 한 번 굵게 긋는다. 이제는 책임을 좀 지며 살아야겠다. 나도 선생님이 되었으니까.

특별한 제주와 세종

"왜 이렇게 특별한 걸 좋아해요?"

임용 원서를 접수하기 며칠 전이었다. 알고 지내던 체육과 동생에게 세종시로 원서를 넣을 거라고 말하자 의외라는 표정과 함께 돌아온 말이었다. 처음엔 무슨 말인지 몰랐다가 뒤늦게 이해하고 웃었다. 제주'특별'자치도에서 세종'특별'자치시로 간다니. 이제와 생각하면 참 예리한 지적인 것 같다. 도대체 뭐가 특별한 걸까, 생각을 해보았다.

유홍준의 『나의문화유산답사기』 제주편에는 이런 말이 나온다. 우리나라에 제주도가 없었다면 얼마나 서운할 뻔했냐고. 뚝 떨어져 있는 제주라는 섬이 점처럼 있어서 한 번씩 가서 바람을 쐴 수 있으니 우리나라 사람들에게는 행운이라는 설명이었다. 내가 살아본 제주는 떨어져 있다는 것 자체로 특별한 곳이었다. 독특한 풍경, 독특한 사람들 그 안에 흐르는 독특한 정서가 있다. 육지와 멀리 있으니 세상의 영향을 덜 받고 유유자적 홀로 존재할 수 있는 곳이다. 그 안에서 그들만의 이야기가 쓰인다.

그러니 육지에서 치이고 지친 사람들이 몰려들었다. 제주에는 새롭게 인생의 이야기를 써보고 싶어 모여든 사람들이 많았다. 상처를 치유하고 다시 꿈을 꾸려는 사람들이 제주에 살던 사람들과 만나 또 새로운 이야기를 만들어내고 있었다. 나 또한 그랬다. 땅의 크기가 훨씬 작은데도 육지보다 더 자유롭다는 생각이 들었다. 바다에 둘러싸여 있어도 답답함을 느끼지 못했다.

나는 서울 아래 경기도 수원에서 태어나고 오래 살았다. 서울은 늘 동경의 대상이었다. 내 기준으로 대학도 서울에 있는 대학을 가야 성공하는 것이고 직장도 서울에 있는 직장을 다녀야 좀 그럴듯해 보였다. 서울에 대한 미련을 버리지 못하고 20대를 보낸 것 같다. 서른쯤 되자, 지금까지 써 내려간 내 인생이 가짜로 느껴졌다. 교대에 입학해서 3일째 되던 날, 글쓰기 개론 첫 강의 시간이었다. 돌아가며 자기소개를 해보자는 교수님의 말에 정말 난감했다. 그때 두서없이 이런 말을 한 것 같다. "어떤 글에서 가장 실패한 인생은 가짜로 산 인생이라고 했습니다. 자신만의 이야기를 할 수 있는 진짜 인생이 살고 싶어 제주행을 택했고, 그 이야기를 잘 풀어갈 수 있는 방법을 이 수업을 통해 배우고 싶습니다. 감사합니다." 고백하자면 첫 수업 이후로 학교를 자주 빠졌다. 글쓰기 실력은 전혀 늘지 않았지만 재밌는 이야기들은 쌓여갔다.

세종 땅을 한 번도 밟지 않고 세종으로 원서를 쓰던 그때도 어딘가 세종과 제주가 닮았다고 느꼈다. 지도로 세종을 찾아보면 섬처럼 보였다. 그것도 새롭게 만들어지는 섬. 다양한 이야기가 새롭게 쓰일 수 있는 자유로운 섬 같다고 느꼈다. 개교 2년 차, 혁신 1년 차인 세종의 소담초등학교 또한 같은 첫인상으로 다가왔다. 나의 예감은 틀리지 않았다. 소담은 여러 사람의 꿈이 녹아 만들어진 학교이자, 새로운 꿈을 꾸며 찾아온 사람들이 모여든 곳이다. 우리가 함께 우리만의 새로운 이야기를 써 내려가는 중이다.

선생님, 하늘을 나는 것처럼 해봐요

11월에 아이들과 스케이트장으로 체험학습을 갔다.
"선생님, 하늘을 나는 것처럼 해봐요."
"응? 그게 어떻게 하는 건데?"
"아니이, 그러니까요. 마음을 차분하게 하고 집중하라고요."
"그게 잘 안 되는걸……."

어라, 너에게 이런 말을 듣는 날이 오다니. 정신을 못 차리고 있는데 이번엔 여학생이 날쌔게 내 옆으로 온다.

"선생님, 인라인도 안 타봤어요?"

"어? 어……."

"선생님, 넘어지는 거 싫죠?"

점점 구박받는 기분이 든다. 근데 너 내 속마음을 어떻게 알았니? 흠칫 놀란다. 선생님 나이쯤 되면 넘어지는 게 무섭단다. 속으로 대답을 한다.

"손잡아줄게요. 원래 처음에는 다 어려워요."

"고마워. 이거 무지 어렵다."

어른스럽게 내 손을 잡는다. 그 손이 작고도 든든하다.

"야, 이제 선생님 혼자 타보게 손 놔보자."

"그러지 마 얘들아, 선생님 무서워."

역시, 끝까지 믿으면 안 된다.

우리 반 최고로 바른말 잘하는 아이도 이 기회를 놓치지 않는다.

"선생님 힘들죠? 그걸 해보지도 않고 우리만 시켰던 거예요?"

"내가 미안하다, 미안해."

돌아보니, 이날이 가장 좋았다. 아이들과 통한다는 느낌이 들었다. 지켜보는 것보다 함께 하는 게 훨씬 더 좋다는 것도 새로 알았다. 어쨌든, 하늘을 날아보지도 않고 나는 법을 아는 아이들에게 가르칠 것이 없는 날이었다.

1학년 아이들의 담임이 되었다. 첫 아이들이었다. 그만큼 빛나는 순간이 넘쳤다. 자주 감동을 받아 주책없이 눈물을 보였다. 아이들이 왜

1교시 수업 중 첫눈이 내렸다.

우느냐고 물으면 그게 또 사랑스러워서 웃었다. 물론 힘든 날도 많았
다. 아이들이 내 마음을 잘 몰라주는 것 같아서 낙담하기도 했다. 눈
높이를 맞추지 않고 어른처럼 대하고 꾸짖기도 했다.

교실 창밖으로 첫눈이 내린다. 아이들과 창가에서 송이송이 떨어
지는 눈을 바라보았다. 눈이 천천히 별처럼 내린다고 아이가 말해주
었다.

너희들, 진짜 아이였구나. 첫눈처럼 선생님에게 와주어서 고맙다.

학교에 대한 기억 둘

하나, 동명초등학교 등굣길.

학교에서 가까운 곳에 집을 얻었다. 자연스레 출퇴근길과 아이들의
등하굣길이 겹친다. 아침에 아이들이 살고 있는 아파트 단지를 걸어

지나며 자주 하는 생각은 아이들 집과 학교가 참 가깝다는 거다. 어떤 아이들은 집에서 나서자마자 거의 바로 학교 정문을 통과할 정도다. 그나마도 걷지 않고 부모님의 차를 타고 등교하는 아이들도 있다. 학교도 일터도 늘 멀었던 나에게는 참 낯선 풍경이다.

오래전 나의 동명초등학교 등굣길을 소개하자면 이러하다. 대문 앞에서부터 시작되는 가파른 오르막을 올라 한참을 걸으면 큰 갈림길이 나온다. 왼쪽으로 가면 시장을 지나 학교로 갈 수 있고 직진을 하면 놀이터를 지나게 된다. 놀이터 쪽 길을 더 좋아했다. 놀이터 끝에서 다시 두 갈래 길이 나오는데 시간이 많은 날은 왼쪽 골목으로 빙 둘러가고, 급한 날은 큰길을 택했다. 학교 정문 앞에 다다랐다고 방심하면 안 된다. 학교가 산이나 다름없는 언덕 위에 위치하고 있기 때문에 오르기 전 한번 숨을 골라야 했다.

20년도 더 지난 학교 가는 길이 아직도 이렇게 선명하다. 그 길에서 많은 시간을 보냈다. 기분이 우울한 날엔 놀이터에서 한참을 앉아 시간을 보냈고 괜히 집에 일찍 돌아가기 싫은 날도 길에서 시간을 때웠다. 언니와 남동생과 티격태격하며 걷던 길이고 친구와 비밀 약속을 하던 곳이었다. 거기엔 길가 나무를 툭툭 치며 어슬렁거리던 내가 있고 무슨 일로 신이나 실내화 가방을 돌리며 뛰어가는 내가 있다. 그 시간을 참 좋아했다. 집에서 혼난 일도 그 길을 걷다가 잊어버렸고, 학교에서 있었던 나쁜 일도 길에 남겨두고 집으로 갈 수 있었다.

우리 아이들은 그 거리가 짧아도 너무 짧다. 집에서 혼나고 온 아이는 그 기분을 그대로 가지고 교실에 들어선다. 툴툴 털어버릴 시간이 없다. 사거리에서 기대하지 않던 친구를 갑자기 만날 일도 없고 혼자서 사색할 시간도 없다. 이 길로 갈까 저 길로 갈까 그날그날 바뀌는 기분을 반영할 선택지도 없다.

"선생님, 호연이 교실에 잘 갔나요?"

"네, 앉아 있어요. 어머니, 왜요?"

호연이 어머니 말에 따르면 호연이가 분명히 집을 일찍 나서는데 학교에는 자꾸만 늦게 도착한단다. 어머니가 베란다에서 몰래 지켜봤더니 호연이가 길을 가다 멈춰 서서 어딘가를 멍하니 바라보고 또 잠깐 길을 걷다 다시 멈추길 반복한다는 것이었다. 너무 걱정하지 마시라며 전화를 끊고 나서 자리에 앉아 있는 호연이를 보며 쓱 웃었다. 호연이는 짧은 등굣길을 자신만의 방법으로 늘이고 있는 것 아닐까. 그 마음을 알 것 같았다. 우리 아이들에게 틈이 있었으면 좋겠다.

학교도 그랬으면 좋겠다. 학교를 채우는 것도 중요하지만 아이들이 숨 쉴 수 있는 빈 공간과 시간도 있어야 한다. 빈틈 많은 학교는 어떻게 만들어야 할까? 숙제다.

둘, 밀도는 부피분의 질량.

잊을 수 없는 과학 시간이 있다. 부산을 떠나 경기도로 갑자기 이사를 오게 되었다. 한겨울에 이사를 했는데 위쪽은 부산보다 확실히 추웠다. 전학 간 학교도 너무 추웠다. 낯선 환경에 마음도 꽁꽁 얼어붙어 가뜩이나 입이 안 떨어지는데 그마저도 사투리가 툭툭 튀어나왔다. 친구들이 내 말에 자꾸만 웃었다. 사투리 한번 써보라는 그 말이 그렇게 듣기 싫었다. 꽤 활발한 성격이었는데 결국 입을 꼭 닫아버렸다.

과학실에서 모둠별 수업을 할 때였다. 선생님은 칠판에 '밀도=질량/

부피' 공식을 적고는 앞에 나와 이 공식에 대해 설명을 해보라고 했다. 아마도 아이들이 옆구리를 찔렀거나 모둠별로 한 명씩 나가야 하는데 눈치가 보여 나갔을 것이다. 앞에 나가니 말을 하기가 더 어려웠다. 한참을 뜸을 들이다 신통찮은 답변을 내놓았다. 부피가 커지면 밀도는 작아진다는 뭐 그런 설명이었을 거다. 아이들은 발표를 듣지도 않고 처음부터 끝까지 웃기만 했다. 발표가 끝나고도 자리에 들어가지 못하고 앞에서 어쩔 줄 몰랐다.

선생님이 먼저 박수를 쳤다. 웃음소리가 멈췄고 아이들도 따라서 박수를 치기 시작했다. 지금까지 들었던 설명 중 가장 훌륭했다며 몇 번이나 칭찬을 해주었다. 정말 보잘것없는 발표였는데, 선생님은 그렇게 말해주었다. 날 보는 아이들의 눈빛이 변했다. 선생님 덕분에 사투리도, 낯선 환경도 극복하고 학교에 잘 적응할 수 있었다.

선생님이 되어야겠다, 마음먹었을 때 이 순간이 먼저 또렷하게 떠올랐다.

아주 소소한 이야기

수업을 마치고 학교를 산책하다 텃밭을 손보고 있는 송 주무관님을 만났다. 항상 웃는 얼굴로 인사를 받아준다. '고추가 많이 달렸네요'라고 인사를 건네자 이건 매운 고추고 뒤편에 오이고추가 있다고 자세히 설명을 해준다. 오늘 이걸 다 따놓을 거라며 퇴근할 때 행정실에 들러 많이 챙겨 가라고 두어 번 더 챙긴다. 오이고추를 좋아하지만 혼자 자취를 하고 있어 많이 먹지 못하는데.

퇴근길에 주무관님 말씀이 떠올라서 행정실에 들렀다. 고추 대여섯 개를 검은 봉지에 담고 있는데 하필 주무관님이 딱 들어왔다. '그걸로 되겠어?' 하시면서 더 담으라고 재촉을 한다. 이럴 때 거절을 정말 못한다. 몇 움큼을 더 쥐어 봉투에 가득 담았다. 매운 고추 한 봉지, 오이고추 한 봉지를 냉장고에 넣어두고 볼 때마다 저걸 먹어야 하는데, 괜히 눈치가 보였다. 결국 주말에 그 봉투 두 개를 가방에 넣어 엄마에게 갔다. 봉투를 열어 본 엄마가 되게 좋아했다. '학교에서 고추도 길러?' 내가 기른 것도 아닌데 기특해하며 나를 다시 본다. 잘 가져왔다 싶었다.

"주무관님, 고추 맛있게 잘 먹었어요. 어머니께서 좋아하셨어요."

인사를 하자 주무관님도 좋아했다. 그리고 며칠 뒤 운동장에서 축제 준비를 하고 있는데 보건 선생님이 나를 슬쩍 부른다. 따라가 보니 검은 봉투를 내게 건네며 막 웃는다. 이거 뭐예요, 물으니 고추란다. 주무관님이 그 1학년에 새댁이 무슨 반인지 모르겠다고 여기 놓고 갔단다. 1학년 선생님 중 새댁으로 추측되는 사람이 나인 거 같다며 또 웃는다. 앗, 그 어머니가 그 어머니가 아닌데. 그렇게 또 냉장고에 검은 봉투가 다시 들어왔다. 이걸 어떡하지 하고 있는데 선생님들과 주말에 지리산을 가게 되었다.

배낭에 고추를 담았다. 고추장도 넣고. 그렇게 우리 학교 오이고추는 지리산 장터목산장까지 올랐고 선생님들과 저녁 반찬으로 나누어 먹었다. 주무관님을 또 만났다. 이번엔 행정실에 가지가 있다고 웃으며 알려주었다. 가지로는 해 먹을 수 있는 게 많지. 많이 챙겨 가야겠다.

주무관님께 내가 새댁이 아니라는 사실은 아직 고백하지 못했다.

소담의 주인은 누구?

학기 말, 학폭점수 관련하여 세 번의 논의가 있었다. 들여다보니, 이 논의는 우리가 어떤 공동체를 만들어갈 것인지에 대한 고민과 맞닿아 있었다. 책임감을 느꼈고, 마지막 논의에서는 좀 더 적극적으로 토론자로 나서기로 했다. 일 년도 채 안 되는 짧은 교직 경험의 내가 확신을 가지고 모두가 돌아가며 점수를 받자는 순번제에 찬성하는 목소리를 낼 수 있었던 것은 일학년 우리 반 아이들 덕분이었다.

며칠을 고민하다 아이들에게 물어봐야겠다는 생각이 들었다. 반 아이들에게 그동안 청소를 잘해왔으니 상을 주겠다고 했다. 단, 10명에게만 줄 수 있다는 조건을 덧붙였다. 누구에게 줄지 너희들 스스로 방법을 결정해서 알려달라고 하고 토의시간을 주었다. CCTV를 돌려보자는 의견, 친구들의 추천을 받자는 의견, 선생님이 결정해달라는 등의 여러 의견이 나왔다. 그중 한 모둠에서는 '뽑기'를 제안했다. 24장의 종이를 만들고 10개는 당첨, 14개는 꽝을 써놓자는 거였다. 아이들이 웃었다. 순식간에 분위기가 밝아졌다. 가장 좋은 방법에 투표하기로 하고 다시 토의할 시간을 주었다.

투표 결과 18표의 압도적인 지지로 '뽑기'가 선택되었다. "그동안 청소 열심히 한 사람 괜찮겠어?"라고 아이들에게 물었다. "좀 서운하지만 다 열심히 했잖아요. 괜찮아요"라는 답이 돌아왔다. 곧바로 "사실

이런 상은 없어"라고 고백했다. 아이들이 서운해할 줄 알았는데 전혀 그렇지 않았다. 평소와 똑같이 교실 청소를 함께 했다.

아이들이 청소를 열심히 했던 것은 '상' 때문이 전혀 아니었다. 그러니 '상'을 위한 경쟁을 해야 할 이유가 없었다. 여덟 살 아이들은 그 사실을 알고 있었다. 살면서 겪어야 했던 수많은 경쟁들이 우리를 출발선에 서게 했다. 이 경쟁이 의미 있는 경쟁인가 미처 생각할 틈도 없이 준비하고, 달리고, 결과를 받아들였다. 아이들이 살아갈 삶의 방식과 세상을 우리가 먼저 실천하고 만들려 노력해야 한다는 것을 말하고 싶었다.

세 번의 토의 과정은 그 자체로 민주적이고 훌륭했다. 모두가 조금씩 각자의 목소리를 냈다. 목소리를 더 높이는 사람도, 슬쩍 묻어가려는 사람도 없었다. 소담의 주인이 바로 우리라는 것을 느꼈다. 주인이 되려면 우리가 무엇을, 어떻게 해야 하는지도 배웠다.

첫 번째보다는 두 번째가, 두 번째보다는 세 번째가 나았다. 나의 이야기이자 모두의 이야기이다. 세 번째보다는 네 번째가 더 좋을 것이라 확신한다. 소담에서 함께 걸어갈 선생님들을 믿는다.

오늘 소담

버스를 타고 가다 못 보던 간판을 발견했다. 자주 지나는 길인데 그날 처음 보였다. 네모난 간판에 '오늘 기타'라고 단정히 적혀 있고 따스한 불빛의 실내에는 기타가 반짝이며 놓여 있다. 당장이라도 기타를 배우러 문을 열고 들어가고 싶게 만드는 가게였다. 이제는 버스를 타고 그 길을 오갈 때마다 일부러 그 가게를 보게 된다.

오늘 기타를 오늘 소담으로 바꿔 읽어본다. 그런 학교였으면 좋겠다. 일 년 동안 아이들처럼 참 즐거운 마음으로 학교를 다녔다. 어쩌면 신규 교사이기에 기존의 교직문화에 익숙한 선생님들과 달리 부딪히고 깨지며 바꿔야 할 마음이 없어서였는지도 모르겠다. 우리 학교에서 처음으로 설렜던 순간은 이때였다.

올봄, 교육과정 설명회 듣기 위해 강당에 학부모님들이 많이 모였다. 아무도 혁신학교가 무엇인지 설명해주지 않았고, 우리 학교가 어떤 혁신학교인지 읽어볼 자료도 없어서 궁금하던 차에 '나도' 설명회를 들으러 갔다. 그때 나는 이 학교의 선생님이었지만 외부인과 다름없었다. 설명회는 학부모님과 학교 선생님들이 앞으로 나가 질문과 답변을 주고받는 형식으로 이루어졌다.

이야기 중반쯤 한 선생님이 우리 학교는 올해가 개교 2년 차, 혁신학교 1년 차라는 말을 했고, 혁신학교라고 해서 아직 특별히 다른 건 없다고 했다. 처음엔 내가 잘못 들은 건가 하고 무대를 올려다보았다. 혁신학교에 대해 궁금증과 우려를 잔뜩 가지고 오셨을 학부모님께 확신에 차서 우리 학교의 좋은 점을 이야기해도 모자랄 것 같은데 아직 별다를 게 없다는 소박한 말이라니. 뒤에서 이야기를 듣는 내가 오히려 혼자 당황을 했다. 그런데 그 말이 곱씹을수록 좋았다.

처음으로 이 학교에 설렜다. 이렇게 말할 수 있는 우리 학교가 너무 좋았다. 이 학교가 어떻게 만들어진 학곤데. 하면서 긴 이야기를 먼저 꺼냈다면 무척 부담스러웠을 것 같다. 새로 온 사람들을 배려해서 같이 갈 수 있게 손을 내미는 느낌이었다. 함께 만들고 채워가자는 말로 들렸다. 신규라서 주눅이 들었던 내게도 역할이 있을 것 같다고 생각했다.

두 번째는 학부모님께 이런 문자를 보내면서였다. "운동장에 모닥불이 타오르고 있습니다. 시간 되시는 분들은 아이들과 함께 구경 오세요!" 발령받기 전 학부모님과 어느 정도 거리를 유지해야 한다는 조언을 많이 들었다. 이런 문자를 보내도 되는 걸까. 그것도 늦은 저녁 시간에 단체 문자라니. 잠시 후 우리 반 아이가 정말로 엄마 손을 잡고 운동장에 나타났다. 모닥불을 처음 본다는 아이는 불꽃에서 눈을 떼지 못했다.

이 얘기를 했더니 어떤 선생님은 1학년부터 6학년 모든 아이들과 학부모님이 볼 수 있게 전체 공지로 올리지 그랬느냐고 한술 더 뜨는 말을 해주었다. 어떤 사고를 쳐도 선배 교사들이 수습을 해줄 거라고 말했다. 소담에 오는 신규 선생님들께 미리 말해둔다. 무슨 일이든 저질러도 괜찮은 학교라고. 수습은 함께 하면 되니 걱정 말고 일을 벌이라고.

세 번째는 학교에 걸린 현수막 때문이었다. 우리 학교 옆에는 한 공간을 쓰는 소담유치원이 있다. 담 뒤로는 소담중학교와 소담고등학교가 있다. 이름 때문인지 몰라도 괜히 가깝게 느껴진다. 그런 소담유치원이 혁신학교로 지정되었다는 이야기를 들었다. 축하하는 현수막을 걸자는 얘기가 나왔고 축하 문구를 공모했다.

안 그래도 얼마 전 연수원에서 소담유치원 선생님을 우연히 만나 내년에 우리 학교에 입학할 7세 아이들에 대해서 몇 가지를 물어보았다. 유치원 선생님은 내게 아이들 입학 전에 준비시킬 일은 없는지 물었다. 남 일 같지 않았다. 축하를 해주고 싶어 문구에 응모를 했다. 며칠 뒤 유치원과 이어진 우리 학교 후문에 현수막이 하나 걸렸다. 소담유치원에도 현수막이 걸렸다. 새 친구를 사귄 것처럼 설렜다.

이어서 우리 학교로 소담유치원 7세반 아이들이 찾아왔다. 우리 1학년 아이들이 손을 잡고 학교 설명을 해주고 그림책을 읽어주고 학교 교가를 들려주었다. 아이들의 삶은 유치원에서 초등학교로, 중학교로, 고등학교로 자연스럽게 이어진다. 그 사이를 연결 지을 수 있다면 더 좋지 않을까. 교실과 교실의 벽은 전문적학습공동체, 생활공동체라는 말과 함께 많이 허물어졌다. 자주 모여 이야기 나누고 고민하고 답을 찾고 교실로 돌아가 각자의 방식으로 실천에 옮긴다. 함께 해서 두 걸음 더 나아갈 수 있다. 학교와 학교의 담도 더 낮아질 수 있다고 생각한다. '따로 또 같이' 할 수 있는 일이 있을 것이다.

오늘 소담의 설레는 이야기는 여기까지다. 내일 소담은 더 많은 선생님, 학부모님, 나아가 이웃 학교까지도 함께 손잡고 걸어갔으면 좋겠다. 그 안에서 누구보다 우리 아이들이 마음껏 설레길 바란다.

소담초-손잡고 같이 가자, 소담

소담유-함께 발맞춰 소담소담 걸어가요

소담만사 세상만사

정유숙

나와 우리, 배울 힘과 나눌 품, 홀로서기와 함께하기.
개인과 공동체가 자꾸 이항대립으로 읽힌다.
그 안에서 외줄타기를 하며 적당한 황금비율을 찾아야 할 테다.
시간이 지나면 적절한 곳에 자리 잡고 적당히 포기하며 적당히 요구하는 지혜가 생기는 걸까.
겉 넘어 알던 것들을 체화하는 과정에서 제풀에 지쳐 꺾이고 다듬어지게 되는 건 아닐까.
이것 하나는 힘주어 말할 수 있다.
나무는 홀로 무성해지는 것이 아니라,
잎 떨군 가지 사이로 멀리 있는 것을 비출 때
비로소 숲이 된다는 것.

말 잘하고 글 잘 쓰는 사람을 경계한다. 내가 겪은 이런 유의 사람들은 대개 그 끝이 말과 글에 미치지 못했다. 나 역시 입찬 소리 해놓고 갈무리 못 한 적이 많다. 어떤 면에서 우리는 모두 메모리 모자이커[1]다. 곱씹은 기억은 필경 자기화된다. 잊고 싶거나 강렬했던 사건과 대화는 복기할수록 굴절되고 편집된다. 하물며 문자언어의 일방성을 생각한다면야 글이 갖는 무게와 힘 앞에서는 더 신중해야 할 테다. 세상에 언어를 내어놓고 산다는 것은 퍽 감당할 게 많은 일이다. 이즈음 되면 괜한 말이나 글로 구업口業을 짓고 책임의 늪에서 번민하느니 모르쇠하며 적당히 비겁해지기를 택하고 싶다. 가까운 사람과 가까운 시일의 일에 대해 기록하는 일이 혹 무용담이나 폭로전이 되는 건 아닐까. 나의 무심한 표현이나 관점이 누군가에게 상처와 폭력이 되는 건 아닐까. 새삼 사관史官이 짊어졌을 굴레와 무게가 남 일 같지 않다. 아,

---

1. 김연수, 『캐비닛』, 문학동네, 2006.

서두의 웅얼거림이 변명으로 지속되는 걸 보니 글이 도통 쉽게 쓰일 것 같지 않다.

혁신학교를 준비하고 경험하다 보면 수많은 어록을 만나고 남기게 된다. 내게 가장 크게 와닿은 말은 '자기 신념의 전복으로 우리는 성장한다'는 것이다. 학교 혁신은 무엇보다 자기 혁신이 선결 과제다. 몸 달아오르고 애 닳아가며 만든 날선 논리와 당위들. 이것들이 꺾이고 흩어졌다 다시 모이면서 우리는 비로소 한 걸음 나아간다. 어쩌면 반성과 성찰은 겸허함보다 뻔뻔함을 필요로 하는지도 모른다. 과오를 인정하고 이를 수정하기 위해 용기 내는 것, 또 그것이 허락되도록 하는 것. 나에게는 이게 세상살이고 인생이고 공부이기도 하다. 우리 아이들도 부디 그랬으면 좋겠다. 하여 글을 맺을 때, 머뭇거리던 나에게도 어떤 전복된 확신이 생기기를 기대해본다.

판이 열리다

세종에 대한 환상만으로 전입해 온 탓일까. 기대보다 못한 환경에 실망하며 꾸역꾸역 출근하던 때다. 교육감과의 공감 데이트가 있다는 메일을 받고 주저 없이 참석 신청을 했다. 선착순 접수 결과 1번이란다. 물론 주변 만류도 있었다. 다녀오면 불이익이 있을까 하는 노파심 때문이었다. 교사들에게 교육청과 교육감이란, 그만큼 가까이하기엔 너무 먼 당신이었나 보다. 막상 가까이에서 뵌 교육감은 권위의식 없는 소탈함과 강직한 교육 소신으로 자리에 있는 모두를 사로잡았다.

잘 몰랐지만 두서없는 충성심이 일었다. 반골 기질인 나에게는 낯선 감정이었다. 그리고 여기서 김현진을 만났다(이름을 막 부르지만 사실 한 살 언니다). 자리가 끝나자 자기네 동네라 한잔 산다며 선생님들을 불러 모았다. 처음 보는 여자 선생 캐릭터였다. 호기로운 말투와 웃을 때 활짝 드러나는 건치가 맘에 들었다. 그날 밤 어찌 알았는지 그녀는 나에게 카톡으로 접선해 왔다.

'나중에 같이 근무해요. 반해부렸엉~'

여자에게 받는 묘한 추파였다. 기분이 괜찮았다. 이름을 알고 나니 연수를 받으러 가면 어디든 그녀가 있었다. 나중은 그리 멀지 않았고 이듬해 우리는 같은 학교에서 근무하게 되었다.

유우석 선생님은 학생 인솔 교사를 뽑는 심사장에서 처음 만났다. 딱 봐도 행정 관료처럼 생긴 이들이 뻔한 질문을 했고 나 역시 뻔한 대답을 했다. 심사위원석에 흙빛 얼굴로 앉아 있는 우락부락한 장정이 눈에 들어왔다. 눈망울이 소를 닮았다고 생각할 찰나 인상 깊었던 동화가 뭔지 물었던 것 같다. 주제가 한중일 동화작가 교류니만큼 권정생 선생님이나 하이타니 겐지로 이야기를 했었어야 했다. 불쑥 『리디아의 정원』이 튀어나왔고 어려운 환경에서 홀로 묵묵히 꽃을 가꾸는 주인공 이야기를 했다. 그즈음 내 처지와 닮았다고 여겨져 살짝 울컥했고, 뭐 심사에서는 떨어졌다. 나중에 알고 보니 동화작가란다. 의심스러웠던 얼굴이며 눈빛이 뭔가 미덥게 느껴졌다. 아무튼 이후로도 유우석 선생님을 볼 일은 많았다. 품이 넓고 사람이 사사롭지 않아 닮고 싶었다.

그즈음은 학교 밖 연수와 연구회 활동에 빠져 있었다. 때마침 혁신교육연구회 선생님들이 신설 학교로 함께 가서 혁신학교를 만들어보자고 했다. 가슴 뛰는 일이었다. 그러나 대강 구성된 멤버들을 보고 나는 또다시 머뭇거렸다. 우스운 이유지만 나 외에 구성원이 모두 특정 종교 모임 소속이었기 때문이다. 듣자 하니 기존의 2명인 개교 TF 교사 수를 확대해달라는 의미로 제안서가 제출되었고 교육청이 팀으로 들어올 수 있도록 정책을 열어주었다고 했다. 나는 귀가 얇은 편은 아니다. 그러나 김현진의 권유와 유우석 선생님이 아쉬워하더라는 출처 모를 후일담에 결국 교육청에 공모서를 제출했고 신설 학교 개교 TF팀으로 선발되었다. 누차 말하지만 나는 팔랑귀가 아니다. 김현진과 유우석 선생님은 그만큼 내게 큰 바람이었다.

정성껏 또 지극히

학교는 5월 개교를 앞두고 한창 공사 중이었다. 우리는 다른 학교 한 켠에 사무실을 얻어 개교 업무를 시작했다. 제안서 공모에 통과한 5명과 전국에서 혁신계열로 전입한 6명, 그리고 이전 학교에서 관내 내신으로 함께 온 선생님까지 총 12명이 모였다. 구성원 모두 혁신에 대한 각자의 역량이 있는 반면 이해와 방향이 다소 달랐다. 다행히 우리에겐 개교일까지 두 달의 시간이 있었다.

한 해 아이들과 빼곡한 삶을 살아내도 좀처럼 채워지지 않는 갈증이 있다. 일 년이라는 유효기간과 또 우리 교실 밖을 넘어서지 못하는 한계들. 이 물리적 시간과 공간의 벽을 넘어서서 구성원이 함께 아이들 삶의 연속성을 바라보면 어떨까. 이런 신념들이 학교를 졸업할 때의 아이들 모습을 구체적으로 생각하게 했고, 우리의 교육철학을 완성시켰다. 매해 바뀌는 담임교사의 유한성을 넘어 아이들 삶을 6년의 교육과정에서 긴 호흡으로 바라보고자 했다. 자기 삶을 기획하고 꾸리는 면에서 '홀로서기'를, 사람 속에서 관계하며 살아가는 면에서 '함께 하기'를 비전으로 삼았다. 6년 교육과정 이후도 고민했다. 소담동은 소담 유·초·중·고가 함께 있고 맞은편에 복합커뮤니티센터가 있다. 천혜의 환경이다. 기존의 방과후수업을 주민센터로 이관하고 아이들 스스로 기획하고 꾸리는 자율 동아리가 가능하도록 만들고자 했다. 마을교육공동체를 주제로 잡아 공부도 시작했다.

상징을 담는 일에도 애를 많이 썼다. 교훈은 비전을 풀어내면서 아이들 말로 쉽게 가자고 해서 '행복한 나, 소중한 우리, 즐거운 배움'으로 결정되었다. 흔히 사용하는 포스트잇 작업은 가치나 내용을 단어 중심으로 모으다 보니 유목화했을 때 범용성 있고 포괄적인 단어가 대표 언어로 결정된다. 그러다 보면 지극히 평범하고 당연해서 잘 기억나지 않는 말의 조합이 완성되기도 한다. 의견을 모으고 나누는 방식에 경험과 고민이 많이 필요한 이유다. 그러나 또 결과물이 평범하면 어떠하리. 우리로서 묻고 만들었다면 그 보통명사들은 이미 고유명사다. 중요한 건 새롭고 신선한 말이 아니라 말 속에 묻혀 있던 의미를 회복하고 살려내는 일이다.

교화는 홀로 피어나 홀씨로 퍼지는 모습에서 자생력과 선한 영향력의 민들레를, 교목은 풍성하고 소담한 열매를 맺는 매실나무로 각각 정했다. 교가에도 공을 많이 들였다. 노래야말로 뜻과 철학을 쉽고 편하게 전할 수 있는 최고의 수단이지 않은가. 초대 교장 선생님 이름으로 작사가가 못 박히는 데서 벗어나 보자 했다(마침 이때는 교장 발령 전이라 공석이기도 했다). 학교를 세우면서 했던 작업들이 개인의 영달이나 공적으로 사사화되지 않았으면 했다. 함께 세운 학교철학을 풀어내서 노랫말을 썼고 공동의 이름으로 작사가를 두는 데 합의했다. 작곡은 독자적 영역이 커서 인정해주기로 했다.

공간마다 표찰을 달고 의미를 담았다. 6개 학년 표찰마다 씨앗부터 열매가 될 때까지의 그림을 차례대로 넣었다. '소담'이란 말을 살려 쓰기 위한 고심도 했다. 때로 공간은 철학을 대변한다. 글을 담는 터란 뜻의 도서관 '글담터', 급식실은 '맛담터', 강당 및 체육관은 '소담터'로 이름 지었다. 첫 자녀의 지름을 짓듯 고심하고 다듬고 머리를 맞댔다. 혹 다시 학교를 세우게 된다면 이만큼의 정성과 애정은 쏟지 못할 것 같다. 그만큼 정성껏 또 지긋하게 임했다. 학교 상징을 만드는 일로부터 철학의 한 방향 정렬이 시작되었다. 지금의 이 경험이 누수 되는 열정을 점검하고 소진되는 기운을 환기하는 좋은 기제가 되기를 기대해본다.

과정 동안 충분히 함께 구하고 나눴다. 때로 이 과정은 지난해서 정체되어 보이기도 했다. 우리 중 누군가 말했다. 리더가 없으면 혁신학교는 굴러가기 어렵다고. 성공한 혁신학교와 대표격 교사들이 줄줄이 거론되었다. 과연 그럴까. 뛰어난 누군가에 좌지우지된다면 그건 바라던 학교는 아니다. 그렇다고 탁월한 개별성을 갖춘 단순 집합으로 존재한다면 우리는 또다시 각개 전투할 뿐이다. 좀 다른 그림을 그리고 싶었다. 여태 각자 반에서 열심히 살지 않았나. 그걸 좀 넘어서고 싶었다.

리더가 있는 조직은 비교적 안정되어 있고 때로 효율적이기도 하다. 그러나 리더에 따라 생기게 되는 패권은 생각해볼 문제다. 이는 우두 머리가 되면 으레 갖게 되는 욕망과 굴레다. 교실에서는 유일한 어른, 교사이기에 거저 주어졌던 권력으로 아이들을 장악하고 관리하고 지휘하고 통솔했다. 이제야 겨우 내려놓고 열어주기 시작한다. 아이들에게 방법을 묻고 갈 길을 함께 정한다. 여전히 미숙하고 서툴지만 이만큼 오기까지도 사실 오래 걸렸다.

교사 다모임을 하며 생각한 것들도 같은 맥락이다. 지레 판단하여 소통의 흐름을 막아서는 안 된다. 뻔히 보이는 나쁜 길일지라도 단지 내 판단일 뿐이다. 공동체가 원하는 방향으로 해보고 그 안에서 오류 수정의 기회를 가져야 한다. 판을 벌이고 집단 안에서 결과에 대한 책임과 고민을 꺼내야 할 테다. 물꼬를 터주고 흘러가게 해야지 누구도 물길을 관리하고 정화시켜서는 안 된다. 가야 할 방향, 방법 혹 머릿속에 있더라도 함께 하는 과정을 거쳐야 한다. 앞서 제안하고 모두를 따라오게 하면, 잘 흘러가게 되더라도 이내 불평이 생긴다. 우리들의 직관과 자정 능력을 믿는다. 선점하려 하지 않는 것, 과정에 참여해서 함께 펼치는 것, 기다려주는 것, 묵묵함이 필요하다. 이 과정에서 가장 경계해야 될 대상은 아마도 나 자신일 것이다.

경첩을 위하여

문 너머 다른 세상을 꿈꾸는 얼굴들
한 번도 그들이 바라보는

대상이 될 순 없었지
한사코 제자리에서
곁눈질로 살피는 측면의 인생

두고 갈 마음 가져갈 마음
닫힌 문 앞에서 고르고 있을 때면
가는가 오는가 묻지 않고
떠나는가 돌아오는가 채근하지 않고
머무는 눈길 없어도 말없이 기다려주었지

풀리지 않는 길 굳이 택하여
평생을 매달고 버티는 생
이따금 정신이 흐려질 지면
문짝과 문틀의 충돌이 죄스러워
조이고 옥죄며 정교한 이음을 꿈꾸었네

세상 드러내기를 재촉하는
미숙하고 서툰 마음 털어내고
위엣것과 아랫것 구분 없이
주목에의 욕망 거둔 채로
삶의 뒤안길에서
삐그덕 삐그덕
변방의 노래를 부른다

개교, 첫 삽을 뜨다

몇몇의 제안으로 업무전담팀이 꾸려졌다. 이 과정은 우려 속에 진행되었는데 업무를 내려놓고 학급으로 간 몇몇 동료는 소외감을 호소하기도 했다. 교육활동 중심이 아니라 업무 중심으로 짜인 학교문화에 오래도록 길들여진 탓이다. 전담팀 역시 체제대로 업무를 처리하고는 있지만 교육활동 중심의 학교로 전환하기 위한 고민은 크게 하지 못했다. 관성대로 하지 않기 위해서 제동장치를 켜고 매사 긴장해야 했다. 머리로는 이해하고, 물리적 조치로 손을 쓰지만 때론 심리적 이유기가 필요한 일들도 있다.

아이들이 하나둘 전학 오기 시작하자, 교실로 돌아간 동료들은 창의적인 교육활동을 봇물같이 펴냈다. 그중 발군은 '소담인 하나 되기' 프로젝트다. 학기 초 학교의 상징을 이해하고, 공동체의 생활규정을 정하며 시설 안내 및 적응 활동을 겸하는, 이를테면 학교생활 길라잡이 같은 거다. 교육과정 운영의 주체로 서게 되니 교사들의 아이디어와 능력들이 한결 빛난다. 학교 소개 자료를 나누어 제작했다. 실별이용 방법, 지킬 일이 파워포인트로 제작되었고 그간의 학교를 꾸리면서 했던 일을 동영상으로 편집했다. 누구랄 것도 없고 먼저랄 것도 없었다.

'교실 마실'도 담임선생님들의 아이디어였다. 보평초를 견학할 때 교실 나들이를 눈여겨보았는데 당장 동학년 학급이 적으니 전교의 교실을 서로 방문하여 학급 운영 사례며 자체 연수를 나누었다. 해야 할 일들과 시키는 일들에 익숙해져서 보이지 않던 일들이 의미를 생각하며 찾고 구하자니 끝이 없었다.

학교의 주인은 과연 누구일까. 2~5년 동안 한 학교에 근무하게 되는 교사? 6년 동안 다니고 졸업하는 아이들? 혹은 두세 명의 자녀를 한 학교에 10년 가까이 보내는 학부모? 요즘은 교육 3주체를 많이 이야기하지만 아이들과 학부모가 없는 상황에서 처음 학교를 세우고 만드는 이들은 온전히 교사들이다. 지금만큼은 우리가 주인이다. 돌아보자니 동분서주하고 때로 분투했지만 우리는 확실히 드림팀이었다.

나부터 교육혁명

교사는 사방이 거울인 직업이다. 사람도 사물도 현상도 이치도. 비추고 돌아보자면 가다듬고 매만져야 할 내가 한량없다. 닮았다, 그런 점에서 교사와 시인은. 또 닮았다, 그런 점에서 혁신학교와 인생은.

'나처럼 사는 건 나밖에 없지', 노래꾼 홍순관의 노래에서 따온 이 철학으로 나답게 살기 위해 배울 힘을, 전우익 선생의 '혼자만 잘살믄 무슨 재민겨'라는 표현에서 빌려 나눌 품을 학생상으로 세웠다. 아이들에게 요구하기 이전에 우리 먼저 그리 살자고 약속했다. 단언하건대 혁신학교에서의 경험은 단지 교사로서의 성장이 아니다, 사람으로서의 성장이다.

업무전담팀은 구조상 실수가 드러나기 쉽다. 극단적으로는 말하자면 업무전담팀만 실수한다. 리더로 선 학년부장들이 업무팀을 뒤처리반으로 인식하거나, 업무팀이 본인들을 머리로 학년과 학급을 꼬리로 인식하는 순간 이 체제는 무너진다. 모두가 문제제기를 할 수 있다. 분명한 것은 문제제기를 한 사람의 고민이 깊을 수 있어도 책임져야 하는 사람의 고민보다 깊을 수는 없다는 것이다. 리더란 어쨌든 책임지는 사람이다. 아직 우리에겐 풀어야 할 숙제가 많다. 개개인의 자율은 어디까지 인정될 것이며 집단의 잣대는 어느 선에서 필요한 걸까. 학년 자율성과 전체 학년 간의 조율 문제, 생활지도를 위한 공동 대응 매뉴얼 문제. 이러다 권리는 홀로 누리고 책임은 집단이 지게 되는 형국이 되는 건 아닐까.

나와 우리, 배울 힘과 나눌 품, 홀로서기와 함께하기. 개인과 공동체가 자꾸 이항대립으로 읽힌다. 그 안에서 외줄타기를 하며 적당한 황금비율을 찾아야 할 테다. 시간이 지나면 적절한 곳에 자리 잡고 적당히 포기하며 적당히 요구하는 지혜가 생기는 걸까. 겉 넘어 알던 것들을 체화하는 과정에서 제풀에 지쳐 깎이고 다듬어지게 되는 건 아닐까. 이것 하나는 힘주어 말할 수 있다. 나무는 홀로 무성해지는 것이 아니라, 잎 떨군 가지 사이로 멀리 있는 것을 비출 때 비로소 숲이 된다는 것.[2]

비누

아이를 데리고 숙소에 묵으니 유아전용이라며 내어준 비누
매선 눈매며 등껍질까지 악어모양 제법 정교하다

2. 안준철, 「깊어진다는 것은」.

몇 번이나 썼을까

눈이며 비늘이며 민둥민둥 문대어 형체를 잃어가는 것이

뱃속 얼마 안 된 태아의 형상이다

닳아 없어질 것 알면서도 마음의 조각 애썼던 거지

내가 나로 살기 위해 다듬어야 했던 결과 각 있었던 거지

어쩌면 산다는 건 애써 만든 나 내려놓고

지워지고 문대져 흔적 없이 사라지는 건지도 몰라

젊어 내지르던 개성들 때가 되면 깎이고 둥글어져

눈두덩이 내려앉듯 모양 잃어가다가

잉태의 기억 찾아가며 거꾸로 작아지는 일

양수 속 유영하듯 거품 따라 흘러가야 하는 숙명

깨끗이 씻는다

닦은 것과 닦인 것

누구 덕이냐 탓이냐 가를 것 없이 그저 뒤엉켜 살아지는 것

무뎌지고 닳아지다 보면 닮아지는 것

다시, 너의 자리를 묻는다

혁신학교 하지 맙시다

2학기는 각오했던 것 이상으로 힘들었다. 교장 선생님과 새로운 전입 선생님들이 오셨고, 아이들은 끝없이 전학을 왔다. 아파트 입주일

보다 개교일이 늦은 인근 학교 학생들을 당분간 우리 학교에 수용해야 했는데 교사도 아이들도 대부분은 이듬해 학교를 옮길 이들이었다. 연이어 전학을 해야 하는 상황에 학부모들은 예민해져 있었고 분노는 대개 학교를 향했다.

학교 규모상 전담교사 자리가 많지 않아 업무전담팀을 하면서 담임을 맡았다. 기존 학교에서는 보직 없이도 학년부장에 업무부장에 담임 역할까지 다 해내지 않았었나. 그러나 생각보다 담임의 일이 너무 많았다. 전입생 적응, 배움중심수업으로의 전환, 배움공책 검사와 성장지원평가. 한 가지만으로도 무게감 있는 주제들을 이것저것 손댄 터였다. 그러나 혁신학교에 대한 오해와 불신으로 불안해하는 학부모님들을 설득하고 이해시키려니 부족하더라도 진정성 있게 해내야만 했다. 개인적으로는 학교도서관 구축을 하던 때라 몹시 바쁘기도 했다.

배달음식으로 저녁을 먹거나 거르면서 일을 하다 보면 금세 밤이 깊었다. 일찍 출근하고 늦게 퇴근하자니 종일 엄마를 기다렸을 두 녀석의 자는 얼굴만 보는 날이 많았다. 안되겠다 싶어 집에 와서 아이들을 우선 재우고 새벽에 다시 일을 했다. 제법 늦는 나의 퇴근 후에도 몇몇 동료는 늘 남아 있었고 학교 불은 도통 꺼지지 않았다.

신설 학교에는 딱히 드러나지 않지만 신경 써야 할 일들이 참 많았다. 살인적인 업무량에 마음들이 뾰족해졌고 경중을 따지기 시작하니 업무전담팀 안에서 감정의 골도 생겼다. 학년부장은 오롯이 학년 운영을 떠맡아야 했는데 절반은 1정 연수도 받지 않은 저경력 교사였다. 학년당 학급이 두 배로 늘었고 늘어난 교사와 학생은 내년이 되면 학교를 옮길 이들이었다. 혁신학교 한다는 건 어차피 우리 학교 하나 잘

되자고 하는 일이 아니니 같이하자고 했다. 학교를 만들고 세우는 일에 함께하지 않았고 곧 떠날 사람들인데 끌어안고 이끄는 역할까지 해야 했으니 속들이 어땠을까. 소설로 치면 이제 기승전결의 전, 혹은 위기가 극대화되는 절정의 순간이 왔다. 혁신학교 하지 말자는 말들이 나왔다. 추석 즈음이었다.

김 빠진 너에게

내세울 것이라곤 열정뿐이었나
앞서려는 마음 경계해야 한다고
누차 되뇌었건만
안달 내다 제 성 못 이기더니
푸르르 이내 숨 죽는다

필요할 땐 곁에 있어주지 않더라고
열정이 다인 가벼운 치 같으니라고
남은 자들의 쓴웃음이
병에 대고 부는 입김처럼 웅웅거린다

미숙한 완급조절
져야 이기는 속도전
준비되지 않은 자들 기다려주지 못하고
다스리지 못한 기운 슬슬 빠져나가는데

지친 몸과 마음
심원으로 가라앉으니
무엇으로 일으켜 세우나
아스라이 멀고 깊은 곳

김 빠져 밋밋한 너
치기와 들뜸 거두고
온도마저 내주어도
여전히 남아 있는 고요
그래 그게 너로구나
바닥나지 않은 그 밑에서 네 진심을 본다

　개교 멤버들과 대화를 해야 했다. 그러나 이야기를 나눌 힘도 없이
몸도 마음도 지쳐 있었다. 아이들을 하교시키기 무섭게 교실 정리를
하고 교무실로 다시 출근했다. 동료들과 이야기를 나눠야 했는데 무슨
말을 어떻게 해야 될지 생각이 정리되지 않았다. 서운함과 허무함이
컸고 약간의 배신감도 있었다. 그보다 해야 할 일이 너무 많았다. 야
근을 하며 많이 울었다. 모니터에 들러붙는 하루살이가 부러웠다. 지
치기 전에 마치는 그의 생이 축복이라 느껴졌다. 마지막에 지치는 교
사가 되어야지 마음먹었는데 나의 각오는 무너졌다.
　공모서 제출 날짜는 다가오고, 소식을 들은 교감 선생님께서 노파
심에 교사들을 질책하기도 하는 등 몇 차례 소동이 있었다. 울며 일
하는 중에 동료들이 하나씩 찾아왔다. 학교 안정이 이루어지지 않았

는데 아직 시기상조이니 내년에 하면 좋겠다, 혁신학교라는 타이틀을 쓰지 않고도 학교 혁신이 이루어진다면 더 큰 의미가 있는 것은 아닐까, 제도나 명칭에 꼭 구애받아야 하는가 하는 물음들이었다. 업무전담팀의 헌신이 부담스럽다는 솔직한 이야기도 들었다. 빚진 마음이 자꾸 들어 불편하다고 했다. 막상 이야기를 나누니 충분히 그런 생각이 들 수 있겠다 싶었다. 내가 너무 상심하는 듯해서 찾아왔다고 했다. 지레짐작으로 배신감을 느꼈던 좁은 마음이 미안하고 부끄러웠다.

소담에서 근무하면서 개인적으로는 우리 안의 자정 능력과 성숙도를 믿기 시작했다. 균열과 틈이 생길 때마다 항상 보다 높은 수준의 질서를 형성해내는 모습을 보고 집단지성과 창발에 대해 이해하게 되었다. 창발은 각각 떼어놓고 보았을 때 일어나지 않던 것이 집단이 되면 나타나는 현상이란다. 부지런한 꿀벌 한 마리에서는 볼 수 없지만 모이면 사회적 질서가 생긴다. 우리도 그렇더라. 집단은 산술합계가 아니라 다른 차원의 것으로 전환된다.

혁신이라는 것은 내용을 바꾸고 구조를 바꾸는 게 아니라 결국 우리 안의 마음을 맞추는 일이다. 기꺼이 하려는 마음, 보탬이 되려는 마음, 낱낱이던 것을 묶음으로 이루려는 마음. 이게 자발성이고 공동체성이다. 여기서 감화된 우리 스스로가 교실 밖으로 나와 손을 잡는 것, 아이들에 대한 고민을 함께하는 것, 이것이 혁신학교의 시작이고 또 전부이기도 하다. 우리는 준비된 것이 많아 고민의 무게와 깊이가 더 컸던 것 같다.

삼삼오오 모여서 많은 이야기들이 있었을 게다. 다 옮기지 못하지만 결론부터 말하자면 혁신학교 운영 여부에 대한 투표 결과는 만장일치였다. 막상 공모를 하기로 결정하니 모든 진행이 빨랐다. 학부모와 교직원을 대상으로 혁신학교 설명회를 열었다. 선생님들과 여러 차례 우리의 혁신학교 방향에 대해 공유하고 토론했다. 밤 열 시가 되어 끝난 날도 있었다. 글벗초로 옮겨야 하는 선생님 몇몇도 남아서 함께 들었다. 심사를 받고 무사히 첫 번째 산을 넘었다. 지난했던 1년의 파노라마가 지나간다.

못다 한 이야기: 가산점, 2016학년도의 기록

2017년 12월 초, 학교폭력유공교원에 대한 가산점으로 학교가 한동안 술렁였다. 교사회에서 시작된 가산점 대상자 선정 논의는 총 세 차례에 걸쳐 논의를 거듭했다. 나는 복직한 지 일주일도 안 된 시점이라 함부로 입을 떼기가 어려웠다. 마뜩지 않은 구석이 있었고 하고 싶었던 말도 있었지만 지켜봤다. 어쨌든 논의 방식에 대한 고민까지 나왔다는 건 우리가 그만큼 성숙했다는 뜻일 게다. 올해의 기록은 다른 편에서 여러 번 다루어지니 작년의 과정을 궁금해하는 구성원들을 위해 당시 나의 기록을 들춘다.

결실(?)의 계절인 건가. 이 시기의 학교는 학폭가산점과 성과급, 다면평가 건으로 제법 들썩이게 된다. 잘못된 제도라 입을 모으면서도 정작 내 안의 욕망과 마주하게 하는 유쾌하지 않은 관문들. 점수와 친하게 살아왔던 우리 집단의 특성상 개인의 특별한 의지나 외부의 견제 없이 이 유혹에서 자유롭기는 쉽지 않다. 앞으로 어찌 될지 모르니 일단 챙기고 보라는 게 암묵적인 현답으로 여겨지고 있다. 그러고 보면 학교는 미래에 대한 불안을 아이들뿐 아니라 교사들에게도 여지 없이 종용하는 듯하다. 단적으로 말하자면 뭐랄까. 경주마처럼 시야는 가려둔 채, 당근 몇 개 던져줄 테니 난투극은 알아서 감당하라 해놓고, 혹여 못 먹으면 병신 소리를 듣게 하는 시스템이랄까.

소담초를 꾸릴 때 개교 멤버들은 이런 가산점 제도가 우리의 동료성을 해치는 일이라는 데 뜻을 모았다. 기존에 개별적으로 점수를 포기하는 소극적 대응을 해왔다면 이번에는 힘을 모아 집단 차원의 대응을 해보자는 생각이 있었다. 9달이 지났고, 급히 소집된 기획회의에서 교감 선생님이 학폭가산점에 대해 언급하시길래 여전히 우리 안에 이 마음이 유효한지 물었다. 참석한 선생님들이 그렇다 했다. 나는 대상자 11명을 먼저 정하고, 결국 그 대상자일 개교 멤버들이 기일까지 보고서를 내지 않는 방식으로 거부하면 어떻겠냐고 물었다. 좋은 안은 아니지만 의지 관철을 위해서는 강력한 안이 필요했다. 그런데 선생님들의 의견은 훨씬 건강했다. 진짜 운동의 의미라면 우리가 행하고 생각하는 바를 모두가 공유하고 공감하도록 해야 한단다. 그리하여 임시 다모임을 열었다.

이 서툴고 투박한 의도는 결국, 실패했다. 개인 자율성을 존중해줘야 한다는 소수가 있었다. 한편, 다모임에서 이것을 공론화하고 이야기 나눠본 것만으로도 의미가 있었다. 아직까지 학교 차원에서 집단적으로 이를 전면 거부한 사례는 없다. 누군가 점수를 포기해도 40%를 채울 차점자는 늘 있으니 말이다. 불가능하다고 생각은 했지만, 모두가 거부하는 데 동의하면 우리 행동에 대한 공동 성명서를 발표하고, 교문 앞에 현수막을 내걸고, 지역 신문에 기사화해서 좀 시끄럽게 만들고 싶었다. 내 야무진 꿈을 듣고 난 교장 선생님은 그렇게 되면 부디 교장 인터뷰만 안 오게 해달라며 웃으신다.

무엇보다 이 과정이 퍽 재미있었다. 선생님들 표현을 옮겨보자면 '이 과정에서 저열해지는 나를 참을 수 없다.' 소담 가면 업무 안 해서 좋고, 욕심내는 사람 없어서 점수 따기 좋다는 소문으로 얼룩지는 게 싫다.' '주는데 왜 안 받느냐고? 받고 말고는 내가 결정한다. 아니 우리가 결정한다.' 이런 대화들이 참 건강하고 좋았다. 회의 결과를 허탈해하며 건네는 위로들도 좋았다. 문득문득 우리 안에서 발견하게 되는 자정 능력에 나는 가슴이 뛴다. 오늘의 일도 고스란히 우리의 역사가 될 것이다.

혁신학교도 인생도 때가 있다

새 학년도가 되면서 개교 TF팀으로 함께 와 교무부장을 맡았던 동료가 학교를 떠났다. 각자 힘에 부치는 상황과 그에 따른 가슴앓이가 있었지만 학교를 옮길 결정까지 할 줄은 몰랐다. 종종 눈시울 적시며 속을 털어내기도 했지만 바쁜 탓으로 옆자리에서도 서로를 잘 들여다보지 못했다. 아쉽고 헛헛하고 허탈했다. 그러나 믿는다. 이곳에서의 경험과 본인이 지닌 역량으로 새로운 학교에서 또 다른 형태의 혁신을 해낼 것으로. 앞으로 4년간 혁신학교를 하는 매해 떠나는 이들이 있고 각각의 이유가 있을 것이다. 이들의 선택을 존중하고 받아들이는 것 역시 우리 몫이다. 내게도 이런 사정이 예외는 아니었다.

신설 학교 준비 및 개교 업무, 혁신학교 공모 등 쉼 없이 달렸던 날들을 잠시 내려놓아야 했다. 갑자기 찾아온 셋째 덕분이다. 새 학년도에도 혁신연구업무를 맡기로 했는데 중간에 출산을 해야 하니 걸리는 게 많다. 혁신학교 1년 차에 들어서는 중요한 때라 판이 벌어졌으니 펼치는 일을 좀 하고 싶었다. 그러나 그건 2학기에 내 업무를 인계받게 될 자리에 대한 예의가 아닌 것 같다. 새 학년도 교육과정 워크숍을 겨우 마치고 대략 짐을 쌌다. 그리고 휴직에 들었다.

3월 한 달은 꼬박 앓았다. 착상이 잘 안 되었단다. 의사는 유산방지주사를 맞지 말고 흘려보내는 것도 방법이라 했다. 아이 생각은 많이 못했다. 그간 쉬지 못한 터라 긴장이 풀리니 온몸이 아팠다. 미처 거두지 못한 마음 탓도 있었을 게다. 초기 태교의 팔 할은 수면과 무념무상으로 채웠다. 뭐든 시간이 약. 연년생 두 아들은 대안학교 계열의 숲 유치원에 다녔는데 부모교육과 발도르프며 통전 철학이니 하는 것들을 공부하며 시간을 보냈다. 마음으로 함께하지 못하니 그들만의 정서가 폐쇄적으로 느껴져 불편했다. 희미한 행정력과 갈팡질팡하는 운영 방침들이 혼란스럽기도 했다. 내가 몸담은 공교육과 견주기도 하고 교사와 학부모 처지에서 이러저러한 생각을 했다. 아이들과는 제주에서 한 달을 지냈다. 내 아이들과 자연만 바라보는 귀한 시간이었다. 종종 김현진과 유우석 선생님이 밥을 사줬고 학교 소식을 들려줬다.

아이는 건강했다. 그리고 때 이른 복직을 했다. 셋째가 53일 되던 날이었다. 내년 초등학교에 입학하는 첫째 핑계도 있었고 이유라 할 것 없이 그냥 학교가 그리웠다. 부재는 종종 배제와 소외로 이어진다. 돌아온 학교는 여전하기도 했고 낯설기도 했다. 적당한 거리감이 뜨거운 온도로 발 담글 때는 보이지 않던 새로운 시선을 선사한다. 내부자와 이방인 사이를 오가며 나름대로 내년을 그려본다. 올 한 해를 빼곡히 채워낸 동료들의 등이 오늘 따라 더 듬직해 보인다.

see-saw

엉덩방아 찧을 일도
균형을 맞춰야 할 필요도 없는 요즘 시소는
실패보다 성공을 겪으며 자라게 하는 걸까
아이에게 의도된 실패를 겪게 할 방법을 잠깐 생각했다

산다는 건 두 축 사이에서
부단히도 중심을 옮겨 다니는 것
어른이 되기 위해서는
역할 양심 생각 행동 신념 따위에서
적당히 마음 둘 한 점을 찾아야만 했고
적당하다라는 말은
때론 칼날보다 더 정확하고 빈틈없었다

땅을 채며 무수히 견주어야 했던

사람 사이의 거리, 감당할 만한 무게
고무줄 같은 오차범위는
순진한 마음을 조롱하며
책임감 없이 시행착오를 반복시켰다
끝내 무게 중심을 찾지 못한 것이 더 많다
찾은 중심마저 그리 오래가지 못했다

본다- 보았다- 보았다- 본다-

지금 보는 것은 더이상
아까 봤던 그것이 아니다

긴 글의 말미에서 나를 뒤엎을 확신을 발견했는지 반추해본다. 인생은 늘 난데없다. 준비된 말, 탄탄한 논리, 계획되고 잘 마련된 일들도 현실과 맞닿으면 수정되기 마련이다. 데데한 문제해결력 앞에서 방향은 바뀌고 예상은 거품처럼 사그라진다. 때로 그것은 더 나은 결과로 이어지기도 한다. 유연하고 기민하게 반응한 덕분일까. 1억 마리 정자 중에서 난자와 수정하게 되는 단 하나는 제일 빠른 녀석도 제일 강한 녀석도 아니란다. 제때에 적당한 곳에 도착해 포진해 있던 녀석이란다. 결국 세상만사에는 적기가 있다. 우리는 이것을 흔히 타이밍이라고 부른다. 문제는 기회가 왔을 때 기회를 알아보지 못하는 무지함, 알아봐도 뛰어들지 못하는 용기 없음이다. 나는 생각이 많은 탓에 대체로 머뭇거리다 말곤 했다.

학교는 언제나 현재 진행형이고 상황에 따라 사람도 일도 재편되고 수정된다. 혁신학교 한다는 게 뭐 별거냐. 언제 또 해보겠느냐. 긴 교직 인생 중 한번은 이리 살아봐야 되지 않겠나. 거창한 명분 없어도 그냥 한번 해보는 거다. 평생 거칠 여러 개의 학교 중에 나에게도 인생학교 하나쯤 있어야지. 흩어진 것들 모으고 가다듬고 교육적인 것인지 또 물으면서, 틀리면 고치고 실수는 품어주고 함께 가는 거지. 어쩌겠는가. 믿을 만한 동료들이 곁에 있고 마음은 진즉 빼앗겼고 판은 이미 벌어졌다.

아아, 그러고 보면 인생은 역시 타이밍이다. 그리고 지금 나는 소담초등학교에 근무한다.

번외, 덧

잊을 뻔했다.

"여보는 역시 학교를 다녀야 하나 봐. 얼굴이 훨씬 좋아 보이네."

출근을, 정확히는 소담초를 달가워하지 않던 남편이 말한다. 뭐라고?! 아직 80일경인 셋째는 통잠에 들지 않아 새벽에도 몇 번씩 깨고 업무 없는 교담이라 주당 23시간 수업을 하는 통에 저녁엔 목소리도 잘 안 나오거늘. 거울을 볼 때마다 피로에 전 시체가 있어 놀라는데 어찌 속 모르는 소리를 하는고.

얼굴은 푸석할지언정 내 표정이 살아 있단다. 마침 소담 에세이 집 필팀과 단체 채팅을 하며 낄낄대던 터이기도 했다. 이른 복직으로 걱정이 많았던 남편이다. 제일 좋은 산후 보약을 지어주고, 내 옷 아닌 듯 모셔 입어야 할 명품 패딩을 복직 선물로 사주기도 했다. 돌아보면 소담이라는 특별한 학교에 다닐 수 있는 건, 엄마와 아내 역할이 다소 부족해도 이해하고 지지해주는 가족 없이는 불가능한 일이다. 그러니 이런 기회에 빼먹을 수 없다. 이것은 스페셜 땡스 투. 남편과 세 아이들. 그리고 친정 엄마를 비롯한 나의 가족들.

소담에서 다시 '초심'

최홍준

10년 차 교사다.
그럼에도 허덕이고, 갈팡질팡한다. 조금 부끄럽다.

한해살이를 종이 한 장에다가 글을 쓰는 것으로 비유했을 때
난 10장을 썼지만, 어느 것 하나 제대로 완성한 글이 없다.
미완성의 끄적거림만 있다.

조금 많이 부끄러워지고, 조금 더 작아지는 지금,
난 소담초등학교에 있다.
이곳에서 다시 새롭게 마음먹는다.

첫 발령, 내가 품었던 '초심'은?

다시 새롭게 시작하자.

세종으로 오면서 새로운 시작이라고 마음속으로 생각했던 탓일까? 문득 처음 발령받았을 때가 떠오른다. 2006년 6월, 난 경기도 안성의 한 학교로 발령받았다. 다른 신규 교사들도 마찬가지겠지만 감회가 새로웠다.

드디어 교사가 되었다. 어렸을 때부터 간절히 꾸었던 꿈을 드디어 성취했다거나 오매불망 이 순간만 오길 기다린 것은 아니었다. 그저 1년여의 혹독한 임용고시 공부와 4년간의 교대 생활은 내가 아이들을 좋아하고 가르치는 것을 좋아하는 교사 성향이라는 것을 일깨워준 것이 다였다. 그래서 선생님이 되면 구체적으로 무엇을 해야 하고 어떤 목표를 가져야 하는지는 크게 생각해보지 않았다.

첫 직장, 첫 월급, 첫 사회생활. 이런 느낌이 좋았다.

발령을 받고 얼마 안 있어 초복初伏이 되었다. 우리 학교 전 교직원은 단합대회 차원에서 어느 한 산장을 빌렸고, 복날을 맞이하여 견犬 한 마리를 잡았다. 그냥 보신탕 수준의 개고기를 먹는 것이 아니라, 커다란 솥 안에는 개 한 마리가 통째로 누워 있었다(지금 반려견을 아끼고 사랑하는 분들이여. 이 모습을 야만적이라고 지탄하지 않았으면 한다. 그 당시에는 그러한 문화가 이상하지 않았다).

지금도 생생히 그 모습이 머리를 맴돈다. 그것을 꺼내서 썰라 한다. 당시 나는 새파란 막내였고, 개고기를 써는 담당은 막내인 나와 나로 인해 막내를 탈출할 수 있었던 바로 위 선배 교사였다.

불쌍한 개의 모습이 아른거려서인지, 계속 허둥지둥하고 있던 나에게 선배는 능숙한 손놀림을 보이며 친절히 인수인계(?)를 해줬다.

"이런 것 처음 해보지? 보고 배워둬. 앞으로 종종 하게 될 거야. 나도 처음에는 당황 많이 했어. 하다 보면 익숙해지더라고."

당황한 나를 당연히 이해한다는 듯이 친절히 설명해줬다.

개고기를 먹어본 적도 없는 내가 개고기를 썰다니…….

하여튼 이렇게 개고기를 썰면서 선배는 많은 이야기를 해줬다. 개고기를 어떻게 썰어야 하는지부터 시작해서 직장생활에서 지켜야 할 몇 가지 조언을 해줬던 것 같다.

듣다 보니 조금 무서웠다. 그 당시 교직은 보이지 않게 위계질서가 있는 사회였고, 속해 있는 집단의 막내로서 해야 할 역할이 있다는 것이 몸소 느껴졌다. 더군다나 개고기를 썰고 있는 상황에서는 더 무섭게 다가왔다.

선생님이 되었지만 직장인도 되었다. 지도서와 직장생활백서를 동시에 손에 들고 있어야 했다. 조직에서 귀여움을 받으면서 내 제자들을 귀여워해줘야 했다. 한국 사회에서 한국인이라면 익히 알고 있는 것들을 차차 배우고 적응해야 한다.

돌이켜 보면 그것이 그때의 '초심'이었다.

생각해보면 참 별 볼 일 없는 '초심'이다. 그 후 10년. 내 교직생활에 많은 일이 있었겠지만 특별히 기억에 떠오르지 않는다. 한해살이를 종이 한 장에다가 글을 쓰는 것으로 비유했을 때, 난 지금 10장을 썼다. 그러나 어느 것 하나 제대로 완성한 글이 없다. 미완성의 끄적거림만 있다.

조금 많이 부끄러워지고, 조금 더 작아지는 지금. 난 소담초등학교에 있다. 지금껏 썼던 10장을 찢고 새로 다시 쓸 생각은 없지만, 이제는 좀 완성된 한 편의 이야기를 쓰고 싶다. 이곳 소담초등학교에서.

농어촌 학교에서 배우고 경험하다

내가 알고 있던 교직생활. 교직에 와서 알게 된 것들.

농어촌 근무학교 4년 차였을 때. 계속 막내였는데 첫 신규 교사가 발령 받아 들어왔다. 주변 선생님들이 하나같이 이렇게 말했다.

"우리 학교는 신규가 들어오기 힘든 곳인데…… 관운官運이 있네. 잘 왔어요."

신규 교사로서는 당황스러운 말이었을 것이다. 그 입장에서 보자면 깨끗하고 안전한 도시가 아니라 집에서 꽤 멀리 떨어진 시골 학교로 발령이 난 걸 반길 리 없기 때문이다.

막연히 알고 있었던 교직생활과 교직에 와서 알게 된 것들은 꽤 달랐다. 시골의 작은 학교에서 근무하는 것보다 큰 도시, 큰 학교에서 근무하는 것이 당연히 좋다고 생각했는데, 시골 학교는 승진으로 직결되는 농어촌 점수라는 것이 있다는 것을 교직에 와서 알게 되었다.

선생님의 역할은 반 학생들을 가르치고 생활지도하는 것이 거의 전부라고 생각했는데 그 외에도 담당 업무, 연구대회, 수업실기대회, 청소년 단체, 영재 학급, 예체능대회 지도 등 많이 있다는 것을 교직에 와서 알게 되었다.

내가 다음 날 수업을 준비하고, 아이들을 가르치며 말썽 부리는 아이들로 허덕일 때, 선배들은 교육연구대회에 나가서 입상을 하고, 특색 사업을 기획하고 추진하며 표창을 받았다. 술도 잘 마시고 놀기도 잘 놀았다. 물론 본인의 학급에도 충실하고 말이다. 나름대로 한 가지만 매진하기에도 벅찬 일을 많게는 서너 개씩 동시에 해치우고 성과까지 낸다는 것은 그때 당시 나에게는 좀 충격이었고, 심지어 멋있어 보이기까지 했다.

교직에 들어와서 알게 된 사실은 교사가 생각보다 할 일과 할 수 있는 일이 많다는 것이다. 학생들 수업과 생활지도로 하루를 끝내면 안 된다고 한다. 그때 당시 내가 선배들에게 들었던 조언들을 종합해보면 대충 아래와 같다.

- 끊임없이 내가 할 수 있는 무엇인가를 찾아서 해라.
- 공문을 찾아보고 올해 표창이나 성과를 낼 수 있는 게 있을지 살

펴라.

- 가산점을 받을 수 있는 업무를 꼭 신청해라.
- 연구대회는 꼭 나가라.
- 연구회는 신청하고 주도적으로 활동해라.
- 이동 점수를 채워서 다음 학교를 정해라.
- 효율적으로 생각하고 곁다리는 다 쳐내라.

실제로 이곳에 있는 선생님들은 뭐가 그리 바쁜지 치열하게 산다. 일도 효율적으로 능수능란하게 하고 이것저것 공문을 살펴보면서 공모 사업을 계획한다. 프로세스가 명확하다. 각종 연구대회에 나가서 각종 상을 휩쓸고 전국대회에서 우수한 등급을 받는다. 하루 일과에서 나름 수업을 준비하고 생활지도하기에도 벅찼던 나에게 그들은 프로페셔널이었고 '능력자들'이었다.

어쩌 됐든 그러한 환경 속에서 4년을 보냈으니 그 와중에 좀 얻고 배운 것도 있긴 하다. 함께 끌어주고 일하면서 그 분위기에 편승하여 실적도 쌓고, 서로에게 자극이 되어 연구대회도 나가서 전국대회 입상도 해보고, 가산점 업무도 맡아서 이것저것 성과도 냈다. 영점 단위의 승진가산점은 당당한 보상이었다. 점점 경력이 쌓여감에 따라 이러한 과정이 나름 교직 사회에서의 답이라고 생각했다. 적어도 허투루 놀지는 않았으니 말이다. 이 정도면 끊임없이 노력하는 교사가 아닌가?

그런데 소담초등학교에 와서 이상한 선생님들을 만났다. 내일 수업 5분 동안 쓸 자료를 한 시간 동안 만들고 있는 선생님. 밤늦게까지 평가 문항 한 문제를 고심하면서 선뜻 내지 못하는 선생님. 그리고 어떠한 대가 없이 매일 새로운 일을 계획하는 선생님. 뭔가 철학을 가지고 끊임없이 실천하는 실천가형 선생님.

적어도 이들은 개인의 이익과 관계 되서 그렇게 노력하지는 않았다. 그럼에도 불구하고 끊임없이 실천하고 행동한다. 그러니 이상하다고 하는 것이다. 문득 그 선생님들을 지탱해주는 처음 마음가짐 '초심'이 궁금하다.

혁신 공간 革新空間-세종은 3M 포스트잇 성지

펜을 안 가지고 다닌 지가 오래됐다. 스마트폰이 있어서 굳이 가지고 다닐 필요가 없기 때문이다. 손 글씨로 메모하는 습관이 점점 사라졌다. 예전에 일정 관리나 간단한 메모를 작성할 때 포스트잇을 많이 사용하였다. 그러나 요즘은 스마트폰을 거의 사용한다. 상황이 이러하니, 종이 제지회사나 포스트잇 제조 전문 기업들은 수익이 점점 줄고 머지않아 불황을 겪을 것이다. 3M 포스트잇 대표 기업도 상황은 마찬가지겠지. 그러나 3M은 세종이라는 지역에서 꽤 쏠쏠한 수입을 얻고 있다. 세종시 특히 세종 교육현장에 감사패를 하나 수여해도 될 것 같다. 적어도 나는 확신한다. 왜냐고? 내가 봤을 때 세종시는 어마어마하게 많은 물량의 포스트잇을 소비하고 있기 때문이다.

처음 세종시에 왔을 때였다. 소담초등학교에서는 2017년도 학교 비전을 수립하고 교육과정을 편성하기 위해 워크숍이 한창이었다. 워크숍은 모둠으로 구성되어 있었고 모둠원들은 무엇인가를 포스트잇에 적고 붙였다 뗐다를 반복하고 있었다. 그 와중에 무수히 쓰고 버려지는 포스트잇 메모지들. 아까웠다. 그냥 말로 하지 왜 포스트잇으로 쓸까? 왜 굳이 쓰고 또 그것을 함부로 버리나. 종이가 꽤 많이 낭비되고 있고, 한 번 끄적인 포스트잇은 그대로 쓰레기통 행이다.

적어도 그때는 그렇게 생각했다.

이 풍경은 세종의 다른 곳에서도 흔히 볼 수 있다. 연수에 참여하거나 출장을 갈 때, 다른 워크숍을 할 때에도 어김없이 필수 준비물이 있다. 전지, 유성매직, 포스트잇이다. 조금 예산이 많은 기관은 전지 대신 3M사의 대형 포스트잇(전지 사이즈)인 이젤패드까지 구비해놓는다. 그것을 이용한 활동이 끝나면 무수히 많은 포스트잇은 쓰레기통으로 버려지고 그중에 몇 개 건진 것은 벽에 붙여진다. 벽에 붙여진 내용이 크게 대단한 것이 아니라고 생각될 때는 그렇게 버려진 종이와 포스트잇이 너무 아깝다.

내가 이 글을 쓰는 이유는 포스트잇 낭비에 따른 환경오염을 걱정하며 비판하자는 것이 아니다. 도리어 세종에서 1년여를 겪어보니 나름 포스트잇을 활용하는 이유에 대해 이해하게 되었기 때문이다. 포스트잇 예찬론을 펼칠 정도는 아니지만, 여러 사람들의 생각을 발산, 공유, 수렴하기에 포스트잇이 꽤 쓸모 있다는 것을 몸소 느꼈기 때문이다.

포스트잇은 붙였다 뗐다 할 수 있는 작은 종이에 불과하지만 그 이상의 역할을 해낸다. 포스트잇에 생각을 적으면 포스트잇은 자유롭게 이동할 수 있는 생각덩어리로 변신한다. 머릿속으로만 맴돌던 것이 눈에 보이고 자유롭게 떼었다가 다른 곳에 붙일 수 있는 특성은 자연스럽게 무리 짓기grouping가 가능하게 한다. 또한 이러한 무리 짓기로 또 하나의 더 큰 생각의 덩어리로 합체할 수 있다.

그뿐인가. 한 장의 포스트잇은 한 사람의 의견이 된다. 회의에서 발언에 익숙하지 않거나 무관심한 사람들도 포스트잇 한 장을 설명하면서 의견을 낸다. 매직으로 포스트잇을 적는 순간 자동적으로 그 회의에 참여하게 된다. 또한 포스트잇에 적은 것에 대해서 무슨 말이든 해야 하기 때문이다. 이것은 생각보다 꽤 효과가 있다. 거창하게 브레인스토밍 같은 생각 발산 기법을 쓰지 않더라도 다양한 의견이나 아이디어를 제시할 수 있다. 이것이 포스트잇을 활용하는 이유다.

그럼 여기서 잠깐 포스트잇을 어떻게 써야 하는지 알아보겠다. 왜냐하면 포스트잇이 쓸모없게 버려지지 않았다는 것을 증명하려면 그 과정 속에서 포스트잇을 어떻게 쓰여야 그 효과가 극대화되는지를 살펴봐야 하기 때문이다.

포스트잇을 쓸 때는 세 가지를 명심해야 한다.

첫째, 아끼지 말아야 한다. 포스트잇 한 장 한 장이 아까울 수 있지만 좀 더 과감하게 낭비해야 한다. 그래야 결과가 좋다. 아까운 나머지 한 장에 빼곡히 내용을 담을 필요도 없고, 지우고 다시 쓰지 말아야 한다.

둘째, 한 장의 포스트잇에는 단어 하나씩만 적자. 단어로 간결하게 쓰고 말로 길게 설명해야 효과가 극대화가 된다. 문장으로 쓰기에 포스트잇은 크기가 작다. 단어 하나를 적고 그 단어를 왜 썼는지에 대한 구체적인 설명은 말로 한다.

셋째, 눈에 띄는 매직으로 쓴다. 포스트잇은 남에게 보이려고 쓰고 붙여놓는 것이다. 자잘하게, 또는 구구절절하게 쓰면 가독성이 떨어진다. 큼직하게 굵은 글씨로 강렬하게 쓴다. 벽에 붙여진 전지를 보는 누군가를 상상하면서 굵직하고 선명하게 쓴다.

이렇게 포스트잇을 쓰면 그 자체로 훌륭한 생각의 발산, 공유, 수렴의 도구가 될 수 있다. 이것이 세종의 교육현장에서 워크숍을 할 때 단골 도구로 포스트잇을 쓰는 이유다. 어느 일방적인 의견을 듣고 수렴하고 판단하는 것이 아니라 구성원 모두의 의견을 듣고, 조직하고, 모두가 합의할 수 있는 결론으로 도출하고자 하는 노력인 것이다.

알면 보이나니, 그때 보이는 것은 전과 같지 않으리라. 누가 말했던가. 역시 알면 보인다. 새로워진 눈으로 다시 처음 세종에 왔을 때를 떠올려보면서 다시금 나름대로 해석해서 적어보면 이렇다.

처음 세종시에 왔을 때였다. 소담초등학교에서는 2017년도 학교 비전을 수립하고 교육과정을 편성하기 위해 워크숍이 한창이었다. 워크숍은 모둠으로 구성되어 있었고, 모둠원들은 '우리가 다니고 싶은 학교란?'을 주제로 개개인의 생각을 포스트잇에 적었다.

어렵게 생각하지 않았다. 그냥 머릿속에 떠오르는 생각을 정리하면서 키워드로 포스트잇에 적었다. 그리고 서로 보여주면서 자신의 의견을 냈다. 서로 공유하면서 비슷하게 적힌 것들을 뗐다 붙였다 하면서 무리 지었다. 더 크게 묶을 수 있는 키워드를 찾았다. 그 과정에서 자신의 생각을 끊임없이 말하고 다른 사람의 의견을 경청했다. 웬만큼 합의를 이루는 키워드를 찾았다. 다시 정리하고 꾸미면서 하나의 문장을 세웠다.

'홀로서기와 함께하기로 삶을 가꾸는 소담초등학교 교육'은 그렇게 나왔다. 이 한 문장을 위해 무수히 많은 포스트잇이 버려졌지만 그렇게 소담초등학교를 이끌어갈 비전은 구성원들이 함께 세웠고, 세상에 나왔다.

혁신학교라니, 소담초로 오다

소담초등학교. 이름 참 소담합니다.

드디어 홈페이지에 떴다. 소담초등학교란다. 내가 세종으로 가서 처음 학교로 들어가는 곳이다.

교감 선생님께서 부르셨다.

"축하해. 소담초등학교로 발령 났어. 학교 이름이 참 예쁘구먼."

발령 직전 내가 근무했던 학교는 갈담초등학교다. 같은 담으로 끝나는데 갈담은 좀 무시무시한 느낌이 있다면 소담은 참 아기자기한 느낌이 있다고 잠깐 생각했다.

서둘러 소담초등학교 홈페이지에 들어가 봤다. 어찌 이런. 아무것도 없다. 홈페이지가 있긴 한데 아예 방치한 듯 뭐 건질 게 없었다. 뭐 이런 학교가 다 있지? 어떻게 개교한 지 몇 달이나 지났는데 이렇게 홈페이지가 부실할 수 있지? 나중에 알고 보니 소담초는 홈페이지를 거의 쓰지 않는다. 학교에 들어오고 알게 된 사실이지만 대부분의 가정통신문이나 학교 안내 사항은 어플을 통해 직접적으로 가정과 소통하고 있었다.

암튼 첫 이미지는 별로였다. 지도 사이트에 들어가 봤다. 현재 내가 살고 있는 곳(조치원)과 앞으로 근무지가 될 소담초등학교까지의 거리를 재어보았다. 22km. 꽤 멀었다. 사실 난 조치원역 근처에 집을 구했다. 세종에 오기 전 농어촌 학교에 근무하면서 나름 만족하며 지내는 중이었다. 농어촌 학교 특유의 분위기에 적응되어 있어서 굳이 도심 속 학교에 관심이 별로 없었기 때문이다. 그래서 세종에 가더라도 굳이 행복도시의 동 안쪽에 근무하고 싶은 생각은 없었다. 본성이 세련되고 깔끔한 도시남의 성격은 아니기에 오히려 시골 학교가 더 좋았다. 그래서 내가 살고 있는 집이랑 제일 가까운 학교로 발령 났으면 했는데…… 이런! 그마저도 세종에서 우리 집과 제일 멀리 떨어진 소담초등학교로 발령이 나버렸다.

소담초등학교에 대해 알아보니 혁신학교란다. 혁신학교. 경기도에서 꽤 많이 퍼져 있는 학교다. 혁신학교라고 하면 늦게까지 남아서 일을 하는 학교이고 실적을 만들어내기 위해서 이리저리 귀찮은 게 많은 학교. 그게 나의 혁신학교에 대한 생각이었다. 아마 다른 평범한 교사들도 마찬가지이지 않을까 싶다. 이렇게 글을 쓰고 보니 정말 소담초등학교에서 풍겼던 첫 이미지는 좋지 않았나 보다.

그러나 첫인상은 다르다. 2017년 2월 어느 날 충북 영동에서 소담초등학교 워크숍을 한다는 공문이 왔다. 가지 않았으면 학교에서 시키는 일이 많았기에 참석하지 않을 이유가 없었다.

가는 길이 많이 설렜다. 앞으로 몇 년간의 터전이 될 곳에 같이 있을 사람들은 어떨까? 그게 가장 궁금했다. 영동 수련원에 도착해서 알아서 찾아서 갔다.

똑똑똑. 문을 두드리고 들어갔다. 한창 사람들은 열심히 워크숍을 진행하고 있었다. 처음에 당연히 교장, 교감 선생님께 인사드리려고 했는데 누구인지 모르겠다. 따로 교장, 교감 선생님 자리는 없어서 안 오셨나 했다.

그런데 테이블에서 일어나 누군가 나왔다. 교장 선생님이었고 교감 선생님이었다. 위계 서열이 중시되는 학교문화 속에 있었던 탓인지 쉽게 적응이 되지 않았다. 똑같이 워크숍에 참여해서 교사들의 바로 옆에서 전지에 무엇인가를 함께 쓰는 교장, 교감 선생님이 말이다.

아무튼 꽤 반갑게 맞이해주셔서 감사했다. 전체 선생님들에게 인사를 하고 앉았다. 힐끗힐끗 스캔해보니 나보다 어려 보이는 사람이 꽤 많았다. 내심 쾌재를 불렀다.

슬쩍 테이블을 보니, '우리가 바라는 학교'에 대해서 액션러닝action learning 기법을 사용해서 포스트잇에다가 붙이고 있었다. 그리고 차차 적응하면서 주위를 둘러보니 벽면 곳곳에 어제 워크숍에서 논의되어 있던 것들이 붙어 있었다. 지금은 너무도 흔하게 벽면 곳곳에 붙어 있는 전지 풍경이 그때만 하더라도 참 낯설었다.

학교에 대한 이상과 철학을 공유하는 듯 제법 심도 있게 대화가 오갔다. 또한 전체 공유를 위해서 각 테이블에서 한 명씩 나와서 발표를 했다. 대부분이 매우 앳되어 보이는 선생님들이었는데 말을 정말 잘했다. 유창하기도 하거니와 논리적이었다.

꽤 놀랐다. 두 가지로 놀랐다. 첫째는 내가 근무하는 학교에서는 저경력 교사들의 목소리를 거의 공식석상에서 들을 기회가 없다. 물론나도 마찬가지고 말이다. 아니 대부분 회의에서는 부장 교사가 발언하기 때문에 말할 기회가 없다는 것이 더 정확한 표현이겠다. 둘째로 생각이 너무 정확해서 놀랐다. 많아 봐야 이십대 중반으로 보이는 선생님은 평소에도 생각을 많이 하고 공식석상에서도 말을 많이 해본 듯보였다.

'적응 안 되네……'

달라도 너무 다른 학교문화. 나름대로 경기도에서 어깨 좀 펴고 다닌다는 선생님들이 모여 있는 곳에서 왔는데 뭔가 이상하게 작아지는이 느낌은 뭐지?

소담초등학교…… 이름은 정말 아기자기한데, 심상치 않은 곳이다.

불야성. 꺼지지 않는 불빛 소담초

불야성. 밤에도 낮과 같이 불이 환히 밝은 곳을 이르는 말이다. 밖에서 봤을 때 학교란 곳은 교사들이 상대적으로 퇴근 시간이 빠른 편이고, 다른 사기업처럼 야근을 암묵적으로 강요하는 상사가 득실대는곳도 아니다. 그렇다고 생사가 걸린 거래를 밤새 준비하거나 엄청난 업무량에 허덕여서 도저히 집에 가지 못할 정도로 바쁜 일도 거의 없다.

소담초의 흔한 일상

요약하자면 학교는 타율적으로 늦게까지 남아 있을 이유는 없는 곳이다. 그러나 소담초등학교는 밤에 불이 꺼지지 않는다. 다수의 선생님들이 늦게까지 남아서 무엇인가를 만들고, 소통하고, 준비한다. 나만 남는 것이 아니라 동학년 선생님끼리 남고 서로 이야기하고, 의견을 나눈다. 교육과정을 짜고 다음 날의 수업을 준비한다. 수업이 어려워서가 아니다. 조금 더 발전하기 위해, 성장하기 위해, 아이들과 즐거운 수업을 함께 하기 위해 남는다. 강요는 없다. 소담초등학교의 교사들은 자발적으로 남는다.

고백하자면, 어느 정도 경력(2~3년)이 지나면 학생들에게 하는 수업은 그렇게 크게 어렵지 않다. 내 수업을 누군가에게 보여주지 않기 때문에 더더욱 어려움이 줄어들게 된다. 그리고 어느 정도 한해살이 패턴이 정해지면 대부분 교사의 자격을 갖춘 사람들은 욕 안 먹을 정도는 누구든지 할 수 있다고 생각한다. 쉽게 생각하고 행동하고자 하면 한없이 쉽게 할 수 있는 것이 바로 교사의 일이다.

그런데 말이다. 반대로 생각해서 그만큼 열심히 준비하고 고생했음에도 좀처럼 티가 나지 않는 것도 교사의 일이다. 내일 수업에 대해 교구가 필요하면 직접 만들고, 이해를 잘 못하는 학생들을 위해 보충 활동지를 만들고, 학급 일지를 꼬박꼬박 작성하고, 수업과 연계된 평가 문항을 하나 만드는 데도 하루의 꽤 많은 시간을 소비하게 된다. 이렇게 열성을 다했을 때 가시적으로 즉각 효과가 보이면 억울하지도 않겠다. 그런데 교육이라는 것이 그렇지 않다.

이처럼 쉽게 가려고 하면 한없이 쉽게, 어렵게 가고자 하면 한없이 어렵게라는 딜레마 속에서 선뜻 어려운 길을 가고 있는 사람들이 소담초등학교엔 많다. 신기하게도.

처음에 소담초등학교에 왔을 때 많은 이들이 남아서 늦게까지 수업 연구를 한다는 말을 듣고 의아했다. 그런데 정말 한 번 학교에 늦게까지 남아 있었는데 꽤 많은 선생님들이 남아 있는 것을 보고 깜짝 놀랐다. 아예 한두 번 남아본 솜씨가 아니었다. 아주 자연스럽게 밤 9시가 퇴근 시간인 양 남아 있었다. 이러한 자발적 야근은 다른 직장인이 보면 이해 못 하겠지?

자율에는 책임이 따른다. 이것을 소담초 선생님들은 몸소 보여주고 있다. 자율을 주면 누군가는 방종하게 된다. 누군가 제재를 하지 않으면 학교가 주는 충분한 자율을 누리면서 제멋대로 행동하는 경우도 있다. 그러나 소담초의 선생님들은 그 자율에서 부담감을 느낀다. 부담을 느끼고 책임을 느낀다. 끊임없이 그 자율에 책임을 지고자 한다. 더 남아서 노력한다. 늦게까지 수업의 질을 높이고자 한다. 그게 소담초등학교의 불빛이 쉽게 꺼지지 않는 이유다.

내가 겪었던 3주체(학생, 학부모, 교사) vs 소담초 3주체

감히 자랑할 수 있다. 우리 소담초등학교의 3주체는 세종시 초등학교 중 가히 선두주자로서 학교 자치의 모델이 될 것이라고. 소담초등학교의 한해살이로 봤을 때 가장 두드러지는 부분이라고 생각하고, 내가 연수에서 다른 선생님들을 만나서 이야기할 때 우리 학교 자랑거리로 말하고 다니는 것이 바로 교육 3주체 활성화이다.

그렇게 만들고자 한 누군가의 노력과 고생도 존경스럽다. 내가 여태껏 알고 있었던 학부모회, 학생회, 교사회와는 차원이 다르다. 적어도 내가 알고 있던 학부모회, 학생회는 이렇지 않았다. 다시 한 번 소담초등학교 3주체에 찬사를 보낸다.

내가 알고 겪었던 학생회는 그저 교사의 업무 중 하나인 전교어린이회로서의 학생회였다. 물론 4년 전쯤 나도 그 업무를 맡은 적이 있다. 전임자가 했던 대로 전교어린이회를 진행했다. 전교어린이회 회장과 부회장을 뽑고 각 학급의 회장들로 전교어린이회를 구성했다. 2주에 한 번씩 모였고, 그저 교사가 작성해준 시나리오대로 어린이회 회장은 형식적으로 회의를 진행했다.

그러나 소담초등학교 학생회, 즉 학생다모임은 좀 달랐다. 꽤 주체적으로 학교에 관여한다. 행사도 직접 학생들이 꾸리고 진행한다. 완벽하지는 않지만 학교 행사에 구석구석 관여하여 학생들의 이야기로 학교를 구성하고자 하고 나름대로 3주체 회의에 참여하며 영향을 끼친다.

학부모회는 어떠한가? 내가 겪었던 일반적인 학부모회는 유명무실

한 모임이었다. 학교의 필요에 의해서 가끔 이름을 빌려주는, 녹색어머니회 임원이라든지 학교폭력대책자치위원회 위원이라든지 학교의 요구를 적절히 충족시키기 위해 있는 조직 같았다. 모든 학교가 그렇게 하지는 않았지만 그 위상과 역할을 봤을 때 학교에서 차지하는 비중이 크지 않았다.

그러나 소담초등학교 학부모회나 아버지회의 영향력은 어마어마하였다. 스케일부터 남다르고 소담교육가족축제 빼고는 큰 행사가 없던 소담초등학교를 풍성하고 다양한 활동을 하는 학교로 만들었다. 소담초등학교가 세종에서 일말의 성취를 이룬다면 그것은 학부모다모임 덕분이라고 생각한다.

내가 이 장을 쓰는 이유는 소담초등학교 3주체에 대한 우수 사례를 자세히 이야기하고자 하는 것이 아니다. 내가 1년 동안 이 학교에 근무하면서 가장 감명 깊었고 소담초등학교의 저력이 여기에서 나올 것이라고 어렴풋이 생각했기 때문이다.

소담초 3주체 중 하나, 교사회에 대한 짧은 생각 하나

협의, 투표, 재논의, 투표. 재재논의, 토론회, 또 투표. 교사회 어디까지 가봤니?

학교폭력유공가산점에 관련된 교사회를 했다. 그리고 투표를 했다. 그런데 재논의 요청이 있었다. 이에 교사의 1/3 이상이 동의했다. 재논의가 이루어졌다. 더 심도 깊은 회의가 진행되었고, 다시 투표를 했다.

첫 투표와 결과가 달라졌다. 그렇게 일단락되는 듯했다.

그러나 다시 또 누군가의 재재논의 요청이 있었다. 가치 대립 상황에서 끊임없이 수긍하지 않고 번복했던 교사회 자체에 대해 다들 피로도가 극에 달해 있는 시점이었다.

재재논의에 대한 정당한 명분이 있는가? 재재논의의 근거가 타당한가? 또 반복, 번복되는 절차와 결정에 대해 과연 교사들이 동의를 해줄까?

재재논의 요청은 묵살되기에 충분한 명분이 있었고, 논리적으로 명확한 근거가 부족했으며, 거의 대부분의 교사들은 쳇바퀴 돌 듯 좀처럼 끝나지 않는 지지부진함에 힘겹고 피곤한 상태였다.

과연 소담초등학교 교사회는 어떻게 했을까?

응답했다. 모두가 이제는 그만 답을 내고 치우고 싶은 상태였지만 꾹 참고 다시 도마 위에 올렸다. 그리고 이야기하고 고민하기 시작했다. 단호한 거절보다는 친절한 수용을 택했다. 누군가 요청을 했으니 그 요청이 부당할지언정 거기에 대답해야 되지 않겠느냐 그 이유였다. 말을 하면 들어주고, 들었으면 대답을 하고자 했다.

이쯤 되면 그렇게 치열했던 대립에서 어떤 것이 옳고 그른지, 우리는 어떠한 선택을 했는지 중요하지 않다. 그저 우리가 함께 고민하고 노력했던 '과정'이 경이롭다.

문제에 대한 답을 얻기 위해 교사회가 다 같이 지난한 과정을 밟아온 흔적만큼은 소중히 여기고 싶다. 그것만으로도 교사회는 빛을 발했다.

소담인 하나 되기-한솥밥 먹기 프로젝트

"사람 사는 곳이 다 똑같은데 뭐 그리 허덕이고, 상처를 주고받고 사나. 쌓인 것이 있으면 그때그때 다시 풀고 잘 지냈으면 좋겠는데."

무거운 공기 속에서 연달아 세 번 진행된 첫 교사회가 끝나고 대부분의 선생님들이 힘겨웠을 것이다. 심적으로 지쳐 있었고, 지쳐 있지 않았어도 많이 불편했을 것이다. 이때 3학년 나리반 이정현 선생님이 제안했다. 밥 한번 같이 만들어 먹자고. 원래 밥 함께 먹고, 잠을 같이 자면서 정이 든단다. 맨날 가족 같은 분위기라고 외치지만 말고 진짜 가족같이 밥 한번 만들어 먹으면 어떠냐고 제안했다.

맞는 말이다. 자고로 식구란 '먹을 식食'에 '입 구口', 먹는 입이 모여 있는 것을 뜻한다고 한다. 단순했지만 좋은 아이디어라고 생각했고, 생각한 순간 추진하기는 쉬웠다. 그것이 소담초등학교의 또 하나의 장점이지 않을까 싶다. 아이디어만 있으면 충분한 지원이 금방 이루어진다. 잘은 모르겠지만 교무실을 몇 번 왔다 갔다 하면서 메뉴와 날짜는 정해졌다.

들어는 봤는가? 밀푀유 나베와 닭 오븐 구이.

약간 생소한 메뉴였지만 요리하기 어렵지 않고 꽤 맛있단다. 날짜를 정했고, 메뉴를 정했고, 한솥밥 먹기 프로젝트에 대한 안내를 했다.

기본적인 식기류 세팅과 재료 준비는 이정현 선생님과 박지수 선생님이 했다. 이 한솥밥 먹기 프로젝트의 핵심은 '같이 요리하면서 대화하기'와 '맛있게 먹기'이다. 주부 9단 솜씨를 자랑하는 선생님들과 나처럼 무엇을 해야 할지 모르고 쭈뼛하게 서 있는 선생님들이 삼삼오

오 모였다.

무엇을 할지 모르는 것은 중요하지 않았다. 내가 어떤 역할을 해야만 하는지도 중요하지 않다. 내 옆에는 평소 자주 만나지 못했던 선생님이 있었고, 배추를 씻으면서 별로 시답잖은 이야기를 했다. 그것이 중요했다.

뚝딱뚝딱 한 상이 차려졌고, 그 상에 맛있게 먹었다. 진짜 맛있었다. 그러고 여전히 시답잖은 이야기를 했다.

"밀푀유 나베라는 요리 처음 먹어봐."

"저도요. TV에서 본 적은 있는데 파는 곳은 못 봤어요."

옆쪽 테이블에서도 비슷한 이야기가 들린다.

"샤브샤브 같긴 한데 더 맛있어. 더 고급스러운 음식 같아요."

"학교에서 먹으니까 완전 맛있다."

그냥 이렇게 함께 먹으면서 소소한 이야기를 한다. 맛있게 먹는다.

다 먹고 설거지를 할 시간이다. 벌써 한 싱크대씩 다 붙잡고 먼저 설거지를 하고 계신다. 고무장갑을 끼고 설거지를 하는 선생님들의 모

다 함께 한솥밥 만들기 그리고 맛있게 먹기

습을 학교에서 보니, 약간 생소했지만 정겨웠다. 나는 음식물 쓰레기를 모으고 분리수거를 위해 며칠 전 새로 온 선생님과 함께 나갔다. 기회가 없어서 처음 말해봤지만 가는 동안 이상하게 불편하지 않았고 이런저런 이야기를 했다.

함께 밥을 지어 먹었으니 드디어 식구가 되어서 그런다고 내 맘대로 생각하련다.

우리가 즐거워야 그 즐거움이 아이들에게 가지

3학년의 정신적 지주 나리반 이정현 선생님의 말이다. 내가 생각하기에 우리 동학년은 꽤 구성이 잘되어 있다. 길지 않은 경력임에도 불구하고 손이 안 보일 정도의 빠른 일처리와 야무짐으로 학년부장을 맡고 있는 박지수 선생님. 무려 세 명의 자녀가 소담초에 재학 중이어서 수요자 중심의 마인드를 가지고 우리에게 학부모가 원하는 로드맵과 방향을 제시해주는 학부모 교사 전미화 선생님. 그리고 경남 창원부터 경기도 일산을 거쳐 이집트까지 대한민국 너머 다양한 지역에서 다채로운 경험과 연륜을 쌓은 이정현 선생님까지 다양한 사람들이 모였다.

각기 다른 나이, 다양한 생활 방식으로 살아온 사람들이 동학년 연구실에 모였다. 그럼에도 우린 제법 잘 어울렸다.

"우리가 즐거워야 그 즐거움이 아이들에게 가지."

이정현 선생님이 아침에 밥을 싸 오셨다. 새벽 5시에 일어나서 나물을 무치고 전을 부쳤다고 한다. 그냥 아침이나 같이 먹고 티타임이나 하자면서 그 정성을 쏟아부었다.

아침을 먹으면서 수다는 끊이지 않고 계속됐다. 수다 주제는 쇼핑, 맛집, 여행, 인테리어, 소개팅했던 이야기 등 다양하다. 이 수다에서 학교와 수업 이야기가 빠진 게 흠이라면 흠이지만 아무래도 좋았다. 우리끼리의 관계 맺음이 더 우선이니까.

그러나 이쯤에서 한 가지 고백할 것이 있다. 가끔 우리 동학년은 혁신학교가 주는 부담감을 느꼈다. 어떻게 보면 이해되는 것이 다른 학년과는 달리 일반 학교에서 경험이 많은 교사들로 대부분 구성되었기 때문이다. 사실 혁신학교는 혁신적인 생각을 하고 그에 대한 철학을 공유하고 펼치기 위한 교사들만 모이는 것이 아니다. 공교육 체제 안에 있기 때문에 여타 일반 학교와 똑같이 다른 지역, 학교에서 전입해 오거나 신규 교사들이 발령 난다. 신규 교사들은 학교 분위기가 그러려니 한다. 그러나 다른 지역에서 잔뼈가 굵은 교사들은 처음에 힘겨워할 수도 있다. 당연하다. 여태껏 경험했던 곳이 아니기 때문이다.

그런 의미에서 봤을 때 우리 동학년은 적어도 혁신학교에 대해 준비되어 있는 교사로 구성되어 있지 않다. 다 같이 혁신학교 스타일로 협의하고 끊임없이 논의하면 좋겠으나, 그 과정을 답답하게 생각하기도 하며 혁신의 진보적 변화에 꽤 많은 부담을 느끼기도 했다. 얼핏 혁신학교에 적응하지 못하고 구 관료적 체제를 답습하는 학년으로 비쳐질지도 모르겠다.

암묵적이고 내색하지 않으려 하지만 보통 혁신학교에는 이와 비슷한 이유로 갈등이 자주 일어난다. 대부분의 혁신학교가 겪는 고질병일 것이다. 분명하게 해결해야 할 문제다.

'우리가 즐거워야 그 즐거움이 아이들에게 가지.'

너 나 할 것 없이 학교 구성원 모두가 즐거워졌으면 좋겠다. 그래서 그 즐거움이 아이들에게 갔으면 좋겠다.

정신과 시간의 방, 다솜방

'정신과 시간의 방'이란 모 일본 만화책에서 나오는 말이다. 말 그대로 시간이 매우 느리게 흐르고 정신 수양을 할 수 있는 방인데, 현재 실력으론 감당하기 힘든 적을 만났을 때, 주인공은 이 방에 들어가서 엄청난 성장을 이루고 나온다. 옆 사람도 몰라볼 만큼 달라져서 나온다. 꽤 많이 변화하고 성장해서 나온다는 말이다. 처음 다솜반을 맡았을 때 우리 반 아이들이 이 방에 있는 것처럼 많이 성장해서 나왔으면 했다.

그런데 웬걸? 1년이 지나 보니 우리 다솜반은 '정신 사납고 시간 후딱 가는 방'이 되어 있었다. 그만큼 시끄럽고, 판을 깔아주지 않아도 자기들끼리 알아서 잘 노는 방이 되어 있었다. 얼마나 시끄럽고 자기들끼리 알아서 잘 노는지 내가 겪은 정신 사나운 일화를 들려주겠다.

하루는 동석이가 "선생님, 오징어 닮으셨어요!"라고 놀리며 까르르 웃는다.

아무 맥락은 없었다. 그저 어디서 못생긴 사람은 오징어라고 표현한다는 것을 들었나 보다. 그게 시작이었다. 그 말의 후폭풍은 그때까지는 전혀 예상하지 못했다.

위에서 말한 것처럼 아무 맥락은 없었다. 그것이 도대체 뭐가 웃긴 지도 생각할 겨를이 없이 다솜방 아이들은 떠나갈 듯이 웃고 그날 이후로 난 영원불멸의 오징어가 되어버렸다.

급식실에서 줄 기다리면서 주혁이가 급식 원산지 푯말을 가리키며 외친다.

"선생님, 국내산이셨어요?"

거기에는 '오징어: 국내산'이라는 글귀가 있다. 그러면 너 나 할 것 없이 다솜방 아이들은 배꼽을 잡고 웃는다. 급식 메뉴로 오징어 국이 나오는 날엔 난리 난다. 무엇이 그렇게 신기하고 선생님을 긁어주고 싶은지 대부분의 아이들은 선생님을 보면서 애도를 표하고 오징어 국을 먹는다.

과학 시간에 동물의 한살이를 배울 때 조사하는 동물로 오징어가 태반이다. 이럴 때의 다솜방 단합력은 최고다.

주제일기장에 "내가 키우고 싶은 반려동물은?"이라는 과제를 내주면 2~3명은 반드시 오징어를 나의 반려동물로 적어 온다. 과연 오징어를 잘 키울 수 있을까?

이 정도면 내가 정신과 시간의 방으로 들어가서 정신 수양을 해야 할 지경이다.

하루는 규민이가 선물이라며 정성스럽게 종이접기를 해서 나에게 선물로 주었다. 설마…… 역시 불길한 감은 틀리지 않는다. 멋들어진 종이오징어였다. 그 정성에 감복해서 칠판에 붙여놓았다.

결국 특단의 조치를 내렸다. 종례 시간에 엄숙한 표정으로 단호하게 말했다.

"처음에는 그냥 넘어가려고 했는데 안 되겠어. 너희들이 도를 넘는구나."

새삼 무서운 표정의 선생님 모습에 아이들은 잔뜩 경직되어 있다.

"앞으로 선생님에게 오징어라고 놀리는 아이들을 딱 오(5)명 뽑겠다. 그리고 그 아이들은 오·징·어 교육을 받아야 한다.

"선생님, 오징어 교육이 뭐예요?"

"오: 오후 내내, 징: 징~하게, 어: 어떻게 내가 샘께 그런 말을 할 수 있지? 오백 번 하고 가는 거란다."

"에이, 그게 뭐예요!"

결국 애나 어른이나 똑같다. 정신 사납고 시간 후딱 잘 가는 이곳 다솜방에서는. 이런 걸로 쿵짝이 맞는 것이 과연 교육적일까 생각하기 전에 그냥 나는 다솜방 아이들과 장난치는 것이 너무 좋고, 즐겁다. 그리고 귀엽다.

선생님을 놀리는 것은 잘못됐지만 어쩌랴, 그만큼 사소하고 별것 아

꽃보다 오징어샘

닌 것에도 그렇게 웃고 활기차며 특유의 단합력을 보여주는 다솜방 아이들은 정신과 시간의 방 같은 것 없이도 스스로 알아서 멋지게 성장할 것이라고 믿어 의심치 않는다. 결국 꽃보다 오징어샘으로 나의 한 해는 마무리되는 것 같다.

소소한 단편 영화제를 만들다

등장인물: 3학년 학생
시나리오: 3학년 학생
촬영 및 편집: 3학년 학생
소품 제작: 3학년 학생

Scene 1: 프롤로그

시작은 별것이 없었다. 연초에 우리 3학년은 영화제 한번 해보자, 그것이 다였다. 특별한 이유는 기억나지 않는다. 그저 교육과정 재구성을 생각할 때 교과서에서 '연극 대본, 진로 체험, 만화 영화, UCC' 등의 키워드를 봤고, 또 이런저런 이야기를 하다가 영화제로 귀결되었을 뿐이었다. 구체적인 계획은 전혀 없었다.

Scene 2: 준비

2학기가 되었다. 걱정이 되었다. 일단 영화제를 한다고 말은 해놨는데 조금 더 검색해보고 공부해보니, 대부분 초등학교 고학년 정도는 되어야 영화를 찍고 촬영하고 연기를 할 수 있는 모양이다. 이제 10년 인생을 산 애들한테 어떻게 가르치나 걱정되었다. 그 걱정이 기우였다는 것은 문화예술동아리 활동을 두 번 정도 했을 때였다.

일단 창체 시간을 활용하기 위해 가람, 나리, 다솜, 라온 반을 문화예술동아리 반으로 편성하고 영화 제작에 필요한 네 가지를 집중적으로 배우는 반으로 나누었다. 시나리오반(가람), 배우 연기반(나리), 촬영 및 편집반(다솜), 소품 제작 및 음향 담당반(라온)이었다. 그래서 각 교실에서 희망 분야에 신청을 받은 후 반을 나누고 이동 수업을 하였다.

한 달여 동안 다섯 차시 정도를 이동 수업으로 각 분야에 맞게 열심히 배우고 다시 각 반으로 모였다. 아이들이 한 달 만에 꽤 그럴듯하게 보인다.

Scene 3: READY ACTION!

완벽하게 영화를 만들기를 기대한 선생님은 우리 중 아무도 없었다. 그렇다면 일단은 100% 자체 제작이라는 동기만 부여해주고 싶었다. 그래서 소담초등학교에 있는 태블릿 PC를 팀마다 나눠주면서 말했다.

"너희들끼리 협력해서 한번 해봐. 선생님들은 너희들이 만든 영화를 트는 장소를 마련하고 홍보하고 안내해줄게."

신기하게도 어렵다고 못하겠다고 징징대는 아이들은 없었다. 역시 정신과 시간의 다솜방이야. 마찬가지로 다른 반 아이들도 시나리오 착수했다는 소식이 들렸다.

아이들의 창의력과 추진력은 대단했다. 한 번 꽂히니 그 좋아하는 중간놀이 시간에도 영화를 찍고 있다. 선생님은 상상도 못할 기상천외한 주제로 시나리오를 쓰는 아이들이 생긴다. 영화뿐만 아니라, 콩트 촬영도 시도한다. 영화 시작 전에 에티켓 장면 또한 영화로 찍는다고 했을 땐 아이들의 창의적 생각에 혀를 내둘렀다. 크게 선생님들이 해 주는 것이 없는데 스스로 영화제를 만들어가는 아이들에게 새삼 놀라움을 느꼈다.

Scene 4: PLAY

아이들은 영화제 시작 전날까지 쉽사리 자신들이 만든 영상을 공개하지 않았다. 선생님들한테도. 빨리 보여달라며 채근하였지만 아이들은 나름대로의 방식으로 최선을 다하고 있었다. 조금 더 완벽하게 만들어서 보여주고 싶었다나.

영화제 당일이 되었다. 영화 포스터도 스스로 만들어서 교내 곳곳에 붙이고 다녔다. 우리 3학년은 독특하다. 별별 곳에 소소한 단편 영화제 포스터가 부착되었다. 나중에 영화제가 끝나고 포스터를 떼러 다닐 때는 보물찾기 하는 줄 알았다. 또한 영화표도 직접 만들어 많이도 뿌렸다. 그 결과 홍보는 충분히 되었고, 꽤 많은 선생님과 학생들이 영화를 관람하러 와주었다. 이 정도면 흥행 대박이다. QR코드를 찍어 보시라. 맛보기로 살짝만 공개하겠다.

레가람제라블   이상한 보드게임   동물의 한살이   소담의 빛깔   광고 패러디

Scene 5: 에필로그

영화가 끝나고 3학년 어머님들이 준비한 뻥스크림을 무료로 나눠주었다. 인정하기 싫지만 뻥스크림 인기가 제일 많았다. 뻥스크림을 함께 나눠 먹으며 3학년 소담이들이 만든 그럴듯한 영화제는 끝이 났다. 영화제가 끝난 후 자체 평가를 해볼 때 꽤 만족스럽다. 먼저 교사의 힘이 많이 들지 않는다. 창의적 시나리오, 촬영, 편집은 모두 3학년 아이들의 몫이다. 직접 기획하고, 캐스팅하고, 연기하고, 촬영하고, 편집한다.

첫 시도였지만 3학년 학생들도 충분히 가능하다는 것을 몸소 확인했다. 물론 영화다운 플롯을 갖춘 영화까지는 아직 어렵지만 이제 대부분의 3학년 학생은 '쿠키 만드는 법', '영어 표현 UCC 만들기', '학교폭력예방 캠페인 30초 공익광고 만들기'쯤은 손쉽게 제작할 수 있는 경지가 되었다. 이 아이들이 그대로 5~6학년으로 자랐을 때가 기대된다.

소소한 단편 영화제 개막

다시, 소담초등학교에서 초심을 생각하다

어느새 소담초등학교에서 꽉 채운 1, 2학기를 보냈다.

소담초등학교는 재미있는 곳이다. 사실 구성원들이 재미있다. 그전에 겪어보지 못한 다양한 사람들이 많기 때문이다. 다양한 개성의 그 사람들은 같은 곳을 바라보고 함께 가기 위해 노력한다. 문득 그 사람들이 그리는 이야기가 궁금하다. 또한 정말 배울 것이 많다. 곳곳에 나를 직장인이 아닌 교육인으로 감화시키는 요소가 펼쳐져 있다.

예전에 같이 차를 타고 가다가 한 선생님이 말했다. 세종은 기회의 땅이며, 그중 소담초등학교는 황금 기회의 공간이라고. 그 말에 어느 정도 동의한다.

소담초등학교는 초심을 가지기에 좋은 학교이다. 소담초 스스로가 시작하는 학교이기 때문이다. 개교 2년, 혁신 1년의 기록에는 그 시작이 담겨 있다. 여기에 편승하고 싶다. 나도 다시 초심을 가지고 그 이야기에 한 글자라도 채우고 싶다.

집필진 후기

윤자영

에세이를 쓴다? 책을 만든다? 너무 부담스러웠다. 내가 우리의 이야기를 잘 남길 수 있을까? 막상 마음먹고 써 내려가니 별것 아니었다. 우리의 이야기라서 우리가 함께 한 일들이었기 때문에 친한 친구에게 이야기하듯 편하게 쓸 수 있었다.

한 해 동안 너무 바쁘게 살아온 것 같다. 바빠도 행복했고, 힘들어도 행복했다. 모두가 하나 된 마음으로 바라보는 곳이 같았기 때문이 아닐까?

2017년 활활 타오른 소담교육공동체가 좋은 숯이 될 것이란 걸 나는 믿어 의심치 않는다. 그렇죠? 박기찬 재무이사님?

박기찬

짜장면으로 시작된 우리의 만남이 한겨울날! 학교 운동장에서 메기 체험으로 마무리되기까지 소담초 아빠들은 그 누구보다 아이들의 웃음을 위해 바쁘게 2017년을 치열하게 보냈다.

그 소중한 기억들을 부족한 내 글 솜씨로 담아내기에는 역부족이다. 다만, 시간이 흘러 각자 소중했던 2017년의 추억을 꺼낼 때 나의 이 부족한 글이 기억의 마중물이 되기를 바란다.

함께해서 좋았고, 같이해서 행복했던 2017년이 오래도록 계속해서 반복되기를.

처음이라는 서투름과 조금의 다름 속에도 우리를 이해해주셨던 선생님들이 있었기에 가능했던 일들이다.

그렇죠? 유우석 선생님?

유우석

이해라니요? 늘 옆에 사람이 있었습니다.

"내 인생, 우물쭈물하다가 이렇게 끝날 줄 알았다." 아일랜드 작가 버나드 쇼의 묘비명에 적힌 글입니다. 내 인생도 그렇다고 생각했습니다. 그런데 여기 소담초는 우물쭈물할 틈도 없습니다. 늘 뭔가 벌어지고, 함께하는 사람이 있기 때문입니다. 그렇죠? 학교충신 꼬마 윤희샘?

김윤희

우석쌤. 저명한 작가님과 작업하여 영광이었습니다. 학교총신 꼬마가 어느덧 마흔 살 어른, 선생님, 두 아이의 엄마가 되어 자신의 이야기를 하고 있네요. 부끄럽지만 소담 에세이 생각하니 흐뭇하네요. 내년에 2권 쓰려면 포스트잇 얼마나 필요할까요? 홍준쌤.

최홍준

포스트잇. 많을수록 좋겠죠? 많이 버려지는 만큼 얻는 것도 많을 테니. 에세이 쓰면서 정말 글쓰기에 좌절하고, 부담 느끼고 탈출하고 싶었어요. 그렇지만 잘한다 격려해주시고 함께 고민해주셔서 지금까지 어찌어찌 왔네요. 지현쌤! 함께해요. 탈출 생각 그만하고!

이지현

다음엔 또 어떤 탈출을 시도해볼까 고민해봐야겠는걸요?^^ 글 쓰면서 선생님들께 참 많은 도움을 받았어요. 너무 감사하고 사랑합니다! 그리고 또 한편으로는 너무 징징이었던 것 같아 죄송하고 부끄럽네요. 정말 여러모로 잊지 못할 시간들이었어요. 우리 오래오래 함께해요! 다음 후기는 여행 즐겁게 다녀오자는 의미로 여행준비단 지혜쌤에게 토스합니다. 헤헤.

이지혜

지현쌤, 우리 어쩌다 에세이를 쓰고, 어쩌다 여행까지 준비하고 있네요. 어쩌다 시작한 일들이 이렇게 재미있을 줄 몰랐어요. 사람 때문인 것 같아요. 글을 나눠 읽으면서 마음도 나눠 가졌네요. 우리, 앉아서 지리산 두 번 정도 다녀왔어요.^^ 이번 해에도 누구보다 고생한 민이쌤, 방학식 날 장난꾸러기들과는 잘 이별하셨나요?

김민이

지혜쌤, 우리 반 장난꾸러기들은 종업식 날도 아이들과 투닥투닥하다가 헤어졌어요. 아이들 덕분에 힘들어 울기도 하고 웃기도 하면서 저도 소담 안에서 성장하는 것 같아요. 에세이 쓰면서 내 안에 있던 감정을 발견하기도 하고 쏟아내고 나니 후련하면서도 많이 부끄러워요. 선생님들과 함께여서 행복했어요. 유숙쌤, 글과 시가 어우러진 멋진 글은 어떻게 쓰는 건가요?

정유숙

하하. 시는 매수를 채우기 위한 꼼수였어요. 분량을 걱정했는데 제 틈과 여백을 채워주는 동료들의 이야기로 마음이 풍성하네요. 글마다 쓴 사람이 그대로 보여 놀랍고 또 반가웠어요. 간신히 막차 타고 에세이팀에 합류했는데 제가 최고의 행운아네요. 다음 편에선 이 행운 모두와 나눠야지!

소담에서 교무하는 행운(이라 쓰고 비운이라 읽는)을 누린 은영샘, 올 한 해 절절한 마음들 글쓰기로나마 좀 치유가 되었나요?

고은영

교무실에서 사느라 사람들과 어울리지 못한 게 작년에 가장 아쉬운 점이에요. 평소 말 한마디 나눌 기회 없던 선생님들과 에세이를 통해 만나게 되어 참 좋았어요. 내년에는 다른 여러 선생님들도 함께하면 좋겠어요. 평소 스치는 말과 표정보다 글로 만나니 상대를 더 깊이 받아들이게 되더라고요. 아이코, 나는 당신에 대해 아무것도 몰랐네! 잘 안다고 생각했는데 전혀 아니었던 현진샘~ 응답하라!

김현진

속 깊은 이야기는 소주잔을 기울여야 나오는 이야기잖아. 맨 정신에 나에 대한 이야기를 나눌 기회도 필요성도 못 느꼈었는데 이렇게 담담하게 쓰다 보니 더 깊은 이야기도 하게 되네. 그렇지만 썼다 지운 이야기는 출판기념회에서 나누자구. 글을 통해 다른 동료들의 삶과 생각까지 들여다보니까 관계가 더 특별해지는 듯한 느낌도 들어서 좋았어. 이렇게 해피엔딩으로 끝날 줄 알았죠? 우석쌤! 내년에는 어떤 일을 꾸미고 있는 건가요? 뭐가 됐든 저는 빼주셈.

삶의 행복을 꿈꾸는 교육은
어디에서 오는가?

미래 100년을 향한 새로운 교육

혁신교육을
실천하는
교사들의 **필독서**

▶ 교육혁명을 앞당기는 배움책 이야기
혁신교육의 철학과 잉걸진 미래를 만나다!

한국교육연구네트워크 총서

01 핀란드 교육혁명
한국교육연구네트워크 엮음 | 320쪽 | 값 15,000원

02 일제고사를 넘어서
한국교육연구네트워크 엮음 | 284쪽 | 값 13,000원

03 새로운 사회를 여는 교육혁명
한국교육연구네트워크 엮음 | 380쪽 | 값 17,000원

04 교장제도 혁명
한국교육연구네트워크 엮음 | 268쪽 | 값 14,000원

05 새로운 사회를 여는 교육자치 혁명
한국교육연구네트워크 엮음 | 312쪽 | 값 15,000원

06 혁신학교에 대한 교육학적 성찰
한국교육연구네트워크 엮음 | 308쪽 | 값 15,000원

07 진보주의 교육의 세계적 동향
한국교육연구네트워크 엮음 | 324쪽 | 값 17,000원

한국교육연구네트워크 번역 총서

01 프레이리와 교육
존 엘리아스 지음 | 한국교육연구네트워크 옮김
276쪽 | 값 14,000원

02 교육은 사회를 바꿀 수 있을까?
마이클 애플 지음 | 강희룡·김선우·박원순·이형빈 옮김
352쪽 | 값 16,000원

**03 비판적 페다고지는
세상을 변화시킬 수 있는가?**
Seewha Cho 지음 | 심성보·조시화 옮김 | 280쪽 | 값 14,000원

04 마이클 애플의 민주학교
마이클 애플·제임스 빈 엮음 | 강희룡 옮김 | 276쪽 | 값 14,000원

05 21세기 교육과 민주주의
넬 나딩스 지음 | 심성보 옮김 | 392쪽 | 값 18,000원

**06 세계교육개혁:
민영화 우선인가 공적 투자 강화인가?**
린다 달링-해먼드 외 지음 | 심성보 외 옮김 | 408쪽 | 값 21,000원

혁신학교
성열관·이순철 지음 | 224쪽 | 값 12,000원

행복한 혁신학교 만들기
초등교육과정연구모임 지음 | 264쪽 | 값 13,000원

서울형 혁신학교 이야기
이부영 지음 | 320쪽 | 값 15,000원

혁신교육, 철학을 만나다
브렌트 데이비스·데니스 수마라 지음
현인철·서용선 옮김 | 304쪽 | 값 15,000원

혁신교육 존 듀이에게 묻다
서용선 지음 | 292쪽 | 값 14,000원

다시 읽는 조선 교육사
이만규 지음 | 750쪽 | 값 33,000원

대한민국 교육혁명
교육혁명공동행동 연구위원회 지음 | 224쪽 | 값 12,000원

대한민국 교사, 어떻게 가르칠 것인가?
윤성관 지음 | 320쪽 | 값 15,000원

아이들을 어떻게 가르칠 것인가
사토 마나부 지음 | 박찬영 옮김 | 232쪽 | 값 13,000원

아이들의 배움은 어떻게 깊어지는가
이시이 준지 지음 | 방지현·이창희 옮김 | 200쪽 | 값 11,000원

모두를 위한 국제이해교육
한국국제이해교육학회 지음 | 364쪽 | 값 16,000원

경쟁을 넘어 발달 교육으로
현광일 지음 | 288쪽 | 값 14,000원

독일 교육, 왜 강한가?
박성희 지음 | 324쪽 | 값 15,000원

핀란드 교육의 기적
한넬레 니에미 외 엮음 | 장수명 외 옮김 | 452쪽 | 값 23,000원

▶ **비고츠키 선집 시리즈**
발달과 협력의 교육학 어떻게 읽을 것인가?

생각과 말
레프 세묘노비치 비고츠키 지음
배희철·김용호·D. 켈로그 옮김 | 690쪽 | 값 33,000원

성장과 분화
L.S. 비고츠키 지음 | 비고츠키 연구회 옮김
308쪽 | 값 15,000원

도구와 기호
비고츠키·루리야 지음 | 비고츠키 연구회 옮김
336쪽 | 값 16,000원

의식과 숙달
L.S 비고츠키 | 비고츠키 연구회 옮김
348쪽 | 값 17,000원

어린이 자기행동숙달의 역사와 발달 I
L.S. 비고츠키 지음 | 비고츠키 연구회 옮김
564쪽 | 값 28,000원

관계의 교육학, 비고츠키
진보교육연구소 비고츠키교육학실천연구모임 지음
300쪽 | 값 15,000원

어린이 자기행동숙달의 역사와 발달 II
L.S. 비고츠키 지음 | 비고츠키 연구회 옮김
552쪽 | 값 28,000원

비고츠키 생각과 말 쉽게 읽기
진보교육연구소 비고츠키교육학실천연구모임 지음
316쪽 | 값 15,000원

어린이의 상상과 창조
L.S. 비고츠키 지음 | 비고츠키 연구회 옮김
280쪽 | 값 15,000원

비고츠키와 인지 발달의 비밀
A.R. 루리야 지음 | 배희철 옮김 | 280쪽 | 값 15,000원

연령과 위기
L.S. 비고츠키 지음 | 비고츠키 연구회 옮김
336쪽 | 값 17,000원

수업과 수업 사이
비고츠키 연구회 지음 | 196쪽 | 값 12,000원

▶ **창의적인 협력수업을 지향하는 삶이 있는 국어 교실**
우리말 글을 배우며 세상을 배운다

중학교 국어 수업 어떻게 할 것인가?
김미경 지음 | 340쪽 | 값 15,000원

이야기 꽃 1
박용성 엮어 지음 | 276쪽 | 값 9,800원

토론의 숲에서 나를 만나다
명혜정 엮음 | 312쪽 | 값 15,000원

이야기 꽃 2
박용성 엮어 지음 | 294쪽 | 값 13,000원

토닥토닥 토론해요
명혜정·이명선·조선미 엮음 | 288쪽 | 값 15,000원

인문학의 숲을 거니는 토론 수업
순천국어교사모임 엮음 | 308쪽 | 값 15,000원

어린이와 시
오인태 지음 | 192쪽 | 값 12,000원

수업, 슬로리딩과 함께
박경숙·강슬기·김정욱·장소현·강민정·전혜림·이혜민 지음
268쪽 | 값 15,000원

▶ **평화샘 프로젝트 매뉴얼 시리즈**
학교 폭력에 대한 근본적인 예방과 대책을 찾는다

학교 폭력 어떻게 만들어지는가
문재현 외 지음 | 300쪽 | 값 14,000원

아이들을 살리는 동네
문재현·신동명·김수동 지음 | 204쪽 | 값 10,000원

학교 폭력, 멈춰!
문재현 외 지음 | 348쪽 | 값 15,000원

평화! 행복한 학교의 시작
문재현 외 지음 | 252쪽 | 값 12,000원

왕따, 이렇게 해결할 수 있다
문재현 외 지음 | 236쪽 | 값 12,000원

마을에 배움의 길이 있다
문재현 지음 | 208쪽 | 값 10,000원

젊은 부모를 위한 백만 년의 육아 슬기
문재현 지음 | 248쪽 | 값 13,000원

별자리, 인류의 이야기 주머니
문재현·문한을 외 지음 | 444쪽 | 값 20,000원

▶ 4·16, 질문이 있는 교실 마주이야기
통합수업으로 혁신교육과정을 재구성하다!

통하는 공부
김태호·김형우·이경석·심우근·허진만 지음
324쪽 | 값 15,000원

내일 수업 어떻게 하지?
아이함께 지음 | 300쪽 | 값 15,000원
2015 세종도서 교양부문

인간 회복의 교육
성래운 지음 | 260쪽 | 값 13,000원

교과서 너머 교육과정 마주하기
이윤미 외 지음 | 368쪽 | 값 17,000원

수업 고수들 수업·교육과정·평가를 말하다
박현숙 외 지음 | 368쪽 | 값 17,000원

도덕 수업, 책으로 묻고 윤리로 답하다
울산도덕교사모임 지음 | 320쪽 | 값 15,000원

체육 교사, 수업을 말하다
전용진 지음 | 304쪽 | 값 15,000원

교실을 위한 프레이리
아이러 쇼어 엮음 | 사람대사람 옮김 | 412쪽 | 값 18,000원

마을교육공동체란 무엇인가?
서용선 외 지음 | 360쪽 | 값 17,000원

학교생활기록부를 디자인하라
박용성 지음 | 268쪽 | 값 14,000원

교사, 학교를 바꾸다
정진화 지음 | 372쪽 | 값 17,000원

함께 배움
학생 주도 배움 중심 수업 이렇게 한다
니시카와 준 지음 | 백경석 옮김 | 280쪽 | 값 15,000원

공교육은 왜?
홍섭근 지음 | 352쪽 | 값 16,000원

자기혁신과 공동의 성장을 위한
교사들의 필리버스터
윤양수·원종희·장군·조경삼 지음 | 280쪽 | 값 14,000원

함께 배움 이렇게 시작한다
니시카와 준 지음 | 백경석 옮김 | 196쪽 | 값 12,000원

함께 배움 교사의 말하기
니시카와 준 지음 | 백경석 옮김 | 188쪽 | 값 12,000원

미래교육의 열쇠, 창의적 문화교육
심광현·노명우·강정석 지음 | 368쪽 | 값 16,000원

주제통합수업, 아이들을 수업의 주인공으로!
이윤미 외 지음 | 392쪽 | 값 17,000원

수업과 교육의 지평을 확장하는 **수업 비평**
윤양수 지음 | 316쪽 | 값 15,000원
2014 문화체육관광부 우수교양도서

교사, 선생이 되다
김태은 외 지음 | 260쪽 | 값 13,000원

교사의 전문성, 어떻게 만들어지나
국제교원노조연맹 보고서 | 김석규 옮김 392쪽 | 값 17,000원

수업의 정치
윤양수·원종희·장군 지음 | 280쪽 | 값 14,000원

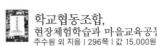
학교협동조합,
현장체험학습과 마을교육공동체를 잇다
주수원 외 지음 | 296쪽 | 값 15,000원

거꾸로교실,
잠자는 아이들을 깨우는 수업의 비밀
이민경 지음 | 280쪽 | 값 14,000원

교사는 무엇으로 사는가
정은균 지음 | 292쪽 | 값 15,000원

마음의 힘을 기르는 감성수업
조선미 외 지음 | 300쪽 | 값 15,000원

작은 학교 아이들
지경준 엮음 | 376쪽 | 값 17,000원

감성 지휘자, 우리 선생님
박종국 지음 | 308쪽 | 값 15,000원

대한민국 입시혁명
참교육연구소 입시연구팀 지음 | 220쪽 | 값 12,000원

교사를 세우는 교육과정
박승열 지음 | 312쪽 | 값 15,000원

전국 17명 교육감들과 나눈
교육 대담
최창의 대담·기록 | 272쪽 | 값 15,000원

들뢰즈와 가타리를 통해
유아교육 읽기
리세롯 마리엣 올슨 지음 | 이연선 외 옮김 | 328쪽 | 값 17,000원

교육과정 통합, 어떻게 할 것인가?
성열관 외 지음 | 192쪽 | 값 13,000원

 학교 민주주의의 불한당들
정은균 지음 | 276쪽 | 값 14,000원

 동양사상에게 인공지능 시대를 묻다
홍승표 외 지음 | 260쪽 | 값 15,000원

 교육과정, 수업, 평가의 일체화
리사 카터 지음 | 박승열 외 옮김 | 196쪽 | 값 13,000원

 학교 혁신의 길, 아이들에게 묻다
남궁상운 외 지음 | 268쪽 | 값 15,000원

 학교를 개선하는 교장
지속가능한 학교 혁신을 위한 실천 전략
마이클 풀란 지음 | 서동연·정효준 옮김 | 216쪽 | 값 13,000원

 프레이리의 사상과 실천
사람대사람 지음 | 352쪽 | 값 18,000원

 공자던, 논어는 이것이다
유문상 지음 | 392쪽 | 값 18,000원

 혁신학교, 한국 교육의 미래를 열다
송순재 외 지음 | 608쪽 | 값 30,000원

 교사와 부모를 위한
발달교육이란 무엇인가?
현광일 지음 | 380쪽 | 값 18,000원

 페다고지를 위하여
프레네의 『페다고지 불변요소』 읽기
박찬영 지음 | 296쪽 | 값 15,000원

 교사, 이오덕에게 길을 묻다
이무완 지음 | 328쪽 | 값 15,000원

 노자와 탈현대 문명
홍승표 지음 | 284쪽 | 값 15,000원

 낙오자 없는 스웨덴 교육
레이프 스트란드베리 지음 | 변광수 옮김 | 208쪽 | 값 13,000원

 선생님, 민주시민교육이 뭐예요?
염경미 지음 | 244쪽 | 값 15,000원

 끝나지 않은 마지막 수업
장석웅 지음 | 328쪽 | 값 20,000원

 어쩌다 혁신학교
유우석 외 지음 | 380쪽 | 값 17,000원

▶ 교과서 밖에서 만나는 역사 교실
상식이 통하는 살아 있는 역사를 만나다

 전봉준과 동학농민혁명
조광환 지음 | 336쪽 | 값 15,000원

 교과서 밖에서 배우는 역사 공부
정은교 지음 | 292쪽 | 값 14,000원

 남도의 기억을 걷다
노성태 지음 | 344쪽 | 값 14,000원

 팔만대장경도 모르면 빨래판이다
전병철 지음 | 360쪽 | 값 16,000원

 응답하라 한국사 1·2
김은석 지음 | 356쪽·368쪽 | 각권 값 15,000원

 빨래판도 잘 보면 팔만대장경이다
전병철 지음 | 360쪽 | 값 16,000원

 즐거운 국사수업 32강
김남선 지음 | 280쪽 | 값 11,000원

 영화는 역사다
강성률 지음 | 288쪽 | 값 13,000원

 즐거운 세계사 수업
김은석 지음 | 328쪽 | 값 13,000원

 친일 영화의 해부학
강성률 지음 | 264쪽 | 값 15,000원

 강화도의 기억을 걷다
최보길 지음 | 276쪽 | 값 14,000원

 한국 고대사의 비밀
김은석 지음 | 304쪽 | 값 13,000원

 광주의 기억을 걷다
노성태 지음 | 348쪽 | 값 15,000원

 조선족 근현대 교육사
정미량 지음 | 320쪽 | 값 15,000원

선생님도 궁금해하는
한국사의 비밀 20가지
김은석 지음 | 312쪽 | 값 15,000원

 걸림돌
키르스텐 세룹-빌펠트 지음 | 문봉애 옮김
248쪽 | 값 13,000원

 역사수업을 부탁해
열 사람의 한 걸음 지음 | 388쪽 | 값 18,000원

 진실과 거짓, 인물 한국사
하성환 지음 | 400쪽 | 값 18,000원

 다시 읽는 조선근대교육의 사상과 운동
윤건차 지음 | 이명실·심성보 옮김 | 516쪽 | 값 25,000원

 음악과 함께 떠나는 세계의 혁명 이야기
조광환 지음 | 292쪽 | 값 15,000원

 논쟁으로 보는 일본 근대교육의 역사
이명실 지음 | 324쪽 | 값 17,000원

▶ 더불어 사는 정의로운 세상을 여는 인문사회과학
사람의 존엄과 평등의 가치를 배운다

 밥상혁명
강양구·강이현 지음 | 298쪽 | 값 13,800원

 도덕 교과서 무엇이 문제인가?
김대용 지음 | 272쪽 | 값 14,000원

 자율주의와 진보교육
조엘 스프링 지음 | 심성보 옮김 | 320쪽 | 값 15,000원

 민주화 이후의 공동체 교육
심성보 지음 | 392쪽 | 값 15,000원
2009 문화체육관광부 우수학술도서

 갈등을 넘어 협력 사회로
이창언·오수길·유문종·신윤관 지음 | 280쪽 | 값 15,000원

 동양사상과 마음교육
정재걸 외 지음 | 356쪽 | 값 16,000원
2015 세종도서 학술부문

 교과서 밖에서 배우는 철학 공부
정은교 지음 | 280쪽 | 값 14,000원

 교과서 밖에서 배우는 사회 공부
정은교 지음 | 304쪽 | 값 15,000원

 교과서 밖에서 배우는 윤리 공부
정은교 지음 | 292쪽 | 값 15,000원

 한글 혁명
김슬옹 지음 | 388쪽 | 값 18,000원

 좌우지간 인권이다
안경환 지음 | 288쪽 | 값 13,000원

 민주시민교육
심성보 지음 | 544쪽 | 값 25,000원

 민주시민을 위한 도덕교육
심성보 지음 | 500쪽 | 값 25,000원
2015 세종도서 학술부문

 교과서 밖에서 배우는 인문학 공부
정은교 지음 | 280쪽 | 값 13,000원

 오래된 미래교육
정재걸 지음 | 392쪽 | 값 18,000원

 대한민국 의료혁명
전국보건의료산업노동조합 엮음 | 548쪽 | 값 25,000원

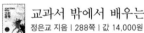 교과서 밖에서 배우는 고전 공부
정은교 지음 | 288쪽 | 값 14,000원

 전체 안의 전체 사고 속의 사고
김우창의 인문학을 읽다
현광일 지음 | 320쪽 | 값 15,000원

 카스트로, 종교를 말하다
피델 카스트로·프레이 베토 대담 | 조세종 옮김
420쪽 | 값 21,000원

 교사와 부모를 위한 비고츠키 교육학
카르포프 지음 | 실천교사번역팀 옮김 | 308쪽 | 값 15,000원

▶ 출간 예정